Falko Schuster
Countertrade professionell

Falko Schuster

Countertrade professionell

Barter-, Offset- und Switchgeschäfte im globalen Markt

GABLER

CIP-Titelaufnahme der Deutschen Bibliothek

Schuster, Falko:
Countertrade: Barter-, Offset- u. Switchgeschäfte im globalen
Markt / Falko Schuster. – Wiesbaden: Gabler, 1988
    ISBN 978-3-409-13618-1   ISBN 978-3-322-93015-6 (eBook)
    DOI 10.1007/978-3-322-93015-6

Der Gabler Verlag ist ein Unternehmen der Verlagsgruppe Bertelsmann

© Betriebswirtschaftlicher Verlag Dr. Th. Gabler GmbH, Wiesbaden 1988
Lektorat: Ulrike M. Vetter

Satz: Satzstudio RESchulz, Dreieich-Buchschlag

ISBN 978-3-409-13618-1

Vorwort

Eine der interessantesten Entwicklungen im internationalen Marketing ist die zunehmende Bedeutung des Countertrades. Sein Anteil am Welthandel wird heute von einzelnen Experten auf nahezu dreißig Prozent geschätzt. Wenn man bedenkt, daß häufig nur ein Teil der Lieferungen mit Gegenlieferungen bezahlt wird, so ist es nicht gewagt zu behaupten, daß gegenwärtig vermutlich jedes zweite internationale Geschäft vom Countertrade tangiert wird.

Die Wirtschaftspraxis und die Betriebswirtschaftslehre haben die Bedeutung dieses Marketing-Instruments inzwischen erkannt. Gleichwohl besteht ein erheblicher Informationsbedarf. Über Countertrade-Know-how verfügen nur wenige Spezialisten. Ansonsten ist die Unkenntnis groß und die Verwirrung weit verbreitet.

Dieses Buch soll dem Countertrade-Newcomer den Einstieg in dieses relativ komplizierte Gebiet des internationalen Marketings erleichtern. Es verfolgt besonders vier Ziele:

- Erstens soll es dazu beitragen, Fehleinschätzungen über den Countertrade zu vermeiden und eine marketingorientierte Position gegenüber diesem Phänomen zu gewinnen.
- Zweitens soll es einen Einblick in die vielschichtigen Gestaltungsmöglichkeiten vermitteln. Hierzu wird erstmals in der Literatur ein Baukastensystem für den Countertrade vorgestellt, das auch den Newcomer in die Lage versetzt, Ansatzpunkte für individuelle Problemlösungen zu entwickeln, die im Countertrade die Regel sind.
- Drittens will dieses Buch den Blick schärfen für die organisatorischen Probleme, die der Countertrade aufwirft. Bisher ist in zahlreichen Unternehmen keine befriedigende Organisation des Countertrades gelungen. Es müssen daher auch unkonventionelle Organisationsvorschläge überdacht werden. Ein Schwerpunkt der Betrachtung ist die Bildung von Countertrade-Teams. Es handelt sich dabei um einen Vorschlag, den ich bisher lediglich in einigen Aufsätzen und auf Seminaren vertreten habe, der ansonsten aber in der Literatur nicht vorzufinden ist.
- Viertens beinhaltet das Buch auch einige Tips und Hinweise, die auf meiner nunmehr zehnjährigen Beschäftigung mit dem Phänomen Countertrade beruhen und die vielleicht im Countertrade-Alltag hilfreich sind. Unter anderem werden Stellen und Ansprechpartner genannt, die bei speziellen Fragen weiterhelfen können.

In einem Vorwort sagt man am besten auch gleich, was ein Buch nicht leisten kann oder soll: Dies ist kein Rezeptbuch für den Countertrade. Ein solches Buch gibt es nicht und ist auch nicht zu erwarten. Der Countertrade ist ein lebendes Marketing-Instrument, das ständigen Wandlungen unterliegt. Insofern ist es unseriös, vorgefertigte allgemeingültige Lösungen anzubieten. Die Lösung der countertradespezifischen Problemstellungen setzt ein Höchstmaß an Flexibilität und Kreativität voraus.

Dieses Buch kann auch nicht eigene Erfahrungen ersetzen. An den Countertrade muß man sich vorsichtig heranwagen. Nur in relativ kleinen Schritten kann man das Countertrade-Know-how erwerben. Die Lektüre kann lediglich dazu beitragen, daß man die ersten Schritte in die richtige Richtung macht und den einen oder anderen Schritt etwas schneller zu setzen vermag, daß also Lernprozesse, die ansonsten mehrere Jahre dauern, verkürzt werden. Besonders würde es mich freuen, wenn auch der Countertrade-Spezialist hier den einen oder anderen neuen Aspekt entdecken würde.

Im übrigen lebt ein praxisorientierter Leitfaden von der Diskussion. Insofern bin ich für kritische Anmerkungen dankbar.

Großen Dank schulde ich meinem Bruder, Herrn Dipl.-Ing. (TH) Hanno Schuster, der die zeichnerischen Darstellungen entworfen hat.

Straelen, im Oktober 1988   *Falko Schuster*

Inhalt

1. Das Phänomen Countertrade

Ohne Zweifel beherrscht gegenwärtig das Thema Countertrade das internationale Marketing. Wie groß die Aufmerksamkeit ist, die diesem Phänomen entgegengebracht wird, machen mehrere Indikatoren deutlich.

Zum einen taucht der Begriff Countertrade immer häufiger in der Fachpresse und auch in anderen Medien auf. Selbst das Fernsehen hat sich inzwischen dieses Problembereichs angenommen.

Ein weiteres Anzeichen für das wachsende Interesse an Informationen über den Countertrade ist der Andrang, der in jüngster Zeit bei Veranstaltungen zu diesem Thema zu verzeichnen ist: So führte das Züricher Fortbildungsinstitut Zentrum für Unternehmungsführung (ZfU) allein 1987 drei Countertrade-Seminare durch, die ausgebucht waren.

Auch die Wissenschaft wendet sich verstärkt diesem Thema zu. Während bis 1985 lediglich eine umfassende theoretische Analyse aus betriebswirtschaftlicher Sicht vorlag (1), sind 1986 gleich drei Dissertationen erschienen, die sich mit dem Countertrade auseinandersetzen (2).

Trotz des relativ hohen Bekanntheitsgrades, dessen sich der Begriff Countertrade zumindest in Fachkreisen erfreut, besteht keine Einigkeit darüber, was man darunter eigentlich zu verstehen hat. Ein Blick in bekannte Nachschlagewerke ist wenig hilfreich. So taucht der Begriff Countertrade zum Beispiel in dem von Dietmar Butt herausgegebenen Außenwirtschaftslexikon (3) überhaupt nicht auf. Das gleiche gilt für das inzwischen in der dritten Auflage erschienene Standardwerk Weltwirtschaftslehre (4).

Die Verwirrung wird noch dadurch vergrößert, daß sowohl in der betrieblichen Praxis als auch in der Literatur zahlreiche andere Bezeichnungen verwendet werden, um gleiche oder zumindest ähnliche Geschäfte zu bezeichnen. Im deutschsprachigen Raum finden sich unter anderem folgende Fachausdrücke: Verbundgeschäft, Gegengeschäft, Gegenseitigkeitsgeschäft, Kompensationsgeschäft, Kompensation, Rückkaufgeschäft, Parallelgeschäft, Barter, Tausch, Tauschgeschäft und Tauschhandel. International werden häufig die folgenden Termini benutzt: *counterpurchase, compensation dealing, reciprocity, reciprocal buying, reciprocal selling, parallel barter, buy back barter, classical barter* und *offset.*

Angesichts der Vielzahl von Begriffen ist besonders für denjenigen, der an einer theoretischen Betrachtung interessiert ist, die Versuchung groß, zunächst eine ausgiebige Über- und Unterordnung sowie Abgrenzung vorzunehmen. Wie aktuelle Arbeiten zeigen, führen solche Versuche zu unterschiedlichen Ergebnissen und nicht selten zu einem sinnlosen Streit um Begriffe, der die Beschäftigung mit den eigentlichen Problemen des Countertrades nur hinauszögert, und zwar oft solange, bis sie schließlich gar nicht mehr gesehen werden. Meiner Ansicht nach besteht gegenwärtig keine Chance für eine einheitliche Begriffsfassung. In den einzelnen Arbeitsbereichen — und das gilt für die betriebliche Praxis wie für die Betriebswirtschaftslehre gleichermaßen — haben sich unterschiedliche Begriffe für den gleichen Tatbestand durchgesetzt. Es wird kaum jemand bereit sein, auf die Begriffsfassung, mit der er bisher erfolgreich gearbeitet hat, zu verzichten.

Aus der Sicht der Praxis ergibt sich damit eine wichtige Konsequenz: Man kann heute beim Schriftwechsel und bei Countertrade-Verhandlungen nicht auf genormte Bezeichnungen zurückgreifen. Um sicherzustellen, vom Geschäftspartner auch richtig verstanden zu werden, sind stets Begriffserläuterungen oder Kurzbeschreibungen der jeweiligen Countertrade-Variante erforderlich. Auch in diesem Buch werden bei der Behandlung der einzelnen Countertrade-Varianten die betreffenden Formen kurz dargestellt und anschließend die eventuell unterschiedlichen Bezeichnungen genannt.

Countertrade = Gegengeschäft = Kompensationsgeschäft

Um nicht zu früh Detailprobleme aufzuwerfen, ist es sinnvoll, den Begriff Countertrade weit zu fassen und ihn mit den Begriffen Gegengeschäft und Kompensationsgeschäft synonym zu verwenden.

Von Countertrade — oder einem Gegen- oder Kompensationsgeschäft — wird nachfolgend immer dann gesprochen, wenn ein Verkauf davon abhängt, daß umgekehrt vom Abnehmer Güter oder Dienstleistungen gekauft oder aber wenigstens Verkäufe für den Abnehmer vermittelt werden müssen. Dabei kommt es nicht darauf an, ob Zahlungsmittelbewegungen stattfinden oder nicht. Im internationalen Marketing handelt es sich damit um Countertrade immer dann, wenn Exporte nur in Verbindung mit Importen zustande kommen oder umgekehrt Importe nur in Verbindung mit Exporten durchzusetzen sind. Diese handliche Definition des Countertrades ist von der streng wissenschaftlichen und damit präzisen, aber komplizierten Begriffsfassung (5) nicht weit entfernt. Sie erleichtert den Zugang im Rahmen einer praxisorientierten Betrachtung und wird deshalb hier herangezogen, wobei bewußt eine gewisse Ungenauigkeit in Kauf genommen wird.

Für die Gleichsetzung der Begriffe Countertrade, Gegengeschäft und Kompensationsgeschäft spricht die wörtliche Übersetzung der englischen Bezeichnung. „Counter" bedeutet „Gegen-" und „trade" bedeutet „Handel" oder „Geschäft", womit sich der Terminus Gegengeschäft ergibt. Aber auch der unpräzise Sprachgebrauch der Praxis läßt es angebracht erscheinen, die Begriffe Countertrade, Gegengeschäft und Kompensationsgeschäft synonym zu verwenden. So werden Spezialabteilungen, die sich mit solchen Geschäftskonstruktionen befassen und die in den letzten Jahren wie Pilze aus dem Boden geschossen sind, zum Beispiel Countertradeabteilungen, Spezialabteilung für Gegengeschäfte oder Kompensationsabteilung genannt. Für die betreffenden Spezialisten finden sich Bezeichnungen wie Leiter industrielle Kompensation, Leiter Countertrade, Manager Countertrade oder Beauftragter für Gegengeschäfte. Der Aufgabenbereich solcher Abteilungen und Spezialisten ist der gleiche.

2. Aktuelle Bedeutung des Countertrades

Das außergewöhnlich starke Interesse am Countertrade legt folgende Fragen nahe, die im übrigen auf jedem Countertrade-Seminar gestellt werden:

- Wird das Thema Countertrade nur hochgespielt oder sind tatsächlich tiefgreifende Änderungen im internationalen Marketing erkennbar?
- Welchen Anteil hat der Countertrade am Welthandel?
- Wie wichtig ist er für die bundesdeutsche Exportwirtschaft?

Unterschiedliche Schätzungen

Über den Anteil des Countertrades am Welthandel gibt es extrem unterschiedliche Angaben (6): So wird in dem Jahresbericht 1983 des Internationalen Währungsfonds (IWF oder IMF) der Anteil mit einem Prozent beziffert. Nach Schätzungen des Allgemeinen Zoll- und Handelsabkommens (GATT) für verschiedene Countertrade-Varianten soll der Anteil bei rund acht Prozent liegen. Nach inoffiziellen Informationen der Organisation für wirtschaftliche Zusammenarbeit und Entwicklung (OECD) soll der Anteil der Kompensationsgeschäfte am Welthandel in etwa dem gleichen Berichtszeitraum zwischen vier und fünf Prozent betragen haben. Nach Schätzungen des US-Handelsministeriums ist von einem Anteil zwischen zwanzig und dreißig Prozent auszugehen. Insgesamt reicht damit die Bandbreite der Schätzungen von einem bis dreißig Prozent.

Mit solchen Informationen kann man nichts anfangen. Wie solche Daten zustande kommen, ist mir schleierhaft. Internationale Daten lassen sich nur auf der Basis nationaler Daten ermitteln. In den meisten westlichen Ländern ist der Countertrade jedoch in der Regel weder genehmigungs- noch meldepflichtig. Es liegen daher überhaupt keine amtlichen Statistiken über diesen Teil des Außenhandels vor.

Betrachtet man z. B. die Bundesrepublik Deutschland, so ist folgendes festzustellen: Hier sind lediglich langfristige Abschlüsse mit strategischer Bedeutung zu melden – im übrigen unabhängig davon, ob es sich um Gegengeschäfte handelt oder nicht – und unterliegen lediglich Gegengeschäfte im sogenannten Innerdeutschen Handel, also im Handel mit der DDR, einer Genehmigungspflicht. Selbst diese Abschlüsse werden jedoch nicht einmal statistisch erfaßt und aufbereitet. Damit gibt es also für die Bundesrepublik Deutschland keine amtlichen Informationen über den Countertrade. Für zahlreiche andere Länder gilt das gleiche. Es läßt sich damit auf internationaler Ebene auch nichts zusammenfassen. Die Angaben internationaler Institutionen zum Countertrade sind somit Spekulationen.

Empirische Untersuchungen

Wie sieht es mit wissenschaftlichen Untersuchungen aus? Können sie zur Klärung der Frage beitragen, welche Bedeutung der Countertrade hat – sei es auch nur im Hinblick auf eine länder- oder güterspezifische Beurteilung?

In der Bundesrepublik Deutschland haben Altmann und Clement ein Gutachten im Auftrag des Bundesministers für Wirtschaft erstellt, das die Kompensation im Ost-West-Handel zum Gegenstand hat (7). Die Aussagekraft dieser empirischen Untersuchung wird deutlich, wenn man die folgenden Daten betrachtet: Von Altmann und Clement wurden rund 1000 Fragebogen versandt. Davon kamen 135 ausgefüllt zurück. Von diesen Fragebogen entfielen 120 auf Unternehmen, die restlichen 15 Fragebogen auf Verbände und Handelskammern. Nach Altmann und Clement wurden darüber hinaus zahlreiche Fragebogen keineswegs präzise ausgefüllt. Es fehlten teilweise Angaben zur Anzahl der bisher getätigten Countertrade-Abschlüsse. Ausgehend von einer solchen Informationsbasis, Aussagen über die Bedeutung des Countertrades machen zu wollen, darf man schon als verwegen bezeichnen. Da die Studie aus dem Jahre 1979 stammt, kann sie bei der stürmischen Entwicklung auf dem Gebiet des Countertrades ohnehin als überholt angesehen werden.

Aber auch aktuelle Untersuchungen helfen nicht weiter. 1986 ist die Dissertation von Bürgin (8) erschienen, die die Beurteilung des Phänomens Countertrade aus der Sicht der Schweiz zum Gegenstand hat: Bürgin versandte 1524 Fragebogen an Firmen in der Schweiz. Davon erreichten 1456 die Adressaten. 281 Fragebogen kamen zurück. Von diesen konnten 272 ausgewertet werden. In einer Fußnote wird dann erwähnt, daß von diesen 272 Firmen nur 56 Countertrade-Abschlüsse getätigt hatten. Von den zuletzt genannten Firmen mit Countertrade-Erfahrung gewährten schließlich 29 einen Einblick in ihre Unterlagen. Von 1524 befragten Unternehmen lieferten also letztlich nur 29 genauere Informationen über den Countertrade. Um den Wert dieser Befragung richtig beurteilen zu können, ist noch zu erwähnen, daß es sich bei den 29 Firmen überwiegend um Betriebe handelt, die weniger als 50 Mitarbeiter beschäftigen. Auch der von Bürgin durchgeführten Untersuchung kann man also letztlich nicht einmal halbwegs verläßliche Informationen entnehmen.

Eine weitere aktuelle Untersuchung liegt aus Großbritannien vor (9): Shipley und Neale versandten im Sommer 1985 Fragebogen zum Thema Countertrade an die Marketing-Direktoren der in der *Times* aufgeführten tausend größten britischen Firmen. Von diesen tausend Fragebogen wurden 217 beantwortet. Lediglich 57 der 217 Firmen, die geantwortet hatten, waren überhaupt an Countertrade-Abschlüssen beteiligt, und von diesen 57 Unternehmen hatten schließlich nur 35 internationale Countertrade-Erfahrungen. Eine sichere Datenbasis ist dies wohl kaum.

Sämtliche großangelegten Befragungen zum Thema Countertrade bestätigen damit eine Erfahrung, die ich bereits 1977 bei meiner erstmaligen Beschäftigung mit diesem hochinteressanten Marketing-Instrument gemacht habe (10): Unternehmen, die über Countertrade-Know-how verfügen, reagieren auf Informationswünsche zurückhaltend. Stark beteiligen sich hingegen Firmen, die auf dem Gebiet der Kompensation noch keine oder geringe Erfahrungen haben und die offensichtlich auf diesem Wege Aufschluß über den Countertrade gewinnen wollen, da ihnen meistens als Dank für ihre Beteiligung die Untersuchungsergebnisse mitgeteilt werden.

Die Zurückhaltung der Firmen, die sich intensiv mit dem Countertrade befassen, hat verschiedene Gründe:

- Erstens ist die Countertrade-Fähigkeit heute in vielen Fällen der entscheidende Wettbewerbsvorteil. Verständlicherweise ist man daher an einer Preisgabe dieses Know-hows nicht interessiert, das in der Regel erst langsam über viele Jahre hinweg entstanden ist und oft teuer bezahlt werden mußte.
- Zweitens haftet Kompensationsgeschäften – meistens fälschlicherweise – immer noch das Image an, daß es sich um zweitklassige Abschlüsse handelt. Demzufolge will man in der Öffentlichkeit gar nicht erst den Eindruck entstehen lassen, daß man solche als fragwürdig angesehenen Geschäfte nötig habe.
- Schließlich ist aber auch zu beachten, daß gelungene Countertrade-Abschlüsse sich immer auch auf nicht beteiligte Firmen auswirken, die dann als Lieferanten nicht mehr berücksichtigt werden oder als Konkurrent unter den Druck der via Kompensation entstandenen neuen Wettbewerbssituation geraten. Dadurch ergibt sich für die kompensierende Firma ebenfalls eine negative Presse, die eine beschwichtigende Öffentlichkeitsarbeit erforderlich macht.

So mußte sich vor einigen Jahren VW für einen erfolgreichen Gegengeschäftsabschluß mit der DDR, der die Lieferung von 10 000 Golf zum Inhalt hatte, in der Öffentlichkeit entschuldigen, da sich mit der Verpflichtung zur Abnahme von Gegenlieferungen die Absatzchancen der heimischen Zulieferer verringerten. Ähnliche Vorwürfe sind bei Rückkaufgeschäften immer zu hören, wenn durch die Gegenlieferungen der Absatz der bisherigen heimischen Anbieter solcher Produkte tangiert wird. Wenn man aus diesem Grund mit negativen Beurteilungen in der Presse rechnen muß, wird man solche Abschlüsse möglichst nicht selbst in die Öffentlichkeit tragen.

Als Resümee der bisherigen Überlegungen läßt sich also festhalten, daß weder von amtlicher Seite noch aus dem Bereich der Wissenschaft verläßliche Informationen über den Umfang des Countertrades vorliegen und auch nicht zu erwarten sind. Angesichts dieser Situation kommt die einzelne Firma nicht umhin, das Ausmaß der Betroffenheit für sich selbst festzustellen, also durch systematische Befragung der eigenen Verkäufer und Einkäufer und die Aufbereitung dieser innerbetrieblich gewonnenen Daten die Bedeutung, die der Countertrade für sie aktuell hat und in Zukunft haben wird, zu bestimmen. Nur so kann man verläßlich beurteilen, ob man sich mit diesem Problembereich auseinandersetzen muß oder nicht.

Da keine ausreichenden Daten über den Countertrade vorliegen, will ich kurz meinen persönlichen Eindruck über die aktuelle und zukünftige Bedeutung dieses Marketing-Instruments wiedergeben. Ich beschäftige mich seit nunmehr zehn Jahren mit diesem Problembereich. Zu Beginn dieses Zeitraums war der Begriff Countertrade im deutschsprachigen Raum völlig unbekannt. Das galt freilich nicht für das Phänomen als solches. Geschäfte dieser Art wurden schlicht und einfach als Gegen- und Kompensationsgeschäfte bezeichnet und von der Presse auch vereinzelt erwähnt (wie z. B. die Röhren-Erdgas-Geschäfte).

Ein wichtiges Thema für die meisten international tätigen Unternehmen waren Gegen- und Kompensationsgeschäfte jedoch nicht. Sie gehörten zum Standardrepertoire des Osthandels und hatten auch eine gewisse Bedeutung im Entwicklungsländergeschäft, der Anteil am Welthandel insgesamt war jedoch gering, da der Osthandel und das Entwicklungsländergeschäft am Welthandel nur relativ bescheidene Anteile hatten (und auch heute noch haben). Infolgedessen war Countertrade damals eindeutig ein Insider-Thema.

In der letzten Zeit fällt auf, daß Unternehmen, die noch vor Jahren Kompensationsgeschäfte völlig abgelehnt haben, nach Countertrade-Spezialisten suchen. Sie bauen systematisch Countertrade-Abteilungen auf oder aus. Auffallend ist auch das starke Interesse der Banken an diesem Marketing-Instrument, das darauf zurückzuführen ist, daß Finanzierungsinstitute verstärkt um Hilfestellung auf diesem Gebiet gebeten werden. Meistens handelt es sich dabei um Anfragen kleinerer und mittlerer Unternehmen, die sich noch keinen eigenen Spezialisten oder keine eigene Spezialabteilung leisten wollen oder können. Damit deutet sich eine wichtige Entwicklung an: Countertrade berührt nicht mehr nur die Großunternehmen, sondern ist inzwischen auch ein Thema für die mittelständische Wirtschaft und sogar für Kleinunternehmen, soweit internationale Geschäftsbeziehungen bestehen.

Gründe für den verstärkten Kompensationsdruck

Worauf ist nun dieses zunehmende Interesse an Fragen des Kompensationsgeschäfts zurückzuführen? Ganz offensichtlich auf eine verstärkte Konfrontation mit Kompensationswünschen im betrieblichen Alltag oder — in anderen Worten — auf einen verstärkten Kompensationsdruck. Für diese Entwicklung scheinen mehrere Gründe ausschlaggebend zu sein:

Gegengeschäfte im Osthandel

Das Kompensationsgeschäft im Osthandel hat sich stabilisiert. Trotz der seit Jahren von offiziellen Stellen zu hörenden Kritik ist Countertrade im Handel mit den Staatshandelsländern eine Selbstverständlichkeit geworden, wenn man auch solche Abschlüsse häufig etwas verschämt als Kooperation bezeichnet. Daß die immer schon große Bedeutung der Kompensation im Osthandel nicht ab-, sondern eher zugenommen hat, ist zum einen auf die nach wie vor hohe Verschuldung zahlreicher Staatshandelsländer zurückzuführen. Hinzu kommt der Verfall der Erdölpreise und das damit verbundene drastische Absinken der Erdgaspreise, wodurch der für die Bundesrepublik Deutschland wichtigste Osthandelspartner, die Sowjetunion, beträchtliche Einnahmeausfälle hinzunehmen hat. Bei verstärktem Bedarf nach westlichen Gütern und westlichem Know-how ergeben sich damit zwangsläufig vermehrt Kompensationsforderungen. Diese Entwicklung erklärt auch die Aktualität des Themas „Joint-venture" im Osthandel und speziell im Handel mit der UdSSR. Teilweise handelt es sich dabei um nichts anderes als um die Suche nach neuen Formen des Countertrades.

Gegengeschäfte mit Entwicklungsländern

Neben der Stabilisierung des Countertrades im Osthandel ist eine verstärkte Notwendigkeit zur Kompensation im Entwicklungsländergeschäft erkennbar. Wenn man bedenkt, daß zahlreiche Entwicklungsländer und Länder, die sich in der Übergangsphase zur Industrialisierung befinden, wie z. B. Brasilien, völlig überschuldet und de facto zahlungsunfähig sind, benötigt man kein Expertenwissen, um die aktuelle und zukünftige Bedeutung des Countertrades für diese Staaten beurteilen zu können. Hinzu kommen Außenhandels- und Devisenvorschriften, die den Countertrade für Entwicklungsländer auch dann lohnend erscheinen lassen, wenn grundsätzlich noch einfache Export- und Importgeschäfte möglich sind. So müssen einzelne Entwicklungsländer einen Teil der durch Exporte erwirtschafteten Devisen bei der Weltbank zur Schuldentilgung einsetzen. Was liegt angesichts dieser Ausgangssituation näher, als Devisenzuflüsse gar nicht erst entstehen zu lassen? Der Tausch Ware gegen Ware ruft ohne Einschränkung der internationalen Geschäftsbeziehungen das gewünschte Ergebnis hervor.

Gegengeschäfte mit Erdöl

Bei den erdölexportierenden Staaten hat in der jüngsten Vergangenheit der niedrige Erdölpreis zumindest zeitweilig zu einem Anstieg der Kompensationsforderungen geführt. Experten beurteilen jedoch die Gegengeschäfte mit Erdöl, die auch *Ölbarter* genannt werden, unterschiedlich. Daß sich die Bedeutung des Ölbarters nur schlecht schätzen läßt, ist einmal auf die durch den Krieg zwischen dem Iran und Irak hervorgerufene Unsicherheit und zum anderen auf Veränderungen innerhalb der OPEC zurückzuführen, deren Auswirkungen noch nicht abzusehen sind.

An sich ist der Countertrade im Handel zwischen den westlichen Industrienationen und diesen Staaten nicht neu. Während jedoch früher die Verfügbarkeit über das Erdöl die Ausgangsbasis dafür bot, Lieferungen des Westens (besonders Waffenverkäufe) mehr oder weniger zu erzwingen, handelt es sich heute beim Ölbarter um den Versuch, einen momentan reichlich vorhandenen Rohstoff loszuwerden. Es hat also eine Akzentverschiebung stattgefunden, die solche Firmen, die schon seit Jahren in diese Länder exportieren, deutlich spüren. Besonders der Anlagenbau sieht sich zunehmend mit diesem Problem konfrontiert. Vielfach ist die Bezahlung mit Erdöl eine conditio sine qua non für Exporte geworden. Diese Tendenz wird noch dadurch verstärkt,

stärkt, daß der Countertrade die Möglichkeit bietet, Quoten- und Preisabsprachen relativ unauffällig zu umgehen – ein Punkt, der für die Mitgliedsländer der OPEC nicht ohne Bedeutung ist.

Gegengeschäfte zwischen westlichen Ländern

Noch wichtiger als diese Gründe ist ein weiterer Aspekt. Countertrade wird zunehmend ein Marketing-Instrument beim Handel zwischen westlichen Industrienationen. Da der Handel, den die westlichen Industriestaaten untereinander abwickeln, etwa zwei Drittel des Welthandels ausmacht, kommt dieser Entwicklung eine besondere Bedeutung zu. Warum wird dieses vielfach als überholt angesehene Marketing-Instrument im Wirtschaftsverkehr zwischen hochentwickelten Staaten verstärkt eingesetzt? Auch hierfür sind mehrere Gründe ausschlaggebend. Zum einen handelt es sich um die Internationalisierung einer national immer schon üblichen Geschäftsform. Die Tatsache, daß ein Kunde auch als Lieferant berücksichtigt werden will, wird von jedem Unternehmen im Westen beachtet. In den Vereinigten Staaten hat dieses Marketing-Instrument unter den Stichworten *reciprocity* und *trade relations* einen großen Bekanntheitsgrad erreicht. Dazu haben nicht zuletzt zahlreiche Antitrust-Verfahren beigetragen, die sich mit diesem Phänomen befaßt haben. Auch in der Bundesrepublik Deutschland sind solche Gegengeschäftsbeziehungen nicht selten. Sie haben allerdings bisher keine vergleichbare wettbewerbsrechtliche Beachtung gefunden wie in den USA.

Besonders in Rezessionen klagen auch hierzulande Einkäufer häufig über Aufforderungen zu Gegenkäufen, die teilweise keineswegs versteckt, sondern in Rundschreiben vorgetragen werden. Einzelne Unternehmen betreiben eine systematische Gegengeschäftspolitik, indem sie Gegengeschäftsbücher führen, die Auskunft darüber geben, wieviel aktuelle und potentielle Lieferanten bei ihnen gekauft haben. So hatte die Bundesbahn bis vor wenigen Jahren in ihren offiziellen Geschäftsbedingungen eine Gegengeschäftsklausel (11). Auf Intervention des Bundeskartellamtes ist diese Geschäftsbedingung inzwischen gestrichen worden.

Insgesamt ist festzuhalten, daß mit der Zunahme des grenzüberschreitenden Handels bisher nur auf den nationalen Märkten übliche Geschäftspraktiken internationalisiert werden. Das gilt auch für das Gegengeschäft.

Das Thema Gegengeschäft erfährt interessanterweise eine andere rechtliche Beurteilung, wenn die Verbindung von Lieferung und Gegenlieferung Unternehmen in verschiedenen Ländern betrifft. Auf diesen wichtigen Punkt wird später noch eingegangen. Bleiben wir zunächst bei den Gründen für die zunehmende Bedeutung des Countertrades im Handel zwischen westlichen Industrienationen.

Ein weiterer Grund sind die verstärkte Beteiligung des Staates an Großeinkäufen und der zunehmende staatliche Einfluß auf wichtige Beschaffungsentscheidungen. Daß Gegengeschäfte bei Rüstungskäufen eine dominierende Rolle spielen, ist bekannt. Weniger bekannt ist jedoch, daß man heute im Westen kaum noch ein ziviles Flugzeug, ein Kraftwerk oder eine andere Großanlage verkaufen kann, ohne in irgendeiner Form Gegengeschäfte zu akzeptieren. Immer dann, wenn der Staat als Nachfrager auftritt oder über öffentliche Unternehmen Einfluß auf die Nachfrage hat, ist eine Tendenz zum Countertrade unübersehbar. Der Staat versucht meist in diesen Fällen, mittels Kompensation mehrere Ziele gleichzeitig zu erreichen. Nehmen wir das Beispiel des Waffenkaufs. Häufig müssen aus sicherheitspolitischen Überlegungen, wegen des Standards der betreffenden Waffen, ausländische Lieferanten berücksichtigt werden. Wenn dann noch Gegenlieferungen durchgesetzt werden können, für die die heimische Wirtschaft zuständig ist, wird neben der sicherheitspolitischen Zielsetzung einer beschäftigungspolitischen Zielsetzung Rechnung getragen.

Es ist noch ein weiterer Punkt zu beachten: Ganz offensichtlich ändert sich die Rolle des Geldes. Im Konsumgüterbereich verdrängt die Kreditkarte das Geld. Im Investitionsgüterbereich sind es verschiedene Varianten des Countertrades. Neue Technologien ermöglichen in kürzester Zeit eine Verrechnung zahlreicher Geschäfte zwischen einer großen Zahl von Unternehmen.

In Amerika haben sich sogenannte *Barter-Clubs* diesen Umstand zunutze gemacht. Hierbei handelt es sich um Tauschzentralen, das heißt um Firmen, die Gegengeschäfte für ihre Mitglieder vermitteln. In den USA gibt es inzwischen rund 350 solcher Unternehmen mit rund 100 000 Mitgliedsfirmen (12). Getauscht wird praktisch alles: z. B. freie Werbezeiten im Fernsehen gegen Flugtickets oder Flugtickets gegen Waschpulver. Solche Tauschzentralen bewirken das gleiche Ergebnis wie das Geld; sie ermöglichen den Warenaustausch, obwohl häufig zwischen den beteiligten Firmen keine einfachen Tauschakte möglich oder sinnvoll sind. Vom zuständigen Dachverband in den Vereinigten Staaten von Amerika wird der jährliche Gesamtumsatz der dem Verband angeschlossenen Barter-Clubs mit rund 20 Milliarden Dollar angegeben (13).

Auch in der Bundesrepublik Deutschland gibt es inzwischen einige Barter-Clubs, die von den für die Überwachung der Geldordnung zuständigen Behörden mit großem Argwohn betrachtet werden. Mit Recht, denn je größer der Umfang ist, der mit Hilfe dieser Geschäftspraktik abgewickelt wird, um so geringer ist die Bedeutung des Geldes für die Gesamtwirtschaft; um so geringer ist somit die Möglichkeit, die Gesamtwirtschaft über die Geldversorgung zu steuern. Hier können diese hochinteressanten volkswirtschaftspolitischen Auswirkungen nicht behandelt werden. Volkswirte und Juristen haben sich inzwischen dieses Themas angenommen. Zusammenfassend bleibt festzuhalten, daß verschiedene Gründe für einen weiteren Anstieg des Countertrades sprechen. Im Grunde muß jedes Unternehmen in Zukunft mit einer Aufforderung zum Gegengeschäft rechnen. Den von Shipley und Neale formulierten Satz „The importance of countertrade is such that it should not be ignored by anyone involved in marketing management or marketing education" (14) kann man daher nur unterstreichen. Er bildet den Ausgangspunkt für die nachfolgenden Betrachtungen.

3. Typische Fehleinschätzungen

Bestimmte Märkte sind heute ohne Countertrade nicht zu halten oder gar zu erschließen, und die Bedeutung des Gegengeschäfts wird noch weiter zunehmen. Trotzdem sind geradezu abenteuerliche Vorstellungen über dieses Marketing-Instrument noch weit verbreitet. Besonders drei Fehleinschätzungen verhindern in der Regel eine marketingorientierte Betrachtung und führen zu gravierenden Fehlentscheidungen:

– die Gleichsetzung des Countertrades mit dem steinzeitlichen Tauschhandel,
– die Konstruktion eines Gegensatzes zwischen Kompensation und Kooperation und
– die Darstellung des Gegengeschäfts als gefährliches oder zumindest als unökonomisches Marketing-Instrument (15).

Countertrade = primitiver Tauschhandel?

Schlagzeilen wie „Der Tauschhandel blüht wieder", „Wiedergeburt des Tauschhandels", „Rückfall in den Handel nach Steinzeitart", „Drehbänke gegen Rote Bete" und „Maschinen gegen Wasserflöhe" erwecken den Eindruck, es handele sich beim Countertrade letztlich um nichts anderes als um eine primitive Art, Geschäfte zu machen. Diese Auffassung wird nicht nur von ökonomischen Laien, sondern auch von Managern vertreten. Eine solche Haltung ist jedoch nicht gerechtfertigt und obendrein noch gefährlich.

Countertrade ist keine besonders simple Variante, Geschäfte zu machen, sondern in den meisten Fällen eine relativ komplizierte. Countertrade stellt hohe Anforderungen an die betrieblichen Entscheidungsträger; sie müssen komplexere Entscheidungen treffen als bei einfachen Ex- und Importen und immer die unmittelbaren Auswirkungen auf andere Unternehmensbereiche berücksichtigen. Sollen z. B. bei einem Export Gegenlieferungen akzeptiert werden, so sind nicht nur die absatzpolitischen Aspekte, sondern die Folgen für den Beschaffungs- und gegebenenfalls für den Produktionsbereich in die Betrachtung mit einzubeziehen. Das Gegengeschäft muß sich stets insgesamt rechnen. Man darf nicht einseitig eventuelle absatzpolitische Vorteile betrachten, sondern muß bei der Bewertung des Countertrades ebenfalls mögliche beschaffungspolitische Nachteile berücksichtigen. Absatz- und Beschaffungsentscheidungen werden simultan getroffen. Der Countertrade erfordert somit von den betrieblichen Entscheidungsträgern ein komplexeres Denkvermögen. Nicht umsonst wird daher die Countertrade-Aktivität in zahlreichen Unternehmen organisatorisch relativ hoch eingebunden.

Erfolgreicher Countertrade hängt allerdings nicht nur von der Fähigkeit ab, komplizierte Probleme lösen zu können, sondern verlangt von den betrieblichen Entscheidungsträgern auch ein Höchstmaß an Flexibilität. Nicht selten müssen Positionen, die sich beim bisherigen Ex- und Import bewährt haben, aufgegeben werden. Oftmals muß man völlig umdenken, über den eigenen Schatten springen. Die fehlende Beweglichkeit ist gerade bei einer erstmaligen Konfrontation mit Countertrade-Abschlüssen ein häufiger Grund für das Mißlingen von Geschäftskonstruktionen und Projektabwicklung.

Lösungen liegen beim Countertrade oftmals nicht auf der Hand. Wie zahlreiche Countertrade-Transaktionen zeigen, ist viel Phantasie erforderlich, um solche Geschäfte zu konstruieren und erfolgreich abzuschließen. So wird von dem Countertrader auch ein Höchstmaß an Kreativität verlangt.

Schließlich können Gegengeschäfte nur gelingen, wenn man über ein entsprechendes Spezialwissen verfügt. Zum Countertrade-Know-how gehören ein Überblick über die Bausteine dieses Marketing-Instruments, Informationen über die Vor- und Nachteile der wichtigsten Varianten sowie über länderspezifische und produktspezifische Besonderheiten.

Countertrade bedeutet nicht, daß man modernes Management- und Marketing-Wissen beiseiteschiebt, und ist keineswegs ein Rückfall in den primitiven Tauschhandel. Im Gegenteil — Countertrade ist nicht nur ein hochkompliziertes, sondern auch ein modernes Marketing-Instrument.

Kompensation und Kooperation — ein Gegensatz?

Genauso falsch und gefährlich wie die Gleichsetzung von primitivem Tauschhandel und Countertrade ist die künstliche Trennung der Begriffe Kompensation und Kooperation. Erstaunlich ist, daß selbst Fachleuten eine solche Fehleinschätzung unterläuft. So verfaßte Matthias Schmitt, der als alter Kenner des Kompensationsgeschäfts bekannt ist, für die FAZ einen Artikel mit der Überschrift „Kooperation — nicht Kompensation ist das Gebot" (16). Seine Ausführungen lassen die Kompensation als unökonomischen gefährlichen Lösungsversuch für internationale Handelsprobleme erscheinen. Die Kooperation wird demgegenüber als die lohnende und wünschenswerte Variante grenzüberschreitender Marktbeziehungen dargestellt.

De facto sind jedoch beim Countertrade die Elemente Kompensation und Kooperation meist unlösbar miteinander verbunden. In der Regel setzt nämlich das Gelingen eines Kompensationsgeschäfts eine erfolgreiche Zusammenarbeit auf drei Ebenen voraus, und zwar erstens eine innerbetriebliche, zweitens eine überbetriebliche und drittens eine überparteiliche Kooperation.

Eine innerbetriebliche Kooperation ist für das Gelingen des Countertrades unverzichtbar. Das gilt ganz besonders für die Zusammenarbeit von Ein- und Verkauf. Der

Verzicht auf eine rechtzeitige und intensive Zusammenarbeit zwischen den von der Kompensation berührten Unternehmensbereichen kann zu langwierigen innerbetrieblichen Konflikten führen, die letztlich zahlreiche Fehlentscheidungen und Nachteile für die Unternehmung produzieren.

Neben der innerbetrieblichen ist eine zwischen- oder überbetriebliche Kooperation überwiegend geboten. Die meisten Countertrade-Projekte können nicht von einer Firma allein bewältigt werden. Sinnvoll ist es, rechtzeitig mit Handelshäusern, sogenannten Barterhändlern, anderen potentiellen Abnehmern für die Gegenlieferung und Banken, die sich auf die Finanzierung solcher Geschäfte spezialisiert haben, zusammenzuarbeiten. Nur so kann in vielen Fällen ein gangbarer Lösungsweg gefunden werden. Nicht selten wird aus Oberflächlichkeit eine kleine Gegenlieferungsquote akzeptiert in der Hoffnung, später noch eine Verwertungsstrategie entwickeln zu können. Damit wird jedoch oft der richtige Zeitpunkt für eine Zusammenarbeit mit anderen Firmen verpaßt, so daß die zunächst als weniger wichtig angesehene Gegenlieferung dann doch noch zu ganz beträchtlichen Nachteilen führt.

Schließlich ist es auch grundsätzlich falsch, die Art, die Qualität und den Lieferzeitpunkt der Kompensationswaren als unveränderbar anzusehen. Durch eine intensive Zusammenarbeit mit der Gegenseite, also durch eine überparteiliche Kooperation, kann man diese Faktoren beträchtlich beeinflussen. Betrachtet man erfolgreiche Countertrade-Abschlüsse, ist man nicht selten erstaunt, mit wie wenig Aufwand die Gegenlieferung verbessert wurde, sei es durch die Bereitstellung von Know-how, Verpackungsmaterial, Transportdienstleistungen oder Ersatzteilen.

Wenn es sich bei der Kompensationsware um die falsche Ware zur falschen Zeit am falschen Ort handelt, ist meistens einer der soeben erläuterten Aspekte vernachlässigt worden – mit anderen Worten: auf einer Ebene hat die Kooperation nicht geklappt. Es kommt also vor den Verhandlungen über ein Gegengeschäft darauf an, die verschiedenen Aspekte der Zusammenarbeit, die für das Gelingen des Vorhabens erforderlich sind, auszuloten und die Realisierungschancen abzuschätzen. Freilich garantiert dies allein noch nicht den Erfolg des Geschäftes. Es verbleiben zahlreiche Risiken. Die Analyse der Kooperationsmöglichkeiten trägt jedoch zur Verringerung des Gesamtrisikos bei.

Ist Countertrade gefährlich?

Diese Überlegungen leiten zur dritten Fehleinschätzung über. Vielfach wird die Kompensation als die unökonomische, ja gefährliche Alternative internationaler Geschäftsbeziehungen dargestellt. Als Beispiel für diese Grundeinstellung sei auf einen Artikel verwiesen, der vor wenigen Monaten unter dem Titel „Kompensationen sind heikle Gegengeschäfte" in einem führenden bundesdeutschen Wirtschaftsblatt erschienen ist (17). In diesem Aufsatz steht: „Das beste und preiswerteste Kompensationsgeschäft ist immer noch das, das nicht zustande kommt." Demjenigen, der mit dem großen Problem der Kompensation erstmals fertig werden muß, wird diese These zunächst nicht unsympathisch erscheinen. Die Auffassung wird sich allerdings schnell ändern, wenn nacheinander verschiedene Absatzmärkte verloren gehen, auf denen man sich bisher recht gut behauptet hat — und wenn dies geschieht, obwohl man die Produktqualität verbessert hat und preislich Zugeständnisse macht. Einige Firmen haben diese bittere Erfahrung bereits machen müssen. Umgekehrt muß man sich fragen, warum wohl namhafte Firmen teilweise über Jahrzehnte Kompensationsgeschäfte regelmäßig und keineswegs im kleinen Stil abschließen, wenn der Countertrade per se unrentabel ist. Warum sollten solche Unternehmen teure Kompensationsabteilungen unterhalten und Tochterunternehmen gründen oder kaufen, die nichts anderes zu tun haben, als solche Geschäfte zu tätigen? Wie lange würde sich das Management solcher Firmen wohl halten, wenn der Countertrade unwirtschaftlich wäre und man sich wiederholt auf solche Abschlüsse einließe?

Selbstverständlich sind Kompensationsgeschäfte nicht automatisch unwirtschaftlich, genausowenig wie sie automatisch wirtschaftlich sind. Der Countertrade kann nur so gut gelingen wie das, was man unter Berücksichtigung der eigenen Fähigkeiten und der Fähigkeiten der potentiellen Gegengeschäftspartner aus ihm machen kann. Countertrade ist gestaltbar — Countertrade ist ein Managementproblem. Damit besteht freilich auch kein Grund zur Countertrade-Euphorie. Für eine Firma ist keineswegs alles gestaltbar oder machbar. Ein Verzicht auf einzelne Gegengeschäfte kann daher sehr wohl geboten sein. Für einzelne Unternehmen kann es sogar sinnvoll sein, den Countertrade prinzipiell abzulehnen. Dies dürfte in der aktuellen Situation allerdings die Ausnahme sein. Egal, wie man sich letztlich entscheidet, die Entscheidung über Kompensationsgeschäfte ist so weittragend, daß man nicht oberflächlich vorgehen, sondern zunächst die eigenen Countertrade-Fähigkeiten sowie die Vor- und Nachteile des Countertrades gründlich analysieren sollte.

4. Das richtige Marketing-Verständnis

Die weitverbreiteten Fehleinschätzungen des Countertrades wären unerheblich, wenn aus ihnen nicht bestimmte Grundeinstellungen resultieren würden, die ihrerseits ein fragwürdiges Marketing zur Folge haben und letztlich dazu führen, daß sich die betreffenden Unternehmen aus zahlreichen Märkten katapultieren.

Wenn Kompensationsgeschäfte für grundsätzlich unökonomisch gehalten werden, liegt es nahe, denjenigen, die solche Abschlüsse verlangen, eine gewisse Böswilligkeit zu unterstellen. Sie können offensichtlich an fairen Geschäften, die für beide Seiten von Nutzen sind, überhaupt nicht interessiert sein. Bilder aus der Kindheit werden wach. Man erinnert sich daran, wie man ein Angebot zum Tauschen von Murmeln mit dem Hinweis quittiert hat: „Wer tauschen will, will betrügen", und in der Presse liest man ständig, daß der Osten und die Entwicklungsländer mittels Countertrade nur das losschlagen wollen, was sie anders nicht vermarkten können – also Ramsch. Damit kann sich doch jeder, der auf Gegengeschäftsforderungen eingeht, letztlich nur Nachteile einhandeln.

Auch wenn ausnahmsweise mit den Gegenlieferungen Gewinne gemacht werden, hat man eine negative Bewertungsschablone zur Hand. In diesen Fällen muß die Kompensationsware so billig sein, daß die heimischen Anbieter nichts mehr verkaufen können. Der Countertrade wirft dann also volkswirtschaftliche Probleme auf.

Oft ist die Kritik damit noch nicht abgeschlossen. Selbst dann, wenn solche wettbewerbsverzerrenden Effekte einmal nicht eintreten sollten, wird ein wichtiger Einwand gegen den Countertrade vorgebracht. Es wird dann behauptet, daß die Lieferländer einen Teil der Gewinnspanne verschenken würden. Insofern würden sich Staaten, die die Kompensation auf ihren Schild heben, nur selbst schaden. Solche Überlegungen führen zwangsläufig zu dem Schluß, den Countertrade strikt abzulehnen. Nur konsequent ist es weiterhin, daß man sich nicht allein darauf beschränkt, selbst Kompensationswünsche abzublocken, sondern daß man darüber hinaus einen grundsätzlichen Boykott des Countertrades durch die Unternehmen in den westlichen Industrienationen fordert. Das Ganze endet nicht selten mit dem Ruf nach dem Staat, von dem ein generelles Verbot des Countertrades und die Durchsetzung dieses Verbots auf internationaler Ebene verlangt wird. Es ist daher durchaus nicht erstaunlich, daß das anerkannte Bonner Institut für Mittelstandsforschung im Rahmen einer aktuellen Untersuchung über die Bedeutung des Osthandels für mittelständische Unternehmen (18) auf Forderungen wie „Abschaffung von Kompensationsgeschäften" und „Abbau von Kompensationsware" gestoßen ist (19).

Wenn man sich diese Grundeinstellung etwas genauer ansieht, wird deutlich, wie widersprüchlich und realitätsfern sie ist. Darüber hinaus dokumentiert sie ein eigenartiges Marketing-Verständnis.

Countertrade-Boykott ist nicht durchsetzbar

So kann man einen Boykott des Countertrades zwar fordern, aber nicht durchsetzen. Zahlreiche Firmen haben sich auf Kompensationsgeschäfte eingestellt, verfügen über ein ausgefeiltes Instrumentarium und eine entsprechende Organisation. Sie machen mit Countertrade Gewinne, auch wenn man das nicht wahrhaben will. Einem Boykott werden sie sich nicht anschließen. Wie sollte diese Maßnahme – die im übrigen marktwirtschaftlichen Prinzipien fundamental widerspricht – überhaupt kontrolliert werden – und das dann noch international? Auch ein internationales Countertrade-Verbot hat keine Chance. Länder, die solche Geschäfte fordern (... und welches Land fordert heute keine Gegengeschäfte?), werden sie sich nicht verbieten lassen. Selbst wenn auf der Ebene des GATT eine solche Vereinbarung erreicht werden sollte, was wäre sie wert? Wenn man sieht, wie mit bestehenden GATT-Regeln umgegangen wird, so kann man sich vorstellen, was ein Countertrade-Verbot bringen würde. Von nationalen Alleingängen – soweit sie überhaupt noch möglich sind – ist völlig abzuraten. Sie würden die heimische Wirtschaft nur benachteiligen. Auf einen Countertrade-Boykott oder gar ein -Verbot zu setzen, ist illusorisch. Jede Firma muß sich darüber im klaren sein, daß sie – von wenigen Ausnahmen abgesehen – grundsätzlich nur die Wahl hat, ein Kompensationsgeschäft selbst abzuschließen oder aber es der Konkurrenz zu überlassen. Aktuelle Erfahrungen mit dem Countertrade zeigen, daß irgendeiner das Gegengeschäft macht.

Das Zerrbild vom potentiellen Marktpartner, der Kompensationsforderungen stellt, ist vom modernen Marketing-Verständnis weit entfernt und daher für die international tätige Unternehmung gefährlich. Die andere Geschäftspartei erscheint entweder böswillig oder unfähig. Entweder verlangt sie die Abnahme von Produkten, die man nicht vermarkten kann, dann ist sie böswillig – denn sie mutet dem Abnehmer eine unlösbare Aufgabe zu, oder aber sie verschleudert ihre Produkte und verzichtet auf eine selbständige lukrative Vermarktung – dann geht sie leichtfertig mit ihrem Vermögen um.

Eine solche Betrachtungsweise wird denjenigen, die Countertrade-Abschlüsse fordern, nicht gerecht. In der Regel handelt es sich um Organisationen, die keine andere Wahl haben. Sie wollen importieren und müssen diese Importe bezahlen. Die notwendigen Zahlungsmittel können sie aber in vielen Fällen nicht selbständig erzielen. Der Grund für diese schlechte Ausgangssituation liegt in einem beträchtlichen Marketing-Defizit, das sich auf die gesamte Bandbreite des Marketing-Instrumentariums erstreckt. Im einzelnen fehlt es an marktgängigen Produkten, funktionierenden internationalen Vertriebswegen, Kenntnissen über die Werbung, Erfahrungen im Personal-Selling und in anderen Bereichen der Kommunikationspolitik; es mangelt an Transportkapazitäten und der Fähigkeit, vor, bei und nach dem Kauf den erforderlichen Service zu leisten. Wie sollte sich jemand mit solchen schlechten Voraussetzungen auf die anspruchsvollen westlichen Märkte wagen?

Countertrade ist eine Notwendigkeit

Countertrade ist oft für solche Organisationen kurz- und mittelfristig das einzige Mittel, um am internationalen Handel zu partizipieren. Wenn sie Kompensationsforderungen stellen, ist dies nicht unfair, sondern zur Lösung ihrer wirtschaftlichen Probleme unverzichtbar. Solchen Staaten das Kompensationsgeschäft ausreden zu wollen und ihnen den Einsatz des modernen Marketings zu empfehlen, weil ihnen der Countertrade nur schade, grenzt an Arroganz. Selbstverständlich würden sie lieber heute als morgen als gleichberechtigte Anbieter auf den Märkten der westlichen Industrienationen auftreten; doch wer soll die enormen Kosten des Markteintritts und der Markterschließung tragen? Und wollen die Firmen in den westlichen Ländern das wirklich?

Countertrade ist meist eine Notwendigkeit. Damit ist er nicht per se edel. Man kann wie bei jeder anderen Variante des internationalen Geschäftes auf seriöse und unseriöse Geschäftspartner stoßen. Ein Countertrade-Spezifikum ist dies jedoch nicht. Es besteht also kein Grund, den Countertrade emotional negativ zu belasten. Man muß ihn als Notwendigkeit akzeptieren und ihn dann mit der im internationalen Geschäft immer gebotenen Vorsicht oder − in anderen Worten − mit dem erforderlichen Risikobewußtsein angehen.

Diese Grundeinstellung gegenüber dem Countertrade deckt sich mit dem modernen Marketing-Verständnis. Marketing bedeutet, daß man den potentiellen Geschäftspartner, den Abnehmer, mit seinen spezifischen Bedürfnissen akzeptiert und dann unter Berücksichtigung der eigenen Möglichkeiten und Fähigkeiten und auch unter Berücksichtigung der Möglichkeiten der Gegenseite prüft, ob man auf diese Bedürfnisse einzugehen vermag und − auch das gehört zum Marketing − ob es sich lohnt, auf diese Bedürfnisse einzugehen (20). Im Hinblick auf den Countertrade heißt das, daß man nicht über Kompensationsgeschäfte lamentieren sollte. Es ist nicht sinnvoll, die Energie darauf zu verschwenden, über einen Boykott der Kompensation oder ein Verbot nachzudenken. Stattdessen sollte man sich dieser gewiß nicht leichten Aufgabe stellen. Countertrade ist kein Antimarketing-Konzept, sondern eine Marketing-Aufgabe par excellence (21). Denn das Bedürfnis des potentiellen Marktpartners wird zum Ausgangspunkt der Absatzpolitik gewählt. Die mit dem modernen Marketing-Verständnis verbundene Aufgeschlossenheit gegenüber dem Countertrade ist nicht mit einer Countertrade-Euphorie zu verwechseln (22). Ohne weiteres kann die sorgfältige Prüfung der Wünsche des potentiellen Marktpartners und die Beurteilung der eigenen Möglichkeiten ergeben, daß man ein bestimmtes Vorhaben nicht realisieren kann oder aber daß es sich nicht lohnt, das Geschäft zu tätigen. Im Extrem kann die Auseinandersetzung mit dem Problem sogar dazu führen, daß man den Countertrade prinzipiell ablehnen muß.

Wie auch immer die Entscheidung ausfällt, sie wird bei der marketingorientierten Grundeinstellung fundiert getroffen und beruht nicht auf Unkenntnis und Vorurteilen. In diesem Fall steht die Entscheidung über den Countertrade nicht am Anfang, sondern am Ende des Entscheidungsprozesses. Eine solche gründliche Prüfung ist der Countertrade sicherlich wert, wenn man sich seiner gegenwärtigen Bedeutung bewußt ist.

Countertrade ist Dienstleistungsmarketing

Die sorgfältige Prüfung des Anliegens der Gegenseite führt manchmal dazu, daß man überrascht feststellt, mehr anbieten zu können, als zunächst angenommen wurde. Jede Unternehmung verfügt nicht nur über bestimmte Produkte und das Know-how, das zur Vermarktung dieser Produkte erforderlich ist, sondern sie hat darüber hinaus zahlreiche Kenntnisse und Informationen, die sich durch viele Kunden- und Lieferantenkontakte ergeben haben.

Hier liegt der Schwerpunkt des Countertrades (23). Es kommt darauf an, dieses bisher nicht erschlossene Potential zu mobilisieren und als Nebenleistung anzubieten und — gerade das sollte man auch beachten — zu verkaufen. In anderen Worten: Wer den Countertrade akzeptiert, bietet nicht nur ein Produkt, eine Anlage, eine Maschine oder ein Konsumgut, sondern auch eine umfangreiche Nebenleistung an, nämlich seine Hilfestellung bei der Vermarktung der Güter, über die die Gegenseite verfügt.

Countertrade ist also auch Dienstleistungsmarketing. Er liegt damit voll im Trend. Hochentwickelte Staaten erwirtschaften inzwischen mehr als die Hälfte ihres Sozialproduktes in Form von Dienstleistungen. Auch dies sollte man bedenken, bevor man den Countertrade den verstaubten Instrumenten der Marktbearbeitung zuordnet (24).

Am Beispiel der Automobilbranche wird vielleicht am besten deutlich, welche Marketing-Auffassung man für den erfolgreichen Countertrade mitbringen muß, auch wenn jeder Vergleich hinkt (25): Mit Sicherheit würden zahlreiche Neuwagen nicht verkauft, wenn sich die Automobilhändler generell weigern würden, gebrauchte Fahrzeuge in Zahlung zu nehmen. Auch bei dem Wunsch nach einer Inzahlungnahme handelt es sich um nichts anderes als um eine Aufforderung zu einem Gegengeschäft — genauer: um den Wunsch nach einer Teilkompensation. Einen Teil des Kaufpreises will man mit dem Preis für den Gebrauchtwagen verrechnen.

Kein Automobilhändler käme auf die Idee, einen Kunden deshalb als unfair zu bezeichnen, weil er sein altes Fahrzeug zu einem möglichst günstigen Preis loswerden will, auch wenn es sich dabei um eine Schrottkiste handelt. Und jeder Automobilhändler würde es sich gründlich überlegen, ob er einen Kunden, der auf eine Inzahlungnahme seines Gebrauchtwagens besteht, belehrt, daß er sich in einem solchen Fall nur selbst schade, da er auf eine lukrative eigenständige Vermarktung verzichte. Stattdessen wird in der Regel das Bedürfnis der Gegenseite akzeptiert, das alte Fahrzeug verkaufen zu wollen, um Zahlungsmittel zu erhalten, die den Kauf eines Neuwagens erleichtern.

Dann wird geprüft, ob sich das Gegengeschäft (der Neuwagenkauf *und* die Inzahlungnahme des alten Fahrzeugs) lohnt. Dies ist richtig verstandenes Marketing. Auch hier setzt keine Euphorie ein. Selbstverständlich kann sich zum Beispiel ein VW-Händler etwas Angenehmeres vorstellen, als einen gebrauchten Opel in Zahlung zu nehmen – das gleiche gilt umgekehrt für den Opel-Händler. Andererseits weiß jeder Händler sehr wohl, daß er den Markt für gebrauchte Fahrzeuge einer Konkurrenzmarke besser kennt als der Kunde, der lediglich in relativ großen zeitlichen Abständen ein Fahrzeug kauft.

Dieses Marketing-Defizit des Kunden wird erkannt und zum Ausgangspunkt für das Angebot der Nebenleistung gemacht. Auch der Neuwagenverkäufer bietet damit nicht nur ein Produkt, das neue Fahrzeug, an, sondern seine Hilfestellung bei der Vermarktung des gebrauchten Wagens. Er verkauft nicht nur „sein" Produkt, sondern zusätzlich eine Dienstleistung oder – in anderen Worten – den Know-how-Vorsprung, den er gegenüber dem Kunden auf dem Gebrauchtwarenmarkt hat.

Wie jedes andere Geschäft, so ist auch die verlangte Inzahlungnahme sorgfältig zu beurteilen. Das Gesamtgeschäft muß einen entsprechenden Gewinn abwerfen, sonst läßt man sich nicht darauf ein. Genau diese Regel gilt auch für den Countertrade.

Beim internationalen Geschäft kommt ein Gesichtspunkt hinzu, der aus marketingorientierter Sicht von Bedeutung ist. Im Gegensatz zum Automobilhandel ist die von der Gegenseite offerierte Ware nicht mehr oder weniger als gegeben anzusehen, sondern man kann grundsätzlich darauf Einfluß nehmen.

Der Neuwagenhändler muß das für die Inzahlungnahme angebotene Kraftfahrzeug meist so, wie es ist, akzeptieren. Der Besitzer des Fahrzeugs kann ihm keine andere Ware anbieten. Zumindest ist es heute noch nicht üblich, daß man andere Produkte beim Kauf eines Neuwagens zur Inzahlungnahme anbietet. Demgegenüber ist die Gegenlieferung im internationalen Geschäft nicht als Datum anzusehen, sondern veränderbar. Sie ist Verhandlungssache und kann in puncto Güterart, Güterqualität, Menge, Lieferzeitpunkt usw. nicht selten erheblich beeinflußt werden. Wichtig ist in diesem Zusammenhang, daß man die Gegenseite oft durch relativ einfache *Beistellungen* in Form von Know-how, Maschinen, Ersatzteilen, Verpackungsmaterial und Transportkapazitäten in die Lage versetzen kann, Produkte anzubieten, die sich auf den westlichen Märkten durchaus sehen lassen können. Insofern kann die sorgfältige Prüfung der Kompensationsforderungen völlig unerwartete Problemlösungen bringen.

Auch dies bedeutet modernes Marketing. Man akzeptiert die Bedürfnisse des potentiellen Marktpartners und hilft ihm, sein Potential zu erschließen – selbstverständlich nicht zum Spaß, sondern um davon zu profitieren. Insofern beinhaltet der Countertrade immer eine zusätzliche Erlöschance – ein wichtiger Punkt, den es ebenfalls zu beachten gilt. Natürlich ist es nicht das letzte Ziel des Countertrades, die Gegenseite allein in die Position eines akzeptablen Lieferanten zu bringen. Durch eine entsprechende Vertragsgestaltung ist zusätzlich sicherzustellen, daß die Früchte dieses Engagements nicht von anderen geerntet werden.

Es genügt nicht, sich diese Zusammenhänge klar zu machen. Um zu erkennen, was machbar ist, benötigt man darüber hinaus Informationen über die Gestaltungsmöglichkeiten des Gegengeschäfts. Im folgenden Kapitel wird daher zunächst auf das Instrumentarium, das der Countertrader beherrschen muß, eingegangen.

5. Der Countertrade-Instrumentenkasten

Meist werden die Gestaltungsmöglichkeiten des Countertrades anhand der einzelnen Varianten dieser Geschäftsform erläutert. Probleme entstehen dadurch, daß solche Übersichten über die Grundtypen des Countertrades nicht einheitlich und meistens widersprüchlich ausfallen. Oft wird ein und derselbe Begriff in einem Katalog als Über- oder Oberbegriff und bei einer anderen Einteilung zur Kennzeichnung einer bestimmten Countertrade-Variante verwendet. Um die Vielfalt der Einteilungs- und Abgrenzungsversuche zu verdeutlichen, sollen nachfolgend einige Kataloge wiedergegeben werden:

Verschiedene Countertrade-Kataloge

Nach Altmann und Clement wird als Überbegriff für die gesamte Palette der Geschäfte mit „Kompensationscharakter" der Begriff „Verbundgeschäfte" gewählt. Diese werden dann wie folgt untergliedert (26):

Verbundgeschäfte (linked purchases)

A – Bartergeschäfte (Barter transactions)
B – Kompensationsgeschäfte im engeren Sinn
    (Compensation deals)
    a – Vollkompensation (Full compensation)
    b – Teilkompensation (Partial compensation)

C – Gegengeschäfte (Counterpurchases)
    a – Parallelgeschäfte
    b – Junktimgeschäfte
    c – Auflagengeschäfte

D – Rückkaufgeschäfte (Buy-back arrangements).

Auch Iske wählt die Bezeichnung Verbundgeschäfte als Oberbegriff. Seine Einteilung sieht folgendermaßen aus (27):

Verbundgeschäfte

A – Barter
    a – klassischer Barter
    b – Dreiecksbarter
    c – Middleman Barter

B – Countertrade
  a – Kompensationsgeschäfte
  b – Gegengeschäfte
  c – Dreiecksgeschäfte
  d – Rückkaufgeschäfte
  e – Offset-Geschäfte

  – Coproduktion
  – Direct Licensed Production
  – Subcontractor Production
  – Investment
  – Offset-Countertrade

  f – sonstige Formen des Countertrades
  – Auflagengeschäfte
  – Swap-Geschäfte

C – Bilaterale Handelsabkommen
  a – Evidenz-Konten-Abkommen
  b – Bilaterale Clearing-Abkommen
  c – Switch-Geschäfte

Samsinger geht von zwei Oberbegriffen aus: Für den nationalen Bereich wählt er den Begriff „Barter"; die grenzüberschreitenden Transaktionen werden als Countertrade bezeichnet. Diese werden dann wie folgt unterteilt (28):

Countertrade (CT)

A – Industrieller Countertrade

B – Kommerzieller Countertrade
  a – Internationale Bartergeschäfte
  b – Kompensation im engeren Sinn

  – Vollkompensation
  – Teilkompensation

C – Counterpurchase (CP)
  – Parallelgeschäft
  – antizipatorische oder Junktim-Geschäfte

Neben diesen Countertrade-Varianten nennt Samsinger folgende Typen, die er als CP-ähnliche Geschäfte bezeichnet: Clearing und Switch; Offset; blockierte Währungen; Evidenzkonto; internationale CT-Zertifikate; Rückkaufgeschäfte und Buyback; Gentlemen's Agreement und Auflagengeschäfte; Umgekehrter Countertrade.

Bürgin wählt die Bezeichnung „Realtauschformen" als Oberbegriff. Seine Einteilung sieht im einzelnen folgendermaßen aus (29):

Realtauschformen

A – Buy-back (product buy-back, off-take Rückkaufgeschäft, Pay-as-you earn, Selbstfinanzierungsgeschäft)

B – Parallelgeschäft (countertransaction)

C – Offset

D – Junktim (pre-compensation)

E – Gegengeschäfte (counterpurchase, reciprocal trade, counterdelivery, parallel trade)

F – Rahmenabkommen (letter of intent, framework agreement, Auflagengeschäft)

G – Teilkompensation
    a – Parallel Barter
    b – Classical or pure barter
    c – Barter with third parties

H – Barter = Vollkompensation
    a – Paralleler Barter
    b – Classical or pure Barter
    c – Barter with third parties

Angesichts der unterschiedlichen Einteilungen von Countertrade-Varianten, von denen hier nur eine Auswahl wiedergegeben wurde, ist es aus akademischer Sicht reizvoll, die einzelnen Kataloge miteinander zu vergleichen und auf ihre Konsistenz hin zu überprüfen. Für denjenigen, der mit dem Countertrade in der betrieblichen Praxis zu tun hat, fällt die Beurteilung etwas anders aus. Das gilt besonders für den Countertrade-Newcomer. Für ihn stellt sich die Situation kaum reizvoll, sondern verwirrend dar. Das Countertrade-Instrumentarium wird durch solche Übersichten nicht transparent; die Gestaltungsmöglichkeiten werden nicht deutlich.

Dies ist darauf zurückzuführen, daß bei der Aufstellung sämtlicher Kataloge ein wichtiger theoretischer Grundsatz nicht beachtet wurde: Jeder Typenbildung muß zunächst eine Klassifizierung vorausgehen. Es wurden jedoch Typen gebildet, ohne zunächst das komplexe Phänomen Countertrade im Hinblick auf bestimmte Merkmale oder Kriterien zu analysieren.

Dieser Fehler wird nachfolgend vermieden, indem mit Hilfe bestimmter Unterscheidungsgesichtspunkte die Elemente oder Bausteine des Countertrades isoliert werden, aus denen dann Varianten des Countertrades gebildet werden können. Ein solches Baukastenprinzip hat den Vorteil, daß man relativ schnell einen Überblick über die Dimension der Countertrade-Gestaltung gewinnt. Zum anderen ist diese Vorgehensweise auch aus marketingorientierter Sicht zu empfehlen: Wenn man über die Elemente oder Bausteine des Countertrades verfügt, ist es möglich, neue Kombinationen zu entwickeln und damit bisher nicht oder wenig bekannte Problemlösungen zu wählen.

Durch eine vorschnelle Typenbildung wird der Countertrade auf wenige Grundmuster reduziert. Damit geht das Gefühl für die außergewöhnliche Bandbreite an Gestaltungsmöglichkeiten verloren. Nur wenn man die gesamte Palette an Variationen vor Augen hat, kann es auch unter schwierigen Bedingungen gelingen, die Wünsche des Kunden und die eigenen Möglichkeiten in Einklang zu bringen.

Bausteine

Nach welchen Gesichtspunkten ist nun der Countertrade zu analysieren, und welche Bausteine ergeben sich dabei im einzelnen?

Aus der Sicht der Unternehmung, die sich Kompensationsforderungen ausgesetzt sieht oder die selbst Countertrade-Abschlüsse initiieren will, sind meines Erachtens besonders folgende Kriterien von Bedeutung (30):

- die Countertrade-Ziele (Kriterium A),
- die Anzahl der beteiligten Geschäftsparteien (Kriterium B),
- der Grad der Geschlossenheit des Sachgüter- und Dienstleistungskreislaufs (Kriterium C),
- das wertmäßige Verhältnis der ausgetauschten Sachgüter und Dienstleistungen (Kriterium D),
- die Abfolge der wechselseitigen Lieferungen (Kriterium E),
- der Konkretisierungsgrad bezüglich der Gegenlieferung (Kriterium F),
- der Grad der materiellen Verbundenheit von Leistung und Gegenleistung (Kriterium G),
- die Technik des Leistungsausgleichs (Kriterium H) und
- die Vertragsgestaltung (Kriterium I).

Im Hinblick auf die *Zielsetzung* (Kriterium A) lassen sich Countertrade-Abschlüsse danach unterscheiden, ob sie im Dienst der Absatz- oder der Beschaffungspolitik stehen. Auch heute wird der Countertrade noch weitgehend dem Verkauf zugeordnet, also als absatzpolitisches Instrument interpretiert. Demnach ist es das Ziel des Kompensationsgeschäfts, den Export eines Sachgutes oder einer Dienstleistung zu fördern. Zu diesem Zweck wird eine Bezahlung mit Gegenlieferungen in Kauf genommen. Es handelt sich dann um ein absatzorientiertes Kompensationsgeschäft (Baustein A_1).

Weniger bekannt, aber nicht weniger wichtig ist hingegen der Countertrade als Instrument des Beschaffungsmarketings. So kann er zur Bezugsquellensicherung beitragen (31). Diese Vorgehensweise hat sich besonders im Rohstoffbereich bewährt, ist aber auf andere Beschaffungsgüter ohne weiteres übertragbar. Der Vorteil des Gegengeschäftes liegt dann darin, daß man bei Lieferländern, die über relativ seltene Rohstoffe verfügen, die Position eines Abnehmers erlangt, der vorrangig beliefert wird. Man erreicht dies, indem man ihnen Produkte zur Verfügung stellt, die sie sich andernfalls nicht oder nur in unzureichenden Mengen beschaffen können. In diesem Fall handelt es sich aus der Sicht der Unternehmung, aus deren Warte hier die Betrachtung vorgenommen wird, um ein beschaffungsorientiertes Gegengeschäft (Baustein A_2). Samsinger verwendet hierfür auch die Bezeichnung „Umgekehrter Countertrade" (32).

Im Idealfall gelingt es, Countertrade-Abschlüsse zu tätigen, die sowohl dem Absatz- als auch dem Beschaffungsmarketing dienen. Solche absatz- und beschaffungsorientierten Gegengeschäfte (Baustein A_3) wurden in der jüngsten Vergangenheit diskutiert. So wurde vorgeschlagen, die Volksrepublik China mit Kernkraftwerken zu beliefern, die teilweise mit Natururan bezahlt werden sollten. Eine andere — umstrittene — Möglichkeit ist die Lieferung der Kernkraftwerke gegen eine chinesische Entsorgungsdienstleistung für bundesdeutsche Betreiber von Kernkraftwerken. Auch Kombinationen sind denkbar. Ob und wie auch immer das Vorhaben im Detail realisiert werden sollte, bei einem solchen Geschäft würde es sich eindeutig um ein absatz- und beschaffungsorientiertes Gegengeschäft handeln. Kernkraftwerke sind gegenwärtig alles andere als leicht zu verkaufen, und die Entsorgungsfrage, besonders die Entlagerung in der Bundesrepublik Deutschland, ist nicht gelöst. Weiterhin besteht ein Interesse an der Belieferung mit Natururan.

Die Harmonisierung von Absatz- und Beschaffungszielen durch Countertrade-Abschlüsse muß sich nicht unbedingt auf eine einzelne Unternehmung beziehen. Es können durchaus zwei oder mehrere Firmen, die unterschiedliche, aber sich ergänzende Interessen haben, gemeinsam ein solches Projekt angehen.

Damit ist der nächste Punkt angesprochen, den es bei der Gestaltung des Countertrades zu beachten gilt: *die Anzahl der beteiligten Geschäftsparteien* (Kriterium B). Eine Geschäftspartei ist eine einzelne Unternehmung oder eine Koalition mehrerer Firmen, die gemeinsam ein Gegengeschäft abschließen wollen. Eine solche einzelne Unternehmung oder projektbezogene Firmengemeinschaft nimmt mit dem Gegengeschäft sowohl Absatz- als auch Beschaffungsfunktionen wahr.

Im einfachsten Fall wird der Countertrade von zwei Parteien geplant und durchgeführt. Jede dieser Parteien tritt dann als Verkäufer und als Einkäufer auf. Man kann hier von einem einfachen oder bilateralen Kompensationsgeschäft sprechen (Baustein B_1). Solche Abschlüsse sind im internationalen Handel die Regel.

Ausnahmsweise können mehr als zwei Gegengeschäftsparteien involviert sein. Das Geschäft würde bei drei Parteien wie folgt ablaufen: Partei I beliefert die Partei II, die diese Lieferung mit einer entsprechenden Gegenlieferung an die Partei III bezahlt. Letztere bezahlt die von II erhaltene Lieferung durch Lieferung an die Partei I, womit sämtliche Verkäufe abgegolten sind. In diesem Fall handelt es sich um ein Dreiecksgeschäft. Da dieser Begriff teilweise auch auf eine andere Countertrade-Variante angewendet wird, ist es – um Mißverständnisse zu vermeiden – sinnvoll, von einem echten Dreiecksgeschäft (Baustein B_2) zu sprechen.

Grundsätzlich sind auch Geschäftskonstruktionen mit mehr als drei Parteien denkbar, wenn sie auch nur mit Hilfe findiger Vermittler zustande kommen dürften. Mir ist bisher kein solcher Fall bekannt.

Es wurde bereits darauf hingewiesen, daß sowohl eine einzelne Unternehmung als auch eine Koalition von Unternehmen als eine Gegengeschäftspartei auftreten kann. Je nachdem, welche Lösung gewählt wird, ergeben sich Konsequenzen für die *Geschlossenheit des Sachgüter-/ Dienstleistungskreislaufs* (Kriterium C).

Tritt eine einzelne Unternehmung als Gegengeschäftspartei auf, übernimmt sie automatisch eine Doppelfunktion: Sie ist Lieferant und Kunde zugleich. Da sie die Kompensationsware selbst aufnimmt, spricht man von Eigenkompensation (Baustein C_1).

Will die liefernde Unternehmung die Funktion des Abnehmers nicht erfüllen, kann sie sich mit einer an der Beschaffung der Gegenware interessierten Firma zusammenschließen, um mit diesem Partner gemeinsam das Gegengeschäft einzugehen. Dieser übernimmt dann für die exportierende Unternehmung die Aufgabe, die Kompensationsverpflichtungen zu erfüllen. Es handelt sich um den Fall der Fremdkompensation (Baustein C_2). Vereinzelt wird in diesem Zusammenhang auch von einem Dreiecksgeschäft gesprochen. In Abgrenzung zum bereits erläuterten echten Dreiecksgeschäft sollte man diese Countertrade-Variante jedoch besser unechtes Dreiecksgeschäft nennen.

Wenn auch die andere Gegengeschäftspartei aus einer Koalition von liefernden und importierenden Firmen besteht, handelt es sich um eine mehrfache Fremdkompensation (Baustein C_3).

Schließlich ist auch noch der Fall zu berücksichtigen, daß die liefernde Unternehmung einen Teil der Gegenlieferungen selbst aufnimmt und lediglich der restliche Teil von einem Kompensationspartner bezogen wird. Hierfür kann die Bezeichnung teilweise Fremdkompensation (Baustein C_4) verwendet werden. Genauso gut kann man selbstverständlich auch von einer teilweisen Eigenkompensation sprechen.

Ein weiterer wichtiger Aspekt bei Countertrade-Abschlüssen ist das *wertmäßige Verhältnis der ausgetauschten oder auszutauschenden Sachgüter- und Dienstleistungen* (Kriterium D). Bei einem Tausch scheint ein wertmäßiger Ausgleich der wechselseitig zu erbringenden Lieferungen zwingend zu sein. Beim modernen Countertrade ist dies nicht immer der Fall. Es ist zwischen der Vollkompensation (Baustein D_1), also dem hundertprozentigen Ausgleich, der Teilkompensation (Baustein D_2), der teilweisen Bezahlung mit Gegenlieferungen und der Überkompensation (Baustein D_3) zu unterscheiden. Im letzten Fall übersteigt der Wert der Gegenware den Verkaufspreis für das Exportgut, so daß zusätzlich Zahlungen an die andere Gegengeschäftspartei erforderlich sind.

In diesem Zusammenhang ist noch der Begriff der Kompensationsquote zu klären. Darunter versteht man den Anteil der Bezahlung mit Gegenlieferungen. Bei der Vollkompensation beträgt die Kompensationsquote also 100 Prozent.

Neben dem Umfang der Gegenlieferungen ist ihr *zeitlicher Anfall* von Bedeutung (Kriterium E). Demzufolge ist zwischen dem dem Export zeitlich nachgelagerten Gegenkauf (Baustein E_1), dem zeitlich vorgelagerten Gegenkauf (Baustein E_2), auch Junktimgeschäft genannt, und dem simultanen Ex- und Importgeschäft (Baustein E_3) zu unterscheiden. Weiterhin sind Kombinationen denkbar, etwa daß ein Teil der Gegenlieferungen vorgezogen werden kann und der Rest der Gegenware erst nach dem Export geliefert wird. Darüber hinaus können die einzelnen Gegenlieferungen in mehreren Partien vorgenommen werden. Solche Kombinationen und Stückelungen sollen nachfolgend als zeitlich unterschiedlich verteilte Lieferungen (Baustein E_4) bezeichnet werden.

Außerdem unterscheiden sich Countertrade-Abschlüsse im *Konkretisierungsgrad* der Gegenlieferung (Kriterium F). Grundsätzlich stehen mehrere Alternativen zur Wahl. Im Extrem wird die Kompensationsware überhaupt nicht konkretisiert und im Rahmen des Countertrade-Vertrages lediglich die Verpflichtung festgehalten, Gegenkäufe in einem bestimmten wertmäßigen Umfang zu tätigen. Den Baustein F_1 kann man daher als nicht spezifizierte Gegenware bezeichnen.

Konkreter wird die Vereinbarung im Hinblick auf die Gegenlieferung dann, wenn neben der wertmäßigen Festlegung ein Warenkorb abgesprochen wird, aus dem die Gegenkäufe zu tätigen sind. Man kann hier von einer Grobabgrenzung der Gegenware (Baustein F_2) sprechen. Wie die Praxis zeigt, ist damit in der Regel nur sicher, was man nicht bekommen kann. Eine Garantie, daß man aus der verabredeten Produktpalette die gewünschten Waren in den gewünschten Mengen erhält, gibt es nicht. Um diese Unsicherheit zu beseitigen, versucht man in einzelnen Fällen, vertraglich festzuhalten, welche Warenarten in welchen Mengen als Gegenware zu liefern sind. Man stellt also ein genaues Warenbündel zusammen. Diese Alternative wird als Paketkompensation bezeichnet (Baustein E_3). Schließlich kann auch vereinbart werden, daß lediglich eine Produktart in einer bestimmten Menge geliefert wird. Dies ist häufig bei Gegengeschäften der Fall, die den Rohstoffbereich tangieren. Es handelt sich dann um eine Ein-Produkt-Kompensation (Baustein F_4).

Für den Countertrade ist nicht nur interessant, was als Gegenware angeboten wird, sondern auch in welcher Beziehung die wechselseitigen Lieferungen stehen. Damit ist das nächste Kriterium angesprochen – *der Grad der materiellen Verbundenheit von Lieferung und Gegenlieferung* (Kriterium G). Bei zahlreichen Countertrade-Abschlüssen haben die Lieferungen und Gegenlieferungen nichts miteinander zu tun. Es werden völlig unterschiedliche Produkte ausgetauscht, zwischen denen keine materielle Verbindung besteht. Man kann daher von einer beziehungslosen Kompensation (Baustein G_1) sprechen.

Im Anlagengeschäft stehen Lieferung und Gegenlieferung oft in einer Abhängigkeitsbeziehung, wobei die Lieferungen mit Gütern bezahlt werden sollen, die erst mit Hilfe der gelieferten Produkte gefertigt werden können. Diese Variante des Countertrades wird als Rückkaufgeschäft, Buy-back-barter oder Pay-as-you-earn-business (Baustein G_2) bezeichnet.

Bereits an dieser Stelle sei darauf hingewiesen, daß es falsch ist, in dem Rückkaufgeschäft lediglich ein Modell für Großvorhaben zu sehen. Diese Geschäftskonstruktion ist durchaus für die mittelständische Wirtschaft geeignet und interessant. Einzelne Beispiele, auf die noch eingegangen wird, bestätigen dies.

Weiterhin ist zu beachten, daß im Hinblick auf den Grad der materiellen Verbundenheit von Lieferung und Gegenlieferung auch Mischformen vorkommen. So kann ein Teil des Kaufpreises für eine Anlage mit Produkten bezahlt werden, über die der Anlagenabnehmer auch ohne Lieferung der Anlage verfügt. Für den Rest des Kaufpreises kann ein Rückkaufgeschäft vereinbart werden. Es handelt sich dann um ein teilweises Rückkaufgeschäft (Baustein G_3).

Relevant für den Countertrade ist auch die Technik des *Leistungsausgleichs* (Kriterium H). Entweder geben die Gegengeschäftsparteien die Sachgüter und Dienstleistungen ohne Einschaltung von Zahlungsmitteln aneinander ab, oder aber jede der wechselseitig zu erbringenden Lieferungen wird mit Geld bezahlt, wobei sich am Resultat nichts ändert; auch in diesem Fall werden Lieferungen und Gegenlieferungen vorgenommen. Falls auf die Einschaltung des Geldes verzichtet wird, handelt es sich um nichts anderes als um den ursprünglichsten ökonomischen Austauschvorgang, nämlich um den Tausch. Man nennt daher diese alte Variante der Kompensation einen klassischen Barter (Baustein H_1). Heute werden internationale Gegengeschäfte jedoch nur noch ausnahmsweise ohne Geld abgewickelt – auf den nationalen Märkten ist dies anders: der Barter scheint hier wieder zuzunehmen. International sind „barter arrangements with money" (33) üblich. Es wird jede Lieferung zunächst mit Geld bezahlt. In Abgrenzung zum klassischen Barter kann man ein solches Gegengeschäft modernen Barter (Baustein H_2) nennen.

Als letztes ist ein Countertrade-Abschluß noch unter dem Blickwinkel der *Vertragsgestaltung* (Kriterium I) zu betrachten. Die älteste und strengste Form des Kompensationsgeschäftes liegt dann vor, wenn ein Vertrag unterzeichnet wird, der den Güter- und Dienstleistungsaustausch exakt festlegt, also sowohl die Lieferungen als auch die Gegenlieferungen nach Art, Menge und Zeitpunkt genau bestimmt. Es handelt sich dann um einen umfassenden Kompensationsvertrag (Baustein I_1).

Wird außerdem noch Geld eingeschaltet, sprechen manche Autoren in diesem Zusammenhang auch von einem Kompensationsgeschäft im engeren Sinne (35). Aus risikopolitischen Überlegungen wird gegenwärtig nur noch ausnahmsweise ein solcher Vertrag, der das Gegengeschäft insgesamt regelt, geschlossen. Meist einigt man sich darauf, den Kompensationsvorgang in seine beiden Bestandteile zu zerlegen und für jede Richtung des Gegengeschäftes einen eigenständigen Vertrag abzufassen. Das Gesamtgeschäft wird dann durch zwei selbständige und voneinander unabhängige Verträge geregelt. Daß es auch tatsächlich zustande kommt, wird dadurch garantiert, daß die Countertrade-Parteien die beiden Verträge, also den Kauf- und den Gegenkaufvertrag, gleichzeitig oder − in anderen Worten − parallel unterzeichnen: so ergibt sich die Bezeichnung Parallelgeschäft (Baustein I_2). Zum Teil wird für diese Spezialform des Countertrades auch der Terminus Gegengeschäft verwendet (36). Um Verwechslungen mit dem Oberbegriff Gegengeschäft zu vermeiden, der in der Praxis üblich ist und auch in diesem Buch gilt, sollte man in Verbindung mit der Spezialform des Countertrades, wenn überhaupt, nur von einem Gegengeschäft im engeren Sinn sprechen. Weiterhin findet sich international für das Parallelgeschäft auch die Bezeichnung Counterpurchase.

Sowohl durch einen umfassenden Kompensationsvertrag als auch durch das Parallelgeschäft werden Lieferungen und Gegenlieferungen im Hinblick auf Art, Menge und Zeit exakt abgesteckt. Demgegenüber wird durch einen Rahmenvertrag (Baustein I_3) meist nur die Gegenlieferung, eventuell auch die Lieferung, wertmäßig bestimmt, wobei oft noch die Produktpalette, aus der die Gegenkäufe zu tätigen sind, und der Zeitraum, der für die Abnahme der Gegenware gilt, festgelegt werden. In diesem Fall wird also nur die Verpflichtung eingegangen, bestimmte, später noch zu konkretisierende Lieferungen und Gegenlieferungen miteinander zu verrechnen. Nicht mehr als Bausteine des Countertrades anzusehen sind sogenannte Goodwill-Erklärungen, die auch Gentlemen's Agreements und Auflagengeschäfte genannt werden. Es handelt sich dabei um eine rechtlich nicht verbindliche Klausel im Rahmen des Verkaufsvertrages, die Möglichkeit zu Gegenkäufen wohlwollend zu prüfen.

In Abbildung 1 findet sich eine zusammenfassende Übersicht über die Gestaltungsdimension des Countertrades und die Bausteine für internationale Gegengeschäfte. Demnach läßt sich jeder Countertrade-Abschluß aus neun Bausteinen oder Elementen konstruieren; in bezug auf die einzelnen Aspekte, die für den Aufbau des Geschäftes relevant sind, kann man jeweils zwischen zwei und vier Bausteinen wählen.

Noch einige Hinweise: Der Bestimmung der Gestaltungsrichtungen und der Isolierung der entsprechenden Elemente liegen zwar langjährige Erfahrungen mit dem Countertrade zugrunde, gleichwohl wird kein Anspruch auf Vollständigkeit erhoben. Der Countertrade ist ein Marketing-Instrument, das historisch gewachsen ist. Demzufolge sind Grauzonen und Überschneidungen unvermeidbar. Insofern können sich bei einer anderen Betrachtungsweise eventuell weitere countertraderelevante Elemente ergeben. Hinzu kommt, daß der Countertrade lebt und ständig Änderungen erfährt. Der hier vorgeschlagene Instrumentenkasten ist dann entsprechend zu ergänzen. Weiterhin ist zu beachten, daß einzelne Bausteine voneinander abhängig sind. Dadurch werden die Wahlmöglichkeiten eingeschränkt. Wählt man zum Beispiel beim Kriterium H den Baustein H_1, also den klassischen Barter, ist bei der Gestaltungsdimension I die Wahl des Bausteines I_2, also das Parallelgeschäft, nicht mehr möglich.

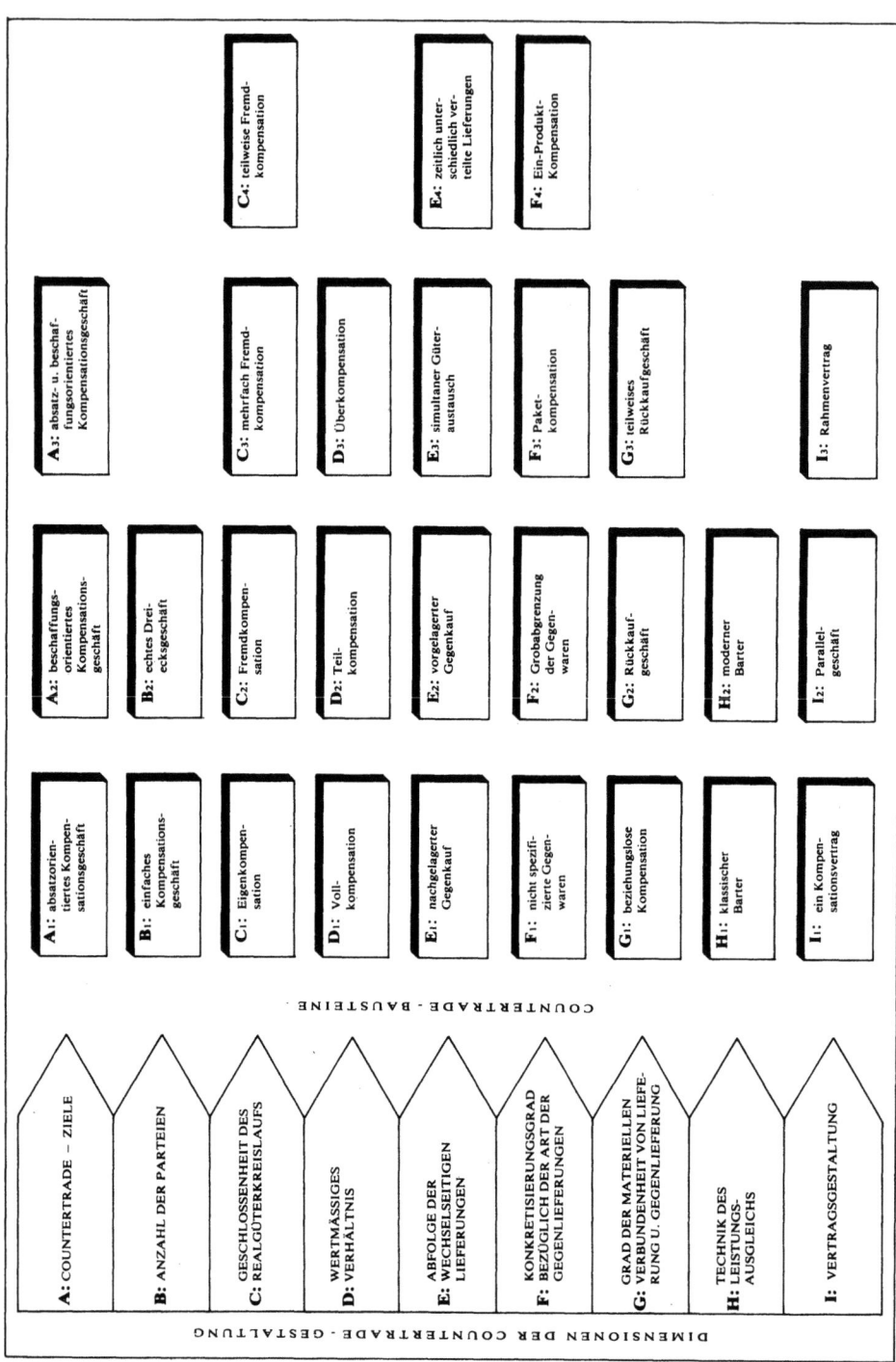

COUNTERTRADE - BAUSTEINE

A₁: absatzorientiertes Kompensationsgeschäft
A₂: beschaffungsorientiertes Kompensationsgeschäft
A₃: absatz- u. beschaffungsorientiertes Kompensationsgeschäft

B₁: einfaches Kompensationsgeschäft
B₂: echtes Dreiecksgeschäft

C₁: Eigenkompensation
C₂: Fremdkompensation
C₃: mehrfach Fremdkompensation
C₄: teilweise Fremdkompensation

D₁: Vollkompensation
D₂: Teilkompensation
D₃: Überkompensation

E₁: nachgelagerter Gegenkauf
E₂: vorgelagerter Gegenkauf
E₃: simultaner Güteraustausch
E₄: zeitlich unterschiedlich verteilte Lieferungen

F₁: nicht spezifizierte Gegenwaren
F₂: Grobabgrenzung der Gegenwaren
F₃: Paketkompensation
F₄: Ein-Produkt-Kompensation

G₁: beziehungslose Kompensation
G₂: Rückkaufgeschäft
G₃: teilweises Rückkaufgeschäft

H₁: klassischer Barter
H₂: moderner Barter

I₁: ein Kompensationsvertrag
I₂: Parallelgeschäft
I₃: Rahmenvertrag

DIMENSIONEN DER COUNTERTRADE-GESTALTUNG

A: COUNTERTRADE – ZIELE
B: ANZAHL DER PARTEIEN
C: GESCHLOSSENHEIT DES REALGÜTERKREISLAUFS
D: WERTMÄSSIGES VERHÄLTNIS
E: ABFOLGE DER WECHSELSEITIGEN LIEFERUNGEN
F: KONKRETISIERUNGSGRAD BEZÜGLICH DER ART DER GEGENLIEFERUNGEN
G: GRAD DER MATERIELLEN VERBUNDENHEIT VON LIEFERUNG U. GEGENLIEFERUNG
H: TECHNIK DES LEISTUNGS-AUSGLEICHS
I: VERTRAGSGESTALTUNG

Abbildung 1: Der Countertrade-Instrumentenkasten

40

Trotz dieser Einschränkungen ist meiner Ansicht nach die Anwendung dieses Countertrade-Instrumentenkastens zu empfehlen: Er gibt einen relativ umfassenden und leicht verständlichen Überblick über die Gestaltungsmöglichkeiten. Weiterhin wird im Gegensatz zu den vorschnellen Typisierungsvorschlägen deutlich, daß der Countertrade sich nicht auf wenige Grundmuster reduzieren läßt, sondern einen erheblichen Gestaltungsspielraum bietet, der neue und damit kreative Lösungsansätze zuläßt. Auch dieser Punkt ist aus marketingorientierter Sicht von großer Bedeutung.

6. Barter-Transaktionen

Die einfachste Variante des Barters (der klassische Barter in der einfachsten Form) ist in Abbildung 2 wiedergegeben (vgl. auch Abbildung 1).

Der einfache klassische Barter

In diesem Fall verfolgt eine Unternehmung mit den Countertrade sowohl Einkaufs- als auch Verkaufsziele (absatz- und beschaffungsorientiertes Gegengeschäft; A_3). An dem Abschluß sind lediglich zwei Parteien beteiligt (einfaches Kompensationsgeschäft; B_1). Jede Partei besteht nur aus einer Unternehmung, so daß jede Firma die Gegenlieferungen selbst abnimmt (Eigenkompensation; C_1). Die Lieferung wird durch die Gegenlieferung vollständig ausgeglichen (Vollkompensation; D_1). Die wechselseitig zu erbringenden Leistungen werden in etwa gleichzeitig ausgetauscht (simultaner Güteraustausch; E_3). Die Gegenlieferung erstreckt sich auf eine bestimmte Güterart (Ein-Produkt-Kompensation; F_4) und hat nichts mit der Lieferung zu tun, kann also ohne die Lieferung bereitgestellt werden (beziehungslose Kompensation; G_1). Die Waren werden ohne Einschaltung von Geld aneinander abgegeben (klassischer Barter; H_1). Die Transaktion wird durch einen Vertrag geregelt (ein Kompensationsvertrag; I_1).

A_3	B_1	C_1
D_1	E_3	F_4
G_1	H_1	I_1

Abbildung 2: Der klassische Barter in der einfachsten Form

Wenn in der Steinzeit zwei Individuen Güter austauschten, z. B. einen Faustkeil gegen ein Fell, so lag eine solche Transaktion vor. Aktuelle Beispiele für den klassischen Barter in seiner einfachsten Form zu finden, ist nicht leicht. Am häufigsten ist er noch im Rohstoffbereich anzutreffen, unter der Bezeichnung *Swap-Geschäft*. Ziel eines solchen Countertrade-Abschlusses ist die Verringerung von Transportkosten.

Ein solches Geschäft könnte etwa wie folgt aussehen: Ein mexikanischer Erdölexporteur vereinbart mit der für den Erdölexport zuständigen sowjetischen Außenhandelsorganisation die wechselseitige Belieferung von Kunden. Demzufolge hat die mexikanische Firma einen kubanischen Kunden der UdSSR zu beliefern. Im Gegenzug sind von der sowjetischen Außenhandelsorganisation entsprechende Erdölmengen an einen Kunden der mexikanischen Firma in Griechenland abzugeben (37).

Swap-Geschäfte eignen sich besonders auch zur Vermarktung von Kuppelprodukten im Bereich der chemischen Industrie.

Der triangulare Barter in der klassischen Form

Wenn zwei Firmen über Kuppelprodukte verfügen, die sie selbst nicht benötigen, die eine Unternehmung aber das Kuppelprodukt der anderen Firma verarbeitet und umgekehrt, liegt es nahe, diese Produkte auszutauschen. Häufig wird man allerdings vor dem Problem stehen, daß zwar die eine Geschäftspartei das Produkt der anderen Seite einsetzen kann, die andere Organisation aber das zum Tausch angebotene Kuppelprodukt nicht benötigt. Dann ist es erforderlich, weitere Tauschpartner in die Transaktion mit einzubeziehen. Sollen sich z. B. drei Parteien am Countertrade beteiligen, ist das Element B_1 (in Abbildung 2) gegen den Baustein B_2 auszutauschen. Es ergibt sich damit der sogenannte Dreiecksbarter (38) oder trianguläre Barter (39) in der klassischen Form (vgl. Abbildung 3; die ausgewechselten Bausteine werden in den folgenden Abbildungen hervorgehoben).

A_3	B_2	C_1
D_1	E_3	F_4
G_1	H_1	I_1

Abbildung 3: Der trianguläre Barter in seiner klassischen Form

Auch bei dieser Countertrade-Variante handelt es sich um einen klassischen Barter. Der Baustein H_1 wurde nicht ausgetauscht. Das gesamte Geschäft wird ohne Geld abgewickelt, die wechselseitigen Lieferungen werden miteinander verrechnet.

Ein solches Geschäft könnte folgendermaßen konstruiert sein (vgl. Abbildung 4): Eine westliche Unternehmung beliefert eine Außenhandelsorganisation in der CSSR mit Maschinen. Dafür erbringt diese Außenhandelsorganisation in einem bestimmten Entwicklungsland eine entsprechende Montagedienstleistung bei der Abwicklung eines Großvorhabens. Das Entwicklungsland bezahlt diese Dienstleistung mit einem Rohstoff, über den es verfügt. Die Lieferung geht direkt an den westlichen Maschinenexporteur.

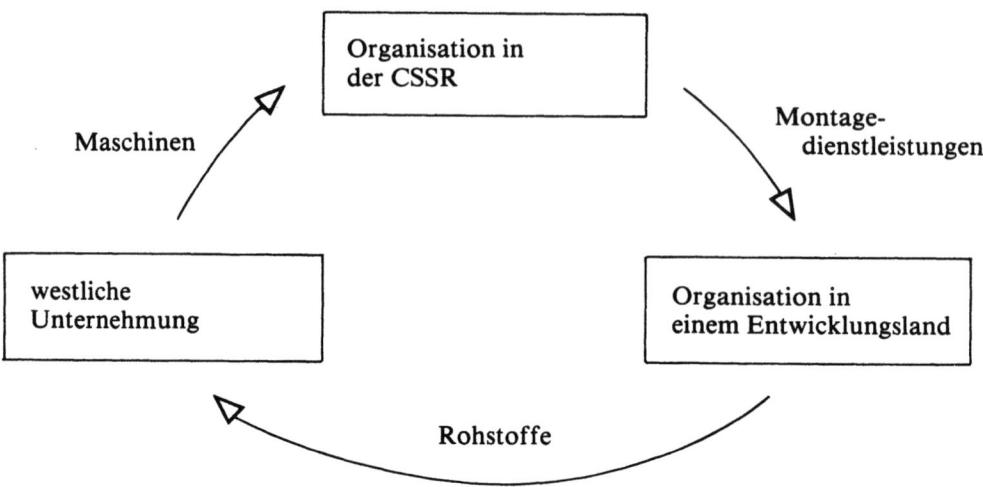

Abbildung 4: Beispiel für einen triangularen Barter in der klassischen Form

Vor- und Nachteile des klassischen Barters

Worin liegen nun die Vor- und Nachteile des klassischen Barters? Die Nachteile sind leicht zu erkennen. Zunächst muß sehr vieles zusammenpassen, damit ein solches Geschäft zustande kommt. Es müssen sich im einfachsten Fall zwei Gegengeschäftsparteien finden, bei denen eine doppelte Übereinstimmung von Angebot und Nachfrage vorliegt. Die eine Seite muß Produkte anbieten, die die andere Seite benötigt – und umgekehrt. Wenn, wie in den genannten Fällen, überhaupt keine Zahlungen geleistet werden sollen, also das Geschäft auf Vollkompensationsbasis abgewickelt werden soll, müssen sich die wechselseitig zu erbringenden Leistungen vollständig ausgleichen. Bei mehr als zwei Gegengeschäftsparteien ergibt sich ein erheblicher Koordinierungsaufwand.

Mit der Einbeziehung zusätzlicher Parteien müssen auch weitere außenwirtschaftliche Hürden genommen werden. So sind in dem in Abbildung 4 wiedergegebenen Beispiel die Einfuhr- und Ausfuhrregelungen des beteiligten Staatshandelslandes, des betreffenden Entwicklungslandes und der westlichen Industrienation zu beachten.

Probleme resultieren weiterhin aus der Vertragsgestaltung. Es liegt nur ein Vertrag vor, der das gesamte Geschäft erfaßt. Was passiert, wenn die westliche Unternehmung ihre Produkte in ein Staatshandelsland geliefert hat und die Gegenlieferung auf sich warten läßt oder aber die Gegenwaren nicht dem vereinbarten Qualitätsstandard entsprechen? Die Partei, die geliefert hat, kann nicht mehr auf die Gegenlieferung einwirken.

Auch die Versicherung eines solchen Geschäftes bereitet Probleme. Eine staatliche HERMES-Deckung setzt „Geldforderungen aus Lieferungen und Leistungen an ausländische Schuldner" (40) oder „an ausländische Staaten und sonstige Körperschaften des öffentlichen Rechts" (41) voraus; eine private Absicherung − soweit man sie überhaupt bekommt − ist entsprechend teuer.

Angesichts einer solchen Lage wird man − wie in den obigen Beispielen dargestellt − versuchen, die wechselseitigen Lieferungen entweder simultan abzuwickeln, oder aber möglichst darauf hinwirken, die Gegenlieferung vor der eigenen Leistungserstellung zu bekommen. Wenn lediglich der simultane Warenaustausch vereinbart wird, so verbleibt immer noch ein gewisses Risiko: In der betrieblichen Praxis sind in der Regel Verzögerungen von ein paar Tagen zu tolerieren. Auch in diesen Fällen kann also die eigene Lieferung schon unterwegs sein, wenn man über die Unzulänglichkeit der Gegenlieferung Kenntnis erhält. Wird von der Gegenseite keine Vorleistung vorgenommen, erfordert der klassische Barter immer einen erheblichen Vertrauensvorschuß. Es liegt daher nahe, daß man solche Abschlüsse vermeiden wird, wann immer man kann.

Hinzu kommt noch ein weiterer Aspekt, der sich für die zuerst leistende Seite negativ auswirkt. Falls man bei einem klassischen Barter − gewollt oder ungewollt − die nachträgliche Gegenlieferung akzeptiert, übernimmt man nicht nur das Risiko, sondern auch die Finanzierung. Solange die Gegenleistung aussteht, kreditiert man das Gesamtgeschäft. In diesem Zusammenhang ist zu beachten, daß sich erhebliche Schwierigkeiten ergeben, Banken in die Finanzierung eines solchen Geschäfts einzubeziehen. Es fehlt an der Geldforderung, so daß übliche Konstruktionen der Außenhandelsfinanzierung nicht greifen.

Nur spezielle Institute können hier Hilfestellung leisten. Falls man ein solches Geschäft plant, sollte man diese rechtzeitig − also vor der Vertragsunterzeichnung − einschalten.

Der Gegenbarter in der klassischen Form

Wenn man schon an der Konstruktion des klassischen Barters nicht vorbeikommt, ist es − und das gilt für die meisten Countertrade-Varianten nicht (!) − immer sinnvoll, zu versuchen, in die Position desjenigen zu gelangen, der die Lieferung als erster erhält. Es ist daher, ausgehend von der in Abbildung 2 wiedergegebenen Kombination von Countertrade-Bausteinen, anzustreben, den Baustein E_3 gegen den Baustein E_1 auszutauschen. Gelingt dies, liegt ein Gegenbarter in der klassischen Form vor (vgl. Abbildung 5). Diese aus der Sicht des westlichen Exporteurs günstige Position ist allerdings nicht leicht durchzusetzen. Es kommt auf die Verhandlungsstärke an, die man gegenüber dem potentiellen Abnehmer besitzt. In diesem Zusammenhang sind folgende Fragen zu prüfen:

Wie stark ist das betreffende Land auf die Belieferung angewiesen? Wie problematisch sind für dieses Land die Bereitstellung und der Absatz der Gegenware? Die Antworten auf diese Fragen können unterschiedlich ausfallen. Sicherlich sind die Realisierungschancen für einen Gegenbarter nicht besonders groß; es ist jedoch kein rein theoretisches Konstrukt.

A_3	B_1	C_1
D_1	E_1	F_4
G_1	H_1	I_1

Abbildung 5: Der Gegenbarter in der klassischen Form

Wie bereits erwähnt, ist der Gegenbarter für den westlichen Exporteur deshalb interessant, weil seine Verpflichtungen erst entstehen, wenn die Gegenseite ihren Verpflichtungen nachgekommen ist. Es verbleibt damit ein hinreichender Reaktionsspielraum. Auf Lieferverzögerungen kann man mit eigenen Verzögerungen reagieren, fehlerhafte Produkte kann man ohne weiteres zurückweisen. Insgesamt wird man also die eigene Leistung erst dann vornehmen, wenn die Gegenseite ihre Verpflichtungen erfüllt hat.

Wie sieht es aber aus, wenn der Gegenbarter sich in den Verhandlungen nicht durchsetzen läßt? Was spricht dann noch für den Abschluß eines klassischen Barters?

Zunächst ist einmal zu prüfen, warum die Gegenseite diese Countertrade-Variante für unverzichtbar hält. Erinnern wir uns an die Gegengeschäfte, die in hochentwickelten Staaten zum festen Bestandteil des Geschäftslebens gehören. Manche Rechnung wird nur teilweise offiziell abgerechnet, den Rest zahlt man bar auf die Hand. Der Grund ist nicht schwer zu finden: Es geht um „Steuersenkung" oder klarer formuliert, um Steuerhinterziehung. Auf Kosten des Staates erzielen Anbieter und Nachfrager einen Vorteil. Wie sie diesen Vorteil aufteilen, ist eine Frage des Verhandlungsgeschicks. Gleiche Effekte entstehen dann, wenn Unternehmen sich wechselseitig mit Sachgütern und Dienstleistungen beliefern und nur einen Teil der Verkäufe oder Käufe offiziell abwickeln.

An diesen Beispielen sieht man, daß der klassische Barter selbst im modernen Wirtschaftssystem einen festen Platz hat. Seit einigen Jahren erfaßt man solche Erscheinungen wie andere ökonomische Transaktionen, die an staatlichen Regelungen vorbei durchgeführt werden, unter dem Begriff der Schattenwirtschaft. Die Schattenwirtschaft ist nicht auf Binnenmärkte beschränkt. Auch bei internationalen Geschäften können bestimmte staatliche Vorschriften, zwischenstaatliche Vereinbarungen oder ähnliche Regelungen umgegangen werden. Hier liegt ein Grund für Bartergeschäfte.

So tauscht Sambia bearbeitetes Kupfer gegen beispielsweise bundesdeutsche Maschinen, ohne daß Devisen, also D-Mark oder Dollar bewegt werden, obwohl dieses Buntmetall ohne weiteres gegen harte Währung zu verkaufen ist. Der klassische Barter wird deshalb gewählt, damit keine Devisen anfallen, die zum Teil an die Weltbank zur Schuldentilgung abgeführt werden müßten (42). Insofern erhält sich Sambia auf diesem Wege die durch den Kupferexport entstandene Kaufkraft.

Ein weiterer Vorteil des klassischen Barters ist darin zu sehen, daß die Güter- und Dienstleistungspreise nicht transparent werden. Diese Überlegungen können dann eine Rolle spielen, wenn ein wertmäßiges Importkontingent, also eine in Landeswährung festgesetzte Einfuhrbeschränkung, vorliegt. Bei einer entsprechenden Gestaltung der Verrechnungssätze läßt sich eine größere Menge einführen.

Wird beispielsweise von einem westlichen Importeur eine Maschine in ein Staatshandelsland als Beistellung geliefert, so kann vereinbart werden, das Entgelt dadurch zu entrichten, daß der Lieferpreis für die aus diesem Staatshandelsland eingeführte Ware entsprechend abgesenkt wird. Damit kann bei gleichem wertmäßigen Einfuhrvolumen eine höhere Liefermenge importiert werden. Die im Rahmen des klassischen Barters möglichen Verringerungen des Einfuhrpreises können auch im Hinblick auf eventuelle wertmäßige Einfuhrabgaben (wie Zölle oder Einfuhrumsatzsteuer) vorteilhaft sein.

Als weiterer Punkt sind staatliche Untersuchungsverfahren zu nennen, die die Einfuhr tangieren können (43). Hier ist in der Bundesrepublik Deutschland besonders an das Preisprüfungsverfahren (44) und an Antidumping-Untersuchungen (45) zu denken. Bei Barter-Geschäften ist der Nachweis entsprechender Preisunterbietungen schwieriger.

Auch beim Ölbarter hat dieser Effekt in der jüngsten Vergangenheit eine Rolle gespielt. So haben einzelne erdölexportierende Staaten den klassischen Barter eingesetzt, um Mengen- und Preisabsprachen zu umgehen. Mit Erfolg, wie der zeitweilige Preisverfall beim Erdöl gezeigt hat.

Das Beispiel deutet an, daß der klassische Barter, auch wenn er in vielen Fällen dem Bereich der Schattenwirtschaft zuzurechnen ist, nicht automatisch illegal sein muß. Oftmals werden lediglich bestehende Regelungslücken genutzt − mit dem Nebeneffekt, daß die Hürden des neuen Protektionismus genommen werden. Dies ist wettbewerbspolitisch positiv zu beurteilen. In anderen Fällen stehen jedoch Gegengeschäfte im Dienste einer protektionistischen Politik.

Auch wenn der klassische Barter sich in bestimmter Situation als einzige Lösungsmöglichkeit anbietet, darf man die mit dieser Countertrade-Variante verbundenen Risiken nicht außer acht lassen. Um sie zu begrenzen, ist es angebracht, Großvorhaben möglichst zu stückeln. Das gilt ganz besonders bei einer neuen Geschäftsbeziehung. Es ist besser, mehrere kleinere Verträge, die nacheinander abgewickelt werden, zu unterzeichnen, als sich auf einen Vertrag einzulassen, der mit großen Vorleistungen verbunden ist. Falls die Geschäftsbeziehung funktioniert, wird auch bei einer Zerlegung des Gesamtvolumens in kleinere Partien letztlich das anvisierte Austauschvolumen erreicht. Sollte die Gegenlieferung Probleme aufwerfen, wird auf diesem Weg der Schaden wenigstens begrenzt: Die noch nicht ausgelieferten Waren können zurückgehalten werden.

Der moderne Barter in der einfachsten Form

Eine weitere Möglichkeit der Risikoverminderung ergibt sich durch die Umwandlung des klassischen Barters in einen modernen Barter. Ausgehend von dem klassischen Barter in seiner einfachsten Form (vgl. Abbildung 2), muß in diesem Fall der Baustein H_1 gegen den Baustein H_2 ausgetauscht werden (vgl. Abbildung 1). Man erhält dann die in der Abbildung 6 wiedergegebene Kombination von Bausteinen. Bei einem solchen modernen Barter wird jede Lieferung mit Geld bezahlt. Da sich die wechselseitigen Lieferungen aber wertmäßig ausgleichen, erhält keine Partei einen Nettozufluß an Zahlungsmitteln. Im Endeffekt werden auch in diesem Fall Waren getauscht.

A_3	B_1	C_1
D_1	E_3	F_4
G_1	H_2	I_1

Abbildung 6: Der moderne Barter in der einfachsten Form

Ein solches Geschäft, das wie der klassische Barter durch einen umfassenden Kompensationsvertrag geregelt (vgl. Baustein I_1) und daher, wie bereits erwähnt, auch Kompensationsgeschäft im engeren Sinn genannt wird, könnte beispielsweise wie folgt ablaufen: Ein bundesdeutscher Anlagenbauer liefert eine Maschine in ein Staatshandelsland. Die Lieferung wird sofort in einer harten Währung bezahlt. Durch den Kompensationsvertrag ist die westliche Unternehmung verpflichtet, entsprechende Gegenwaren abzunehmen. Beim Erhalt der Gegenlieferung wird der ursprüngliche

Betrag an den Osten zurücküberwiesen. Im Gegensatz zum klassischen Barter muß die zuerst leistende Seite keine Finanzierung des Geschäfts übernehmen, ihre Lieferung wird sofort bezahlt. Probleme wirft der moderne Barter allerdings dadurch auf, daß die Gegenseite über entsprechende Devisen verfügen muß.

Genau diese Bedingung wird häufig nicht erfüllt; denn Devisenmangel ist einer der Hauptgründe für den Countertrade. So muß die westliche Unternehmung eine weitere Dienstleistung übernehmen, die Vermittlung einer Finanzierung. Wenn es beispielsweise gelingt, der Gegenseite einen Bestellerkredit zu vermitteln, sind die Voraussetzungen für einen modernen Barter erfüllt.

Ein weiterer Vorteil des modernen Barters besteht darin, daß es in vielen Fällen gelingt, eine staatliche Kreditsicherung oder Finanzierung zu erhalten; denn es liegen Geldforderungen vor, womit die Hauptbedingung für diese Instrumente erfüllt ist. Aber auch der moderne Barter schließt durchaus Risiken ein. Lieferung und Gegenlieferung werden zum Bestandteil eines Vertrages. So sind wechselseitige Auswirkungen nicht zu unterschätzen, die man auch durch eine noch so geschickte Vertragsgestaltung nicht hundertprozentig berechenbar machen kann.

Ein Fall, der schon mehrfach aufgetreten ist: Die Gegenseite verlangt eine Bankgarantie dafür, daß auch der zweite Teil des Kompensationsvorganges abgewickelt wird. Damit erhält die westliche Unternehmung zwar grundsätzlich bei Auslieferung der Ware den Kaufpreis. Ein Teil des Entgeltes ist jedoch solange „eingefroren", bis der Gegenkauf getätigt und die Kompensationsware bezahlt ist. Was passiert nun aber, wenn die Gegenlieferung verzögert wird? Dann muß man über einen längeren Zeitraum auf einen Teil des Kaufpreises verzichten. Noch größer werden die Probleme, wenn die Kompensationsware aus qualitativen Gründen zurückgewiesen wird. In diesem Fall kommt man an die Bankgarantie überhaupt nicht heran. Was liegt dann näher, als sich auf einen faulen Kompromiß einzulassen und die Kompensationsware, falls sie halbwegs brauchbar ist, so zu akzeptieren, wie sie ist, um das „festgelegte" Geld freizubekommen?

Der moderne Barter mit Fremdkompensation

Schwierigkeiten ergeben sich auch, wenn man den modernen Barter mit einem Fremdkompensateur abwickeln will. In der in Abbildung 6 wiedergegebenen Kombination von Countertrade-Elementen ist somit der Baustein C_1 gegen den Baustein C_2 auszutauschen (vgl. Abbildung 1). Man erhält dann die in Abbildung 7 dargestellte Barter-Variante.

A₃	B₁	C₂
D₁	E₃	F₄
G₁	H₂	I₁

Abbildung 7: Der moderne Barter mit Fremdkompensation

Eine solche Transaktion kann wie folgt ablaufen: Ein westlicher Anlagenexporteur beliefert eine Außenhandelsgesellschaft in einem Staatshandelsland. Dafür verpflichtet sich diese, einen westlichen Rohstoffimporteur zu beliefern. Beide Lieferungen werden sofort bezahlt (vgl. Abbildung 8).

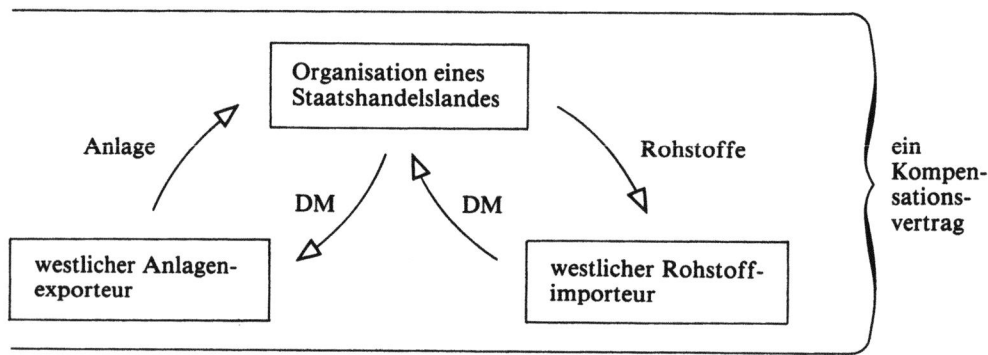

Abbildung 8: Beispiel für einen modernen Barter mit Fremdkompensation

Die Klammer, die die wechselseitigen Leistungsverpflichtungen zusammenhält, ist ein Kompensationsvertrag. Genau hierin liegt auch das entscheidende Problem dieser Countertrade-Konstruktion: Das Vertragswerk muß von sämtlichen beteiligten Firmen unterzeichnet werden. Wie groß der Abstimmungsaufwand bei den Vertragsverhandlungen damit ist, kann man sich vorstellen. Im übrigen beinhaltet auch diese Variante für den westlichen Exporteur erhebliche Risiken. Eventuelle Streitigkeiten zwischen dem Lieferanten der Gegenware und dem Fremdkompensateur können sich auf sein Entgelt auswirken. Vorsicht geboten ist wieder bei einer Bankgarantie, die nur bei Erfüllung der Gegengeschäftsverpflichtung freigegeben wird. Aber auch auf Ratenzahlungen können sich solche Störungen auswirken.

Insgesamt dürfte deutlich geworden sein, daß der Barter, anders als dies auf den ersten Blick erscheint, recht gestaltungsfähig ist und selbst der klassische Barter unter bestimmten Bedingungen auch heute noch eine Existenzberechtigung hat. Die Probleme der verschiedenen Barter-Varianten zeigen aber auch, daß diese Transaktionen nicht die Regelfälle im Countertrade sein können. Der überwiegende Teil der internationalen Gegengeschäfte wird daher auch heute entweder als Parallelgeschäft oder als Rückkaufgeschäft abgewickelt.

7. Parallel- und Rückkaufgeschäfte

Anders als bei den bisher behandelten Countertrade-Varianten, liegen dem Parallelgeschäft zwei Vertragswerke zugrunde: ein Kauf- und ein Gegenkaufvertrag. Eine besonders einfache Ausprägung des Parallelgeschäfts ist durch die in Abbildung 9 wiedergegebene Kombination von Bausteinen charakterisiert. Folgende Elemente sind damit relevant (vgl. auch Abbildung 1).

Das einfache Parallelgeschäft

Es handelt sich um ein absatzorientiertes Gegengeschäft (A_1), an dem lediglich zwei Parteien (B_1) beteiligt sind und bei dem der westliche Exporteur die Gegenware selbst aufnimmt (C_1). Leistung und Gegenleistung gleichen sich zu hundert Prozent aus (D_1). Die Warentransaktionen laufen in etwa gleichzeitig ab (E_3). Als Gegenware ist eine bestimmte Produktart (F_4) vorgesehen. Lieferung und Gegenlieferung bedingen sich nicht (G_1). Jede Lieferung wird mit Geld bezahlt (H_2). Das Gesamtgeschäft wird durch zwei Verträge geregelt (I_2), die gleichzeitig unterzeichnet werden.

A_1	B_1	C_1
D_1	E_3	F_4
G_1	H_2	I_2

Abbildung 9: Das Parallelgeschäft in einer einfachen Ausprägung

Das Geschäft könnte beispielsweise wie folgt ablaufen (vgl. Abbildung 10): Ein westlicher Automobilproduzent beliefert eine Organisation in einem Entwicklungsland mit Kraftfahrzeugen. Im Gegenzug verpflichtet er sich, von dem Abnehmer in entsprechendem Umfang Felle zu kaufen. Für beide Lieferungen werden getrennte Verträge abgeschlossen. Es wird in den Verträgen vereinbart, daß jede Lieferung sofort zu bezahlen ist. Das Gegengeschäft wird dadurch garantiert, daß die beiden formal selbständigen Verträge gleichzeitig unterschrieben werden.

Worin liegt der Vorteil dieser Geschäftskonstruktion gegenüber dem modernen Barter, bei dem auch jede Lieferung mit Geld abgegolten wird? Anders als beim modernen Barter können Probleme, die beim Gegenkauf auftreten, den ersten Teil des Kompensationsgeschäftes nicht tangieren. Wenn beispielsweise Gründe für eine Zurückweisung der Gegenware vorliegen, wirkt sich dies auf die Bestellung der Ausgangslieferung, hier der Kraftfahrzeuge, nicht aus. Voraussetzung ist selbstverständlich, daß die Verträge im Hinblick auf ihre Eigenständigkeit sorgfältig formuliert werden. Gibt es im Kaufvertrag Klauseln, die eine Verbindung zum Gegenkauf herstellen, gilt dieser Vorteil nicht oder nur begrenzt. Sinnvoll ist das Parallelgeschäft immer, wenn man einen Fremdkompensateur einschalten will.

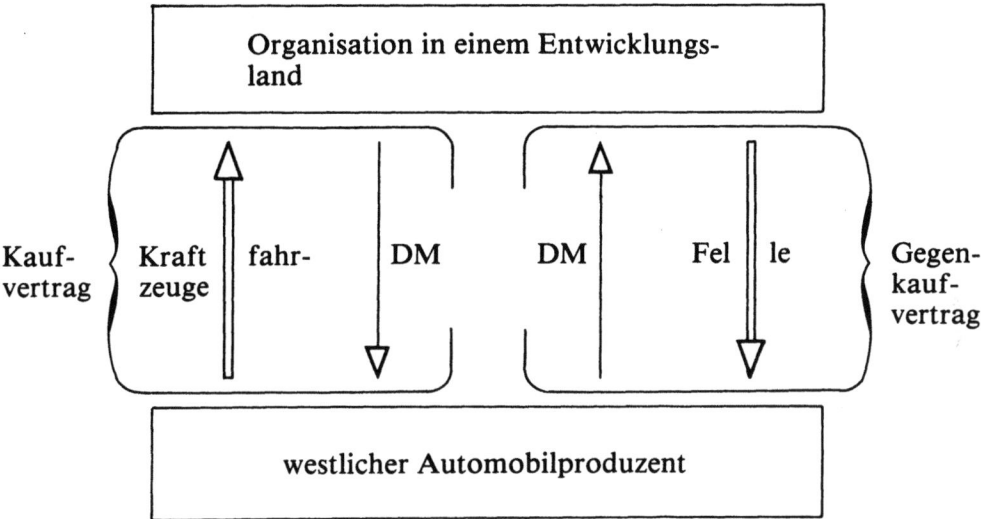

Abbildung 10: Beispiel für ein einfaches Parallelgeschäft

Das Parallelgeschäft mit Fremdkompensation

Gegenüber dem Grundaufbau des Parallelgeschäfts (Abbildung 9) wird der Baustein C_1 gegen den Baustein C_2 ausgetauscht (Abbildung 11). Man kann eine solche Geschäftskonstruktion als Parallelgeschäft mit Fremdkompensation bezeichnen.

Am Beispiel des Automobilexports läßt sich der Ablauf folgendermaßen verdeutlichen (vgl. Abbildung 12): Ein westlicher Automobilproduzent will an eine Organisation in einem Entwicklungsland Kraftfahrzeuge verkaufen. Die von dieser Organisation angebotenen Kompensationswaren, Bananen, vermag er selbst nicht zu verwerten oder zu vermarkten. Der Automobilproduzent schaltet daher eine Handelsunternehmung ein, die sich für den Bananenimport interessiert, und schlägt diese Firma der Gegenseite als Fremdkompensateur vor. Der Vorschlag wird akzeptiert. Es werden zwei selbständige Verträge gleichzeitig abgeschlossen: zum einen zwischen dem Automobilproduzenten und der Organisation des betreffenden Entwicklungslandes über die Lieferung der Kraftfahrzeuge und zum anderen zwischen dem westlichen Bananenimporteur und der gleichen Organisation in dem Entwicklungsland über die Lieferung der Kompensationsware.

A_1	B_1	C_2
D_1	E_3	F_4
G_1	H_2	I_2

Abbildung 11: Das Parallelgeschäft mit Fremdkompensation

Das Parallelgeschäft ermöglicht es, daß zwei selbständige Geschäfte abgewickelt werden können. So hat der Automobilproduzent – wenn die Verträge erst einmal unterschrieben sind – nichts mehr mit dem Bananenimport zu tun. Umgekehrt muß der Bananenimporteur sich über den Automobilexport keine Gedanken machen. Aus der Sicht der einzelnen Unternehmung handelt es sich daher letztlich um nichts anderes als um ein typisches Export- oder Importgeschäft.

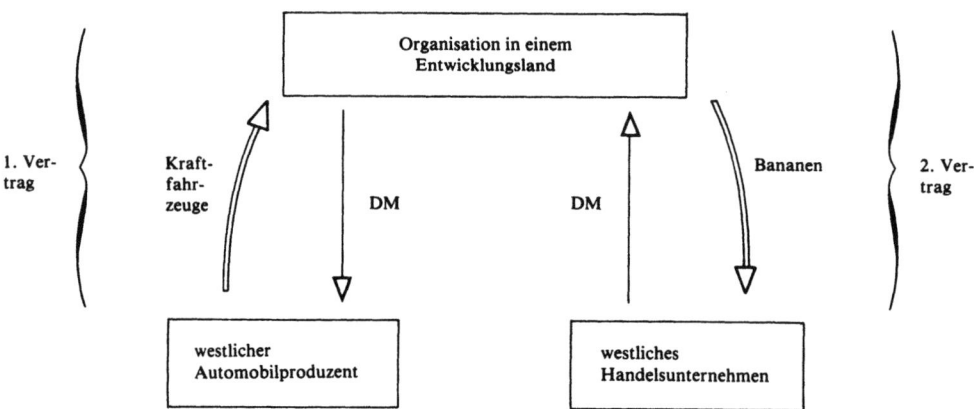

Abbildung 12: Beispiel für ein Parallelgeschäft mit Fremdkompensation

Hier liegt der entscheidende Vorteil des Parallelgeschäfts: Die Komplexität wird auf das übliche Maß reduziert. Dies gilt, wie bereits erwähnt, aber erst nach der Vertragsunterzeichnung. Bis zum Abschluß des Parallelgeschäfts hat derjenige, der das Gesamtgeschäft initiiert, durchaus ein Gegengeschäftsproblem zu lösen: Er muß den

54

wechselseitigen Güteraustausch planen und den passenden Fremdkompensateur finden, der am Geschäft teilnehmen will und der auch von der Gegenseite akzeptiert wird.

Das Rückkaufgeschäft

Da das Parallelgeschäft aus einem formal selbständigen Export- und Importgeschäft besteht, ergeben sich keine besonderen Probleme für die staatliche Kreditabsicherung und die staatliche Außenhandelsfinanzierung. Auch diesen Aspekt gilt es zu beachten. Überhaupt erleichtert die Zerlegung des Gesamtgeschäfts in zwei Teilgeschäfte aus der Sicht der westlichen Unternehmen generell die Lösung der Finanzierungsprobleme.

Dieser Punkt ist besonders dann wichtig, wenn Leistung und Gegenleistung zeitlich beträchtlich auseinanderfallen, wie dies bei Rückkaufgeschäften immer der Fall ist. Es ist daher nicht erstaunlich, daß Rückkaufgeschäfte fast immer in der Form des Parallelgeschäfts abgeschlossen werden. In Abbildung 11 sind dann zwei Bausteine auszuwechseln: zum einen der Baustein E_3 gegen den Baustein E_1, da der Gegenkauf erst nach Fertigstellung der Anlage möglich ist, und der Baustein G_1 gegen den Baustein G_2, da die Erstellung der Anlage eine Voraussetzung für die Gegenleistung ist (vgl. auch Abbildung 1). Man erhält damit die in der Abbildung 13 wiedergegebene Kombination von Countertrade-Elementen. Um diese Geschäftskonstruktion einigermaßen zutreffend zu charakterisieren, müßte man wenigstens von einem Rückkaufgeschäft (G_2) mit Fremd- und Vollkompensation (C_2 und D_1) in der Form des Parallelgeschäftes (I_2) sprechen. Aus Gründen der Vereinfachung soll nachfolgend die kurze Bezeichnung „Rückkaufgeschäft in der häufigsten Form" gewählt werden.

A_1	B_1	C_2
D_1	E_1	F_4
G_2	H_2	I_2

Abbildung 13: Das Rückkaufgeschäft in der häufigsten Form

Es sind zahlreiche Beispiele für Rückkaufgeschäfte bekanntgeworden. Dabei handelt es sich meistens um außergewöhnlich umfangreiche Abschlüsse. In der Studie von Altmann und Clement findet sich eine mehrseitige Liste der zwischen 1970 und 1978 im Osthandel unterzeichneten Vereinbarungen.

Um eine vollständige Erfassung der Buy-back-Geschäfte zwischen westlichen Firmen und den Staatshandelsländern hat sich die OECD (Organisation for Economic Co-operation and Development) bemüht (46). Demnach sind zwischen 1969 und 1980 rund 290 Verträge auf der Basis des Pay-as-you-earn abgeschlossen worden. Das wertmäßige Volumen dieser Abschlüsse wird mit insgesamt 30 500 bis 48 200 Millionen Dollar angegeben. Die Nennung einer Unter- und Obergrenze erklärt sich dadurch, daß ein Teil der Vertragsvolumina geschätzt werden mußte. Von den 290 Abschlüssen, die ermittelt wurden, entfielen 44 auf Polen, 29 auf die DDR, 108 auf Ungarn, 13 auf Rumänien, 11 auf Bulgarien, 7 auf die Tschechoslowakei und 78 auf die UdSSR. Die Betrachtung der Vertragswerte ergab, daß mehr als die Hälfte des Gesamtwertes der Abschlüsse die UdSSR betraf. Für die jüngste Vergangenheit liegen keine entsprechenden Erhebungen vor. Einige wichtige Buy-back-Verträge wurden von der Economic Commission for Europe der Vereinten Nationen, die ihren Sitz in Genf hat, zusammengestellt.

Ausgehend von der in Abbildung 13 wiedergegebenen Kombination von Countertrade-Elementen, läßt sich ein Rückkaufgeschäft etwa wie in Abbildung 14 darstellen.

Ein bundesdeutscher Anbieter liefert eine chemische Anlage an eine Außenhandelsorganisation in der UdSSR, die diese mit Erzeugnissen, die später auf der Anlage gefer-

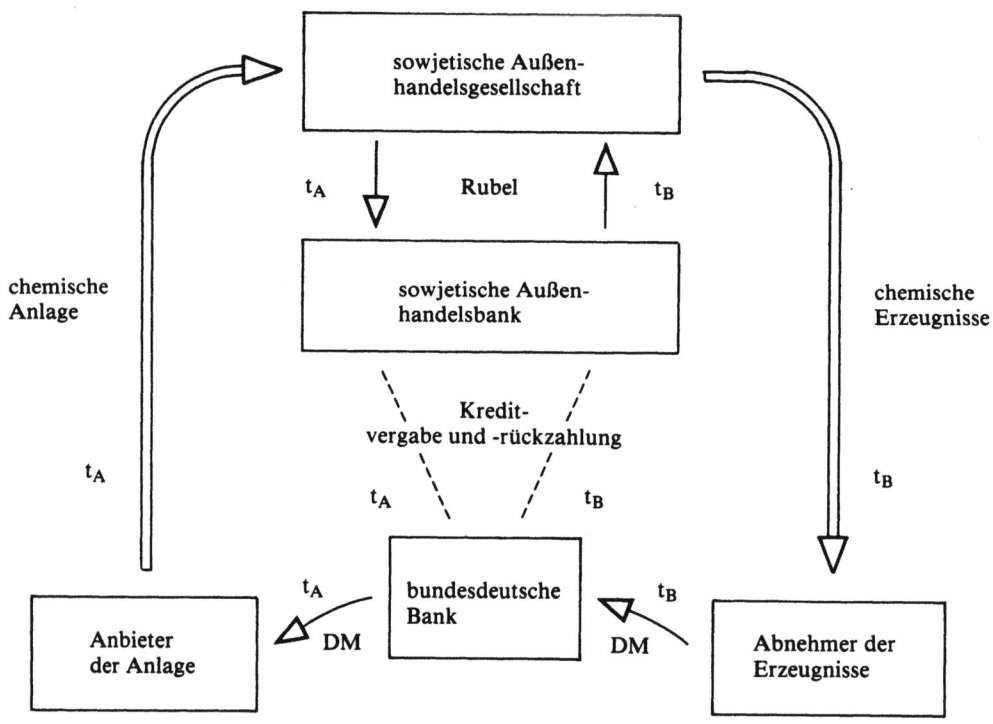

Abbildung 14: Beispiel für ein Rückkaufgeschäft (vereinfachte Darstellung)

tigt werden, bezahlen will. Die Kompensationsware soll von einem bundesdeutschen Chemiehandelshaus abgenommen werden. Lieferung und Gegenlieferung sollen sofort bar bezahlt werden. Da die östliche Seite nicht über die entsprechenden Devisen verfügt, vermittelt der Anbieter ihr einen Bestellerkredit, den eine bundesdeutsche Bank aus banktechnischen Gründen der sowjetischen Außenhandelsbank gewährt. Zum Zeitpunkt der Anlagenlieferung (t_A) bezahlt somit die sowjetische Außenhandelsorganisation in Rubel. Der Betrag wird an die sowjetische Außenhandelsbank überwiesen. Da der Kaufpreis in DM zu entrichten ist, gewährt die bundesdeutsche Bank der sowjetischen Außenhandelsbank einen entsprechenden Kredit. Aus banktechnischen Gründen wird der betreffende DM-Betrag direkt an den westlichen Anbieter überwiesen und die sowjetische Außenhandelsbank entsprechend belastet, und zwar ebenfalls zum Zeitpunkt t_A. Nach Fertigstellung und Inbetriebnahme der Anlage (Zeitpunkt t_B) werden Erzeugnisse im Werte des Kaufpreises der Anlage an das westliche Handelshaus geliefert, das diese Lieferungen sofort bezahlt (t_B). Der DM-Betrag wird an die westliche Bank überwiesen, womit der gewährte Kredit zurückbezahlt ist. Die sowjetische Außenhandelsbank wird entsprechend entlastet (diesmal in t_B). Sie zahlt ihrerseits den Preis für den Verkauf der chemischen Erzeugnisse an die Außenhandelsgesellschaft in Rubel aus.

Dem Geschäft liegen insgesamt drei Hauptverträge zugrunde: ein Vertrag zwischen dem westlichen Anbieter und der sowjetischen Außenhandelsgesellschaft über die Lieferung der Anlage, ein Vertrag zwischen der sowjetischen Außenhandelsgesellschaft und dem westlichen Handelshaus über die Abnahme der Kompensationsware und ein Kreditvertrag zwischen der in das Gegengeschäft einbezogenen westlichen Bank und der sowjetischen Außenhandelsbank. Daneben sind noch die Geschäftsbeziehungen in dem betreffenden Staatshandelsland zu regeln, die hier nicht interessieren, und eventuelle Stützungsvereinbarungen zwischen den westlichen Firmen zu berücksichtigen.

Bereits dieser einfache Fall eines Rückkaufgeschäftes setzt eine relativ komplizierte Vertragsgestaltung voraus.

Die Komplexität nimmt weiter zu, wenn die Fremdkompensation auch auf der Gegenseite gewählt wird oder statt eines Anbieters ein Lieferkonsortium zu berücksichtigen ist. Auch bei der Abnahme der Kompensationsware können grundsätzlich mehrere Unternehmen beteiligt sein. Schließlich können Großvorhaben nicht von einer Bank allein finanziert werden, zumal Zeiträume von mindestens fünf Jahren und nicht selten von mehr als zehn Jahren zu überbrücken sind. Außerdem fallen Zins- und Ratenzahlungen an, auf die im obigen Beispiel nicht eingegangen wurde. Sie führen zu einer weiteren Erschwernis bei der Vertragsformulierung und Geschäftsabwicklung.

Wie der Barter und das Parallelgeschäft, so ist auch das Rückkaufgeschäft äußerst gestaltungsfähig. Anders als bei der in Abbildung 13 gewählten Kombination von Countertrade-Elementen, ist beispielsweise denkbar, daß man mit dem Rückkaufgeschäft primär beschaffungspolitische Zielsetzungen anstrebt. Dann ist der Baustein A_1 durch den Baustein A_2 zu ersetzen.

Typische Fälle für solche Geschäfte sind aus dem Erdölbereich bekannt. Hier stellen Firmen, die an der Erdölbeschaffung interessiert sind, häufig Anlagen, Know-how und Personal bei der Exploration zur Verfügung. Diese Leistungen werden später mit Öllieferungen abgegolten.

Auch ein Austausch der Bausteine B_1 und B_2 ist möglich. So war vor einigen Jahren ein Dreiecksgeschäft zwischen dem Iran, der UdSSR und bundesdeutschen Firmen geplant, bei dem der Iran von Unternehmen in der Bundesrepublik Deutschland beliefert werden sollte. Im Gegenzug sollte der Iran in die UdSSR Erdgas exportieren. Die UdSSR sollte dafür aus einem ihrer Felder die Bundesrepublik mit Erdgas beliefern. Das Geschäft, das viel Aufsehen erregt hat, ist letztlich aus politischen Gründen nicht zustande gekommen.

Weiterhin ist ein Austausch des Bausteins C_2 gegen den Baustein C_1 möglich. In diesem Fall übernimmt der westliche Lieferant die Gegenware selbst. Eine solche Geschäftskonstruktion bietet sich häufig für diversifizierte Unternehmen oder Konzerne an, die sowohl die Fertigungsanlagen als auch die mit diesen Anlagen hergestellten Produkte selbst anbieten.

Auch der Baustein D_1, also die Vollkompensation, ist für Rückkaufgeschäfte nicht selbstverständlich. Häufig wird eine Überkompensation (Baustein D_3) verlangt — allein schon deshalb, um neben den Devisen, die zur Bezahlung der Anlage erforderlich sind, auch die Devisen für die erheblichen Zinszahlungen zu erwirtschaften, die die langfristige Finanzierung hervorruft.

Bei einer starken Verhandlungsposition kann auch heute noch vereinzelt die Teilkompensation durchgesetzt werden. Insofern kommt ebenfalls der Baustein D_2 in Betracht.

Aus der Natur des Rückkaufgeschäftes ergibt sich der zeitlich nachgelagerte Gegenkauf (Baustein E_1). Bezüglich der Gestaltungs-Dimension E bestehen also bei Rückkaufgeschäften keine Variationsmöglichkeiten. Dies bedeutet nicht, daß bei Anlagenverkäufen der nachgelagerte Gegenkauf unvermeidbar ist. Eventuell kann man sich im Rahmen des Gegengeschäftes darauf einigen, daß ein Teil des Kaufpreises mit Erzeugnissen, die auf der Anlage gefertigt werden sollen, und der Rest des Betrages mit anderen Gegenlieferungen abgegolten wird. Unter diesen Bedingungen ist für einen Teil des Geschäftes der vorgezogene oder simultane Gegenkauf möglich. Um ein reines Rückkaufgeschäft handelt es sich dann allerdings nicht mehr (vgl. Baustein E_3). Das gleiche, was für die Gestaltungsdimension E gilt, trifft auch auf die Gestaltungsdimension F zu. Mit der Konstruktion des Rückkaufgeschäftes ist die Warenart für die Gegenlieferungen festgelegt. Wird vertraglich etwas anderes vereinbart, was durchaus möglich ist und sinnvoll sein kann, liegt kein reines Rückkaufgeschäft mehr vor. Statt des Bausteins F_4 wird dann der Baustein F_3 gewählt.

Was die Technik des Leistungsausgleichs angeht, so werden Rückkaufgeschäfte bei Großprojekten fast immer als moderne Barter konstruiert. Es wird also jede Leistung mit Geld bezahlt. Bei kleinen Rückkaufgeschäften ist dies nicht immer so. Das gilt um so mehr, wenn das Buying-back in eine kurzfristige Geschäftsbeziehung eingefügt wird. Zu denken ist besonders an zunächst unentgeltliche Beistellungen von Maschinen, die später mit den Erzeugnissen dieser Anlagen verrechnet werden. In diesen Fällen handelt es sich um einen Buy-back-barter in der klassischen Form: Es werden Produkte ausgetauscht, wobei Leistung und Gegenleistung zeitlich auseinanderfallen. Geld wird nicht eingeschaltet. Somit wird der Baustein H_1 im Rahmen des Rückkaufgeschäftes gewählt.

Während sich bei Rückkaufgeschäften mit Fremdkompensation das Parallelgeschäft (Baustein I_2) fast von selbst ergibt, bestehen bei Rückkaufgeschäften mit Eigenkompensation vertragspolitische Gestaltungsmöglichkeiten. So kommt dann beispielsweise auch der Baustein I_1 in Betracht.

Insgesamt wird damit deutlich, welche Variationsbreite der Buy-back-barter hat. Sie ist auch erforderlich, um mit den erheblichen Problemen fertig zu werden, die solche Abschlüsse – besonders bei Großprojekten – hervorrufen. Dabei sind drei Gesichtspunkte vorrangig zu beachten: die Finanzierung, die Preisgestaltung und die Mengenplanung.

Was den ersten Gesichtspunkt angeht, so haben die Ausführungen gezeigt, daß je nach der Grundstruktur des Rückkaufgeschäftes die finanzielle Last unterschiedlich auf die Geschäftspartner verteilt werden kann. Insofern ist das Finanzierungsproblem zwar nicht zu unterschätzen, aber meist lösbar. Das gilt selbst unter schwierigen Bedingungen. Es ist daher nicht erstaunlich, daß für neue Geschäfte mit überschuldeten Entwicklungsländern, wie beispielsweise Brasilien, von kompetenter Seite das Angebot zu Rückkaufgeschäften gemacht wird. Vielleicht ist das Rückkaufgeschäft in einer solchen Situation die einzige Möglichkeit, die noch zu realisieren ist.

Weitere Probleme treten bezüglich der Preisgestaltung für die erst in weiter Zukunft anfallenden Gegenlieferungen auf. Daß die Lösung des Problems grundsätzlich möglich ist, läßt sich den wohl umfangreichsten Rückkaufgeschäften entnehmen, die bisher abgeschlossen und durchgeführt worden sind, den Röhren-Erdgas-Geschäften (47). Von seiten der westlichen Abnehmer der Gegenlieferungen sind zumindest bisher keine Klagen über die Bezugspreise geäußert worden. Hier funktioniert offensichtlich die vereinbarte Preisgleitklausel.

Auch die Mengenplanung ist problematisch. Das Produkt aus Preis und Menge muß letztlich das Gesamtgeschäft, den Kaufpreis der Anlage und die Kreditkosten finanzieren. Damit werden besonders zwei Fragen aufgeworfen: Welche Konsequenzen ergeben sich, wenn sich der Bedarf ändert und die geplanten Mengen auf den vorgesehenen Märkten nicht untergebracht werden können? Welche Folgen sind zu beachten, wenn zwischenzeitlich neue Anbieter auf den Markt getreten sind?

Außerdem sehen sich staatliche Stellen aufgrund rechtlicher Vorschriften oder durch politischen Druck eventuell zum Eingreifen gezwungen. So können sich kurzfristig die Einfuhrregelungen ändern (48). Allein die Tatsache, daß Untersuchungsverfahren eingeleitet werden, kann sich schon negativ auf die Einfuhren auswirken.

8. Rahmenvereinbarungen und Offset-Geschäfte

Rahmenvereinbarungen

Die Besonderheit der Rahmenvereinbarung oder des Rahmenabkommens läßt sich am besten erklären, wenn man von der simpelsten Countertrade-Variante, dem klassischen Barter in der einfachsten Form (vgl. Abbildung 2), ausgeht. Um von dieser Konstruktion zu einer Rahmenvereinbarung zu gelangen, sind folgende Countertrade-Elemente auszutauschen (vgl. auch Abbildung 1):

Zunächst ist der Baustein I_1 durch den Baustein I_3 zu ersetzen, wodurch sich die Bezeichnung für diese Gegengeschäftsform ergibt. Zu beachten ist, daß es sich bei der Rahmenvereinbarung wie bei der vertraglichen Regelung des klassischen Barters in seiner einfachsten Form zunächst nur um ein Vertragswerk handelt, das die Gegengeschäftsbeziehung fixiert. Anders als beim klassischen Barter treten aber im Falle der Rahmenvereinbarung später weitere Vertragswerke hinzu, die den abgesteckten Rahmen ausfüllen. Bei diesen Verträgen handelt es sich um einfache Kauf- oder Verkaufsverträge. Sie sind unter anderem deshalb erforderlich, weil durch den Rahmenvertrag die Gegenware nicht exakt spezifiziert wird. Insofern ist also, wenn man von der Abbildung 2 ausgeht, auch der Baustein F_4 auszutauschen, und zwar entweder gegen den Baustein F_1 oder gegen den Baustein F_2. Letzteres ist in der Regel der Fall. Meist wird durch das Rahmenabkommen festgelegt, daß die Wahlmöglichkeiten bezüglich der Gegenware auf das Angebot bestimmter Organisationen (im Handel mit Staatshandelsländern auf das Angebot bestimmter Außenhandelsgesellschaften) beschränkt sind. Der Rahmenvertrag sieht üblicherweise vor, daß die beiden Gegengeschäftsparteien in einem bestimmten Zeitraum, der sich über 20 Jahre erstrecken kann, voneinander wechselseitig Waren beziehen. Letztlich sollen beide Seiten mit ihren Käufen einen bestimmten wertmäßigen Umfang erreichen, so daß sich Käufe und Gegenkäufe am Ende des Vertragszeitraumes ausgleichen. Eventuell werden auch jährliche Zwischenabrechnungen vorgenommen, die dann Käufe einer Seite zur Folge haben.

Grundsätzlich ist es möglich, solche Verträge ohne Geldtransaktionen zu erfüllen. Lieferungen und Gegenlieferungen werden dann einfach verrechnet. Es handelt sich in einem solchen Fall um ein Verrechnungsabkommen auf der Ebene der Unternehmen, das auch *Privatclearing* genannt wird. Wenn allerdings die einzelnen Leistungen große wertmäßige Unterschiede aufweisen und zu weit auseinanderliegenden Zeitpunkten anfallen, ist eine solche einfache Verrechnung, die immer eine Finanzierungsbelastung für die zuerst leistende Seite bedeutet, nicht immer sinnvoll. Zunehmend sehen daher die Rahmenvereinbarungen vor, daß jede Leistung mit Geld zu bezahlen ist. Dadurch wird es leichter, Kreditinstitute in das Geschäft einzubeziehen. Weiterhin steigen die Chancen, daß man eine staatliche Kreditabsicherung und Außenhandelsfinanzierung erhält. Anders als in Abbildung 2 ist demzufolge möglichst der Baustein H_2 zu wählen.

Damit kann eine Rahmenvereinbarung durch die in Abbildung 15 wiedergegebene Kombination von Countertrade-Bausteinen charakterisiert sein (vgl. auch Abbildung 1).

A_3	B_1	C_1
D_1	E_3	F_2
G_1	H_2	I_3

Abbildung 15: Eine häufige Variante der Rahmenvereinbarung

Mit dem Countertrade-Abschluß werden in diesem Fall absatz- und beschaffungspolitische Zielsetzungen verfolgt (A_3). An dem Geschäft sind nur zwei Parteien beteiligt (B_1). Die liefernde Firma übernimmt auch die Gegenwaren (C_1). Lieferungen und Gegenlieferungen gleichen sich letztlich aus (D_1). Die einzelnen Teilgeschäfte laufen mehr oder weniger simultan ab (E_3). Durch den Vertrag wird die Gegenlieferung nur grob abgesteckt (F_2). Die Gegenlieferungen setzen keine vorherigen Lieferungen voraus (G_1). Jede Lieferung wird mit Geld bezahlt (H_2), und es liegt ein Rahmenvertrag vor (I_3).

Folgendes Beispiel soll den Zusammenhang verdeutlichen: Ein französischer Chemie-Konzern und eine polnische Außenhandelsgesellschaft, die für chemische Erzeugnisse zuständig ist, unterzeichnen einen Rahmenvertrag, der folgendes vorsieht: Über einen Zeitraum von zehn Jahren sollen die beteiligten Organisationen wechselseitig chemische Erzeugnisse voneinander beziehen. Die in Frage kommenden Produktarten werden aufgeführt. Das Austauschvolumen wird auf 100 Millionen US-Dollar festgesetzt. Es wird vereinbart, daß die jährlichen Lieferungen und Gegenlieferungen wertmäßig nicht mehr als zehn Prozent voneinander abweichen dürfen.

Da die einzelnen Gegengeschäftsparteien ständig Informationen darüber benötigen, in welchem Verhältnis die Käufe und Gegenkäufe stehen, müssen sie entsprechende Konten führen, auf denen sie die getätigten Transaktionen festhalten. Solche Konten werden *Evidenz-Konten* genannt. Man kann daher die Rahmenvereinbarungen auch *Evidenz-Konten-Abkommen* nennen (49). Aus der Sicht westlicher Unternehmen sind Rahmenabkommen besonders günstig, wenn es gelingt, solche Verträge mit den vorgesetzten Stellen der Außenhandelsorganisationen, also auf der Ebene der Ministerien, abzuschließen. In diesen Fällen werden mehrere Außenhandelsorganisationen direkt oder indirekt in das Vertragswerk einbezogen. Es stehen damit die Angebote mehrerer Organisationen für die späteren Gegengeschäfte zur Verfügung. Meist ist die staatliche Außenhandelsbank an einem solchen Abschluß zu beteiligen, die dann auf der Seite des Staatshandelslandes das Evidenz-Konto führt.

Worin liegen nun die Vorteile eines solchen Rahmenabkommens? In den Wahlmöglichkeiten. Grundsätzlich hat man die Wahl zwischen mehreren Erzeugnissen, für die die Gegenseite zuständig ist. Je nach Bedarf kann man sich für einzelne Güterarten entscheiden. Weiterhin besteht ein gewisser Dispositionsspielraum im Hinblick auf Lieferzeitpunkt und Liefermenge. Sie können erst später festgelegt werden, wenn man genauere Informationen über die Absatzmöglichkeiten hat. Das gleiche gilt für den Preis der Kompensationsware. Selbstverständlich bestimmt der Käufer, also hier die westliche Seite, nicht allein die Produktarten, Liefermengen und Lieferzeitpunkte. Auch die Gegenseite hat einen entsprechenden Dispositionsspielraum. Die genannten Größen sind Verhandlungssache und werden erst in den späteren Kaufverträgen festgelegt.

Damit wird auch der Nachteil des Rahmenabkommens deutlich. Es kann durchaus passieren, daß die gewünschten Gegenwaren nicht zur Verfügung stehen, obwohl sie im Rahmenvertrag genannt werden, oder aber nicht in den gewünschten Mengen oder nicht zum gewünschten Zeitpunkt geliefert werden können. Es ist daher meist viel taktisches Geschick erforderlich, um Rahmenabkommen in der Anfangsphase über die ersten Hürden hinwegzuhelfen. Andererseits ist man nicht selten erstaunt, wie gut solche Vereinbarungen funktionieren. Das gilt besonders dann, wenn das Staatshandelsland an weiteren Geschäften, also an einer langfristigen Geschäftsbeziehung, interessiert ist oder sich das westliche Unternehmen im Staatseigentum befindet oder zumindest von staatlichen Stellen gesteuert werden kann. In den beiden zuletzt genannten Fällen scheut man sich auf östlicher Seite davor, Konflikte entstehen zu lassen, die dann auf der politischen Ebene geklärt werden müssen. Daß auch die Staatshandelsländer an der Funktionsfähigkeit langfristiger Rahmenabkommen interessiert sind, wird im übrigen auch daran deutlich, daß sie nicht mit jeder westlichen Unternehmung solche Vereinbarungen treffen, sondern stark selektieren. Es ist also für eine westliche Unternehmung gar nicht so leicht, diese sicherlich interessante Countertrade-Variante durchzusetzen.

Aufgrund der bisherigen Ausführungen könnte der Eindruck entstehen, daß das Rahmenabkommen in erster Linie eine Form des Countertrades ist, die im Osthandel Bedeutung hat. Das ist nicht der Fall. Zunehmend spielen im Welthandel Rahmenabkommen eine Rolle, an denen ausschließlich Unternehmen aus den westlichen Industrienationen beteiligt sind. Sie sind in den letzten Jahren unter der Bezeichnung Offset-Geschäfte oder kurz Offsets bekannt geworden.

Offset-Geschäfte

Was ist ein Offset? Wodurch ist ein solcher Abschluß charakterisiert? Offset-Geschäfte, die man auch als Ausgleichsgeschäfte bezeichnen kann (50), finden häufig dann Anwendung, wenn Großeinkäufe von staatlichen Institutionen getätigt oder zumindest beeinflußt werden. Seinen Ursprung hat das Offset-Geschäft im Bereich der Beschaffung von Rüstungsgütern. Hier ist auch der Einfluß des Staates offensichtlich. Heute erstrecken sich die Offset-Abkommen auf die verschiedensten Bereiche. Zunehmend spielen sie beispielsweise beim Großanlagenexport eine Rolle. So kann gegenwärtig kaum noch eine Bohrinsel, ein Kraftwerk oder ein Großflugzeug an eine westliche Industrienation ohne das Offset verkauft werden.

Durch den Abschluß eines solchen Geschäftes verpflichtet sich der Exporteur dazu, beim Abnehmer entsprechende Gegenkäufe zu tätigen oder für diesen Lieferungen zu vermitteln. Meist wird der Kreis derjenigen Firmen, die als Ersteller der Gegenleistung in Betracht kommen, weit gezogen; nicht selten werden sämtliche Firmen des Abnehmerlandes als Gegenlieferanten akzeptiert. Sieht der Offset-Vertrag vor, daß solche Firmen als Unterlieferanten zu berücksichtigen sind, spricht man von einem direkten Offset. Werden auch andere Käufe im Abnehmerland als Gegenlieferungen anerkannt, so handelt es sich um ein indirektes Offset.

Oft sind Mischformen zu berücksichtigen. So kann ein Offset-Vertrag sowohl einen gewissen Local-content-Anteil (Zulieferungen durch das Abnehmerland) als auch Gegenkäufe, die mit dem betreffenden Großprojekt nichts zu tun haben, vorsehen.

Der Charakter des Rahmenabkommens wird dadurch deutlich, daß der Offset-Vertrag nur festhält, in welchem wertmäßigen Umfang Gegenlieferungen zu berücksichtigen und in welchem Zeitraum sie abzuwickeln sind. Von den im Ost-West-Handel üblichen Rahmenabkommen unterscheiden sich die Offset-Geschäfte dadurch, daß meistens keine Sanktionen für den Fall einer Nichterfüllung der Gegenkaufverpflichtung vereinbart werden (51). Verletzungen dieser Verpflichtungen bleiben dennoch in der Regel nicht sanktionslos. Sie haben negative Auswirkungen auf spätere Großprojekte des betreffenden Abnehmerlandes. Bei eklatanten Verstößen gegen das Offset wird man bei zukünftigen Ausschreibungen mit Sicherheit keinen Zuschlag mehr erhalten.

Über die Bedeutung von Offset-Geschäften im Westen gibt es besonders aus der Schweiz detaillierte Informationen. Wie aus der Abbildung 16 hervorgeht (52), wurden zwischen 1975 und 1985 sechs Offset-Abkommen zugunsten der Schweizer Industrie in Verbindung mit Rüstungseinkäufen abgeschlossen.

Die Einhaltung der Vereinbarungen wird von der Schweiz sorgfältig überwacht. In der Regel werden bestimmte Vermittlungs- und Koordinationszentralen eingerichtet, die die Abwicklung des Geschäftes übernehmen, so beispielsweise beim Tiger-Geschäft das „Büro des Verbandes Schweizerischer Maschinenindustrieller für Gegengeschäfte mit der USA" (53). Mit welchem Ernst die Schweiz solche Verträge abschließt, machen auch die amtlichen Erläuterungen und Mitteilungen deutlich. Zu den wichtigsten zählt die Verlautbarung der Embassy of Switzerland vom Mai 1982 mit dem Titel „How to take advantage of the existing offset agreements".

Projekt	Laufzeit des Abkommens	Vertraglich vereinbartes Mindestvolumen für die Gegenkäufe
Tiger 1	1975 – 1982	115 Mio. US-Dollar
Rapier	1980 – 1987	40 Mio. Britische Pfund
Tiger 2	1982 – 1987	120 Mio. US-Dollar
Maverick	1982 – 1990	13 Mio. US-Dollar
Leopard	1984 – 1997	870 Mio. Schweizer Franken
Taflir	1985 – 1990	50 Mio. Schweizer Franken

Abbildung 16: Zusammenstellung der Offset-Abkommen zugunsten der Schweizer Industrie in Verbindung mit Rüstungseinkäufen zwischen 1975 und 1985

Die Schweiz ist kein Ausnahmefall. Auch andere westliche Industrienationen haben das Offset-Geschäft in ihre Richtlinien für die staatliche Beschaffungspolitik aufgenommen. Aber auch Länder, die sich davor scheuen, solche Hinweise zum Bestandteil ihrer offiziellen Einkaufsbedingungen zu machen, setzen Offset-Vereinbarungen durch; daran gibt es keinen Zweifel.

Die Tatsache, daß der Countertrade bei Einkäufen des Staates oder staatlich kontrollierter Organisationen an Bedeutung gewinnt, ist für die westlichen Firmen aus zweierlei Gesichtspunkten wichtig: Erstens muß der Exporteur, auch wenn er eventuell nur als Konsortialpartner oder als Unterlieferant auftritt, mit verstärkten Aufforderungen zu Gegengeschäften rechnen. Letztlich muß die Offset-Verpflichtung erfüllt werden. Demzufolge ist der Druck zu Gegenkäufen für jeden Lieferanten spürbar, der an dem Gesamtprojekt beteiligt ist. Zweitens muß sich jede Firma dafür interessieren, welche Großeinkäufe das eigene Land tätigt. Das gilt ganz besonders für den Import von Waffensystemen. Über Verbände oder andere Kanäle sollte man auf die staatlichen Stellen, die für die Beschaffung zuständig sind, dahingehend einwirken, daß in diesen Fällen die Möglichkeit zur Durchsetzung von Kompensationsvereinbarungen genutzt wird. Da das Offset inzwischen weltweit ein übliches Marketing-Instrument ist, besteht kein Grund, auf seinen Einsatz zu verzichten, wenn man selbst einmal dadurch Vorteile erzielen kann. Auch dies ist sicherlich ein wichtiger Punkt, den es in Zukunft zu beachten gilt. Anstatt über den Countertrade zu lamentieren, sollte man sich mit den neuen Spielregeln im Welthandel vertraut machen. Das Offset-Geschäft ist letztlich nicht nur für Konzerne von Bedeutung, die für die Großprojekte zuständig sind, sondern auch für die mittelständische Wirtschaft, die über die Offset-Verpflichtungen der großen ausländischen Firmen ins Geschäft kommen und sich neue Absatzgebiete erschließen kann.

9. Clearing-Abkommen und Switchgeschäfte

Mit der Darstellung der Rahmenabkommen ist der Überblick über diejenigen Countertrade-Varianten beendet, an denen privatwirtschaftliche Organisationen als Gegengeschäftsparteien teilnehmen können. Grundsätzlich können die erläuterten Geschäftsformen auch von staatlichen Stellen gewählt werden. Es gibt auch Abschlüsse, die ausschließlich von solchen Stellen getätigt werden. Relativ bekannt sind zum Beispiel Barter-Geschäfte auf Regierungsebene, bei denen es um landwirtschaftliche Erzeugnisse geht.

Clearing-Abkommen

Von den Gegengeschäften zwischen staatlichen Stellen sind die Clearing-Abkommen zu unterscheiden. Hierbei tritt der Staat oder die Behörde, streng genommen, nicht als Marktteilnehmer auf, sondern die staatlichen Stellen stecken nur den Rahmen ab, in dem privatwirtschaftliche oder öffentliche Unternehmen bestimmter Länder dann mehr oder weniger selbständig handeln können. Es ist daher besser, das Clearing-Abkommen nicht dem Countertrade zuzuordnen, sondern es als eine gegengeschäftsnahe Form des internationalen Handels anzusehen (54).

Bei den Clearing-Abkommen, die auch Verrechnungsabkommen oder Zahlungs- und Handelsabkommen genannt werden, handelt es sich meistens um bilaterale zwischenstaatliche Verträge. Durch solche Abkommen verpflichten sich die beiden beteiligten Länder, wechselseitig Sach- und Dienstleistungen in einem bestimmten wertmäßigen Umfang voneinander zu beziehen, wobei die Durchführung der einzelnen Geschäfte den in diesen Ländern angesiedelten Firmen überlassen bleibt. Anders als bei freien Export- und Importgeschäften, erhalten die Exporteure bei Verkäufen im Rahmen des Clearings zunächst keine harte Währung, also keine auf den westlichen Märkten allgemein anerkannten Zahlungsmittel, sondern lediglich Verrechnungseinheiten, die man auch als individuelles Clearing-Guthaben ansehen kann. Ein solches Guthaben, das bei einer der mit der Abwicklung des Clearing-Abkommens beauftragten Bank, der zuständigen Außenhandelsbank oder Zentralbank, geführt wird, kann zunächst nur für Käufe in dem Abnehmerland eingesetzt werden. Es verkörpert also einen Anspruch auf eine Gegenleistung durch das bereits belieferte Land.

Relativ günstig gestaltet sich die Situation für den Exporteur dann, wenn andere Firmen im Rahmen des Clearing-Abkommens bei der Gegenseite gekauft haben und die fälligen Kaufpreise in Landeswährung bei der Clearing-Bank eingezahlt wurden. In diesem Fall wird der Clearing-Anspruch des Exporteurs automatisch in einen Betrag in Landeswährung umgewandelt. Im Endeffekt hat er damit ein typisches Exportgeschäft getätigt.

Ungünstig ist die Situation für ihn, wenn solche Importe fehlen. Dann hat er lediglich ein Guthaben in Verrechnungseinheiten oder Clearing-Devisen. Eventuell gestatten die Clearing-Abkommen eine Abtretung, also einen Verkauf dieses Anspruchs. In diesem Fall kommt es zu sogenannten Switchgeschäften, auf die in diesem Kapitel noch eingegangen wird.

Je nachdem, wie das Handels- und Zahlungsabkommen gestaltet ist, kann sich dieser Anspruch im Rahmen des Clearings auf sämtliche Güterarten erstrecken, über die das andere Land verfügt, oder aber nur auf eine bestimmte Produktliste, die Teil des Vertragswerkes ist. Eventuell stehen nur wenige Güter zur Wahl.

Bei Geschäften im Rahmen des Clearings handelt es sich also zunächst nicht um Gegengeschäfte. Wenn sich die autonomen Ex- und Importe ausgleichen, kann jedes Clearing-Guthaben in einen Betrag in Landeswährung umgewandelt werden. Es werden in diesem Fall letztlich Bargeschäfte getätigt. Übersteigen die Exporte die Importe, so entstehen bei einzelnen Exporteuren Clearing-Guthaben, die nicht aufgelöst werden können. Es besteht dann lediglich ein Anspruch auf Gegenlieferungen durch das andere Land. Aus der Sicht des Exporteurs handelt es sich unter diesen Bedingungen im Grunde um die Inkaufnahme einer Gegengeschäftsverpflichtung.

Bei dem Teil des Welthandels, den die westlichen Industrienationen untereinander abwickeln, spielen Clearing-Abkommen keine Rolle. Von einiger Bedeutung sind solche bilateralen zwischenstaatlichen Vereinbarungen allerdings immer noch im Ost-West-Handel und im Handel mit den Entwicklungsländern. Im Anhang I zu diesem Buch findet sich eine Übersicht über die gegenwärtig gültigen bilateralen Clearing-Abkommen, wobei kein Anspruch auf Vollständigkeit übernommen wird (55).

Aus der Übersicht wird deutlich, daß die Bundesrepublik Deutschland nur noch an einem bilateralen Clearing-Abkommen beteiligt ist. Vertragspartner ist die DDR. Das legt die Vermutung nahe, daß Clearing-Abkommen für bundesdeutsche Firmen nur im sogenannten Innerdeutschen Handel, also bei Exporten in die DDR, die aus politischen Gründen Lieferungen genannt werden, interessant sind.

Dies ist nicht der Fall. Das Clearing-Abkommen zwischen der Bundesrepublik Deutschland und der DDR ist aus einzelwirtschaftlicher Sicht, wenn man von den besonderen Verwaltungsabläufen einmal absieht, ohne Bedeutung. Aufgrund der vertraglichen Regelungen mit der DDR wird jede Lieferung in das andere Clearing-Land in Landeswährung abgerechnet. Diejenige bundesdeutsche Unternehmung, die also im Rahmen des Innerdeutschen Handels Sachgüter oder Dienstleistungen an eine Organisation in der DDR liefert, erhält den Kaufpreis in DM von der Bundesbank, die auf der Seite der Bundesrepublik Deutschland für den Innerdeutschen Zahlungsverkehr und damit für die Durchführung des Clearing-Abkommens zuständig ist. Dies gilt auch dann, wenn die Lieferungen in die DDR die Bezüge aus der DDR übersteigen sollten. Durch den der DDR von der Bundesrepublik Deutschland gewährten Überziehungskredit, den sogenannten Swing, wird auch in diesen Fällen sichergestellt, daß der bundesdeutsche Exporteur den Kaufpreis in DM erhält. Für den bundesdeutschen Exporteur sind also Geschäfte im Innerdeutschen Handel, sofern sie legal abgewickelt werden, immer Bargeschäfte – das gilt im übrigen zumindest rein formal auch für die Gegengeschäfte, die einer besonderen Genehmigung bedürfen und auf die noch eingegangen wird.

Paradoxerweise ist für die bundesdeutschen Exporteure nicht das Clearing-Abkommen zwischen der Bundesrepublik Deutschland und der DDR problematisch, sondern die anderen bilateralen Verrechnungsabkommen, an denen die Bundesrepublik Deutschland nicht beteiligt ist, verursachen manchmal Schwierigkeiten.

Dies ist der Fall, wenn bei Geschäften mit Staatshandelsländern und Entwicklungsländern verlangt wird, eine vollständige oder teilweise Bezahlung der Exporte in Clearing-Devisen zu akzeptieren. Der potentielle Abnehmer versucht auf diese Weise, einen Anspruch, den er im Rahmen eines Clearing-Abkommens durch eigene Verkäufe erzielt hat, loszuwerden. Für den bundesdeutschen Exporteur bedeutet dies, falls er sich auf einen solchen Vorschlag einläßt, nichts anderes als die Inkaufnahme eines Gegengeschäftes. Er bekommt als Bezahlung für seine Exportgüter einen Lieferanspruch aus einem Drittland.

Folgendes Beispiel soll den Zusammenhang verdeutlichen (56): Der Handel zwischen Indien und Rumänien wird im Rahmen eines bilateralen Verrechnungsabkommens abgewickelt. Demzufolge ist es denkbar, daß ein bundesdeutscher Maschinenexporteur bei seinen Akquisitionsbemühungen in Indien mit dem Vorschlag konfrontiert wird, bei einem möglichen Verkauf eine teilweise Bezahlung mit Verrechnungseinheiten aus dem rumänisch-indischen Clearing zu akzeptieren. In diesem Fall würde also eine Teilkompensation angeregt: Letztlich soll die Lieferung nach Indien teilweise mit einer Gegenlieferung aus Rumänien bezahlt werden.

Mit der Annahme der Clearing-Devisen ist es nicht getan. Zunächst ist zu klären, welche Güterarten überhaupt vom Clearing-Abkommen erfaßt werden. Weiterhin müssen, bevor man sich auf einen solchen Vorschlag einläßt, zahlreiche Detailfragen beantwortet werden: Lassen z. B. die Vorschriften des Clearing-Abkommens überhaupt eine Abtretung zu? Können die Waren von Rumänien direkt in die Bundesrepublik Deutschland geliefert werden oder ist es erforderlich, einen Transport über Indien vorzunehmen, um die Clearing-Vereinbarungen einzuhalten? Nicht zuletzt sind die Devisenvorschriften und die außenwirtschaftlichen Regelungen der von der Gegenlieferung tangierten Staaten zu berücksichtigen. Aber selbst dann, wenn all diese Fragen befriedigend geklärt werden können, müßte man den Vorschlag, Clearing-Devisen als Bezahlung zu akzeptieren, ablehnen, falls man mit den möglichen Gegenlieferungen aus dem Drittland nichts anfangen kann.

Switchgeschäfte

Das Switchgeschäft bietet nun einen Ausweg aus dieser Situation. Ziel des Switchgeschäftes ist es, ein Clearing-Guthaben auf einen Abnehmer hin umzulenken oder solange gegen andere Clearing-Guthaben umzutauschen, bis man schließlich einen Interessenten für bestimmte Lieferungen im Rahmen eines Clearings gefunden hat.

Auch bei diesem Weiterverkauf oder Umtausch des Clearing-Guthabens werden Devisen und Außenwirtschaftsvorschriften verschiedener Staaten berührt. Die Lösung des Problems überfordert meistens den Exporteur; er muß entsprechende Spezialfirmen oder Spezialisten hinzuziehen – und sei es auch nur, um sich beraten zu lassen. In der Regel wird er in einem solchen Fall einen Switchhändler einschalten müssen.

Ausgehend von dem zuvor gewählten Beispiel, könnte die Switch-Operation wie folgt ablaufen: Der Switchhändler übernimmt das Clearing-Guthaben des bundesdeutschen Exporteurs und sucht einen entsprechenden Interessenten, also eine Firma, die an Lieferungen aus Rumänien interessiert ist. Diese Firma bezieht dann im Rahmen des rumänisch-indischen Clearing-Abkommens die betreffenden Waren und zahlt mit Clearing-Devisen, die sie dem Switchhändler gegen harte Devisen abgekauft hat; dieser ist damit in der Lage, den bundesdeutschen Exporteur für die Überlassung des Clearing-Guthabens in DM auszuzahlen. Der Exporteur erhält somit letztlich für seinen Export nach Indien eine Bezahlung in Form eines allgemein anerkannten Zahlungsmittels. Insgesamt kann man das Switchgeschäft also als eine Transaktion definieren, die die Umwandlung einer „weichen" Währung (der Clearing-Devisen) in eine „harte" Währung zum Ziel hat.

Es wurde hier nur die Grundstruktur eines Switchgeschäftes dargestellt. Häufig muß ein Clearing-Guthaben mehrfach umgetauscht werden, bis das letzte Ziel, die Umwandlung in einen Hartwährungsbetrag, erreicht wird. Man kann sich vorstellen, daß diese Umwandlungsprozesse, je länger sie dauern und je komplizierter sie ausfallen, auch zunehmend Kosten hervorrufen. Dies ist eines der Hauptprobleme des Switchgeschäftes. Letztlich muß das Gesamtgeschäft diese Kosten tragen. Hinzu kommt eine Fülle von Detailproblemen, deren Lösung ein großes Vertrauen der beteiligten Firmen voraussetzt. Meist muß eine Seite, also der Exporteur oder die Switch-Firma, in Vorleistung treten, um das Geschäft zügig und im Ergebnis zufriedenstellend abwickeln zu können. In diesen Fällen kommt es darauf an, daß man den Geschäftspartner sorgfältig auswählt und nicht unseriösen Firmen in die Hände fällt.

Da man mit der Annahme von Clearing-Devisen relativ selten konfrontiert wird und die Abwicklung der Switchgeschäfte im jeweiligen Einzelfall zahlreiche Probleme aufwirft, sollte der westliche Exporteur sich nicht alleine an eine solche Aufgabe heranwagen. Es ist grundsätzlich angebracht, entsprechende Spezialisten rechtzeitig hinzuzuziehen, die Auskunft darüber geben können, ob eine Switch-Operation überhaupt durchführbar ist, welche Kosten sie aufwirft und welche Switchhändler eingeschaltet werden sollten. Jede Großbank dürfte in der Lage sein, eine solche Beratung zu übernehmen. Insofern ist es sicherlich sinnvoll, sich an das Finanzierungsinstitut zu wenden, mit dem man bereits Geschäftsbeziehungen pflegt. Zwei kompetente Ansprechpartner seien hier zusätzlich genannt: Erich Kissner, Direktor bei der Commerzbank in Frankfurt am Main, und Helmut Bohunovsky, Vorstandsvorsitzender und Geschäftsführer der Midland Export Credit Bank in Wien.

10. Hauptaspekte einer Countertrade-Strategie

Folgende Punkte sind bei der Formulierung einer Countertrade-Strategie von vorrangiger Bedeutung:

- Informationsprobleme in Verbindung mit Gegengeschäften,
- Grundsatzentscheidungen im Hinblick auf den Countertrade,
- countertradespezifische Instrumentalentscheidungen und
- Organisationsprobleme in Verbindung mit Gegengeschäften.

Countertraderelevante Informationen

Unabhängig davon, ob man den Countertrade grundsätzlich ablehnt oder ihm aufgeschlossen gegenübertritt, müssen von jeder Firma bestimmte countertraderelevante Informationen gewonnen, gespeichert und aufbereitet werden. Sicherlich hängt der Informationsbedarf von der Grundeinstellung gegenüber dem Countertrade ab. Diejenigen Firmen, die Gegengeschäfte akzeptieren oder eventuell sogar initiieren wollen, müssen ein sorgfältigeres Informationsmanagement betreiben, als diejenigen Unternehmen, die sich nicht auf Gegengeschäfte einlassen wollen. Auch für letztere ist jedoch ein Mindestmaß an Informationen über den Countertrade unverzichtbar.

So müssen diese Firmen wissen, für welche Länder Gegengeschäfte eine conditio sine qua non sind und wie stark der Kompensationsdruck bei den potentiellen Abnehmern ist. Nur wenn diese Informationen verfügbar sind, können beispielsweise unnötige Markterschließungs- und -bearbeitungskosten vermieden werden.

Für diejenigen, die sich dem Phänomen Countertrade stellen wollen oder müssen, ist es mit solchen Grundkenntnissen nicht getan. Sie müssen im einzelnen klären, welche Informationen überhaupt countertraderelevant sind und wie sich solche Informationen beschaffen lassen. Im Kapitel 11 werden diese Fragen behandelt.

Grundsatzentscheidungen

Der zweite Problembereich einer Countertrade-Strategie betrifft die Grundsatzentscheidungen bei Gegengeschäften, die sinnvoll nur bei Vorliegen entsprechender Informationen getroffen werden können. Hierbei geht es vorrangig um die Klärung der folgenden Fragen:

- Soll überhaupt kompensiert werden oder nicht?
- Wenn ja — bei welchen Ländern soll welche Kompensationsstrategie gewählt werden?
- Soll die Eigen- oder die Fremdkompensation gewählt werden?
- Soll man allein oder mit anderen ein Countertrade-Projekt durchziehen?

Die Kapitel 12 und 13 behandeln diese Fragen.

Marketinginstrumente

Nach der Klärung dieser Fragen wird in Kapitel 14 auf wichtige Entscheidungen im Bereich der Marketing-Instrumente eingegangen, die bei Gegengeschäften getroffen werden müssen. Hierbei interessieren besonders die folgenden Fragestellungen:

- Was soll man im Fall der Eigenkompensation mit der Gegenlieferung machen?
- Unter welchen Bedingungen kann man Gegenlieferungen akzeptieren?
- Welche Gesichtspunkte sind bei den Verhandlungen zu beachten?
- Was gilt für die Vertragsgestaltung?

Organisatorische Probleme

Der Countertrade hat nicht nur Außenwirkungen, sondern wirft organisatorische Fragen auf. Es muß daher in Verbindung mit der Formulierung einer Countertrade-Strategie auch geklärt werden,

- wer für die Entscheidungen über Kompensationsgeschäfte zuständig sein soll,
- ob sich die Einrichtung einer speziellen Stelle oder Abteilung für die Behandlung der countertradespezifischen Probleme lohnt,
- ob eventuell eine Tochterunternehmung gegründet oder gekauft werden sollte, die für Gegengeschäfte zuständig ist, und
- welche organisatorischen Regelungen erforderlich sind, damit der Entscheidungsprozeß bei einer Konfrontation mit Gegengeschäften effizient abläuft.

Mit diesen Fragen befaßt sich das Kapitel 15.

11. Gewinnung countertraderelevanter Informationen

Beim Countertrade-Informations-Management stehen zwei Fragen im Vordergrund:

1. Welche Informationen sind überhaupt countertraderelevant?
2. Wie kommt man an die countertraderelevanten Informationen heran?

Relevante Informationen

Grundsätzlich ist jede Information countertraderelevant, die den potentiellen Geschäftspartner betrifft. Für weltweit operierende Unternehmungen wäre es für die Optimierung der Gegengeschäftpolitik wünschenswert, über sämtliche Länder umfassend Bescheid zu wissen. Im einzelnen geht es dabei um Informationen über die bisherigen Exporte, über weitere Liefermöglichkeiten und über die außenwirtschaftlichen Regelungen. Da die Beschaffung dieser Informationen jedoch sehr zeitaufwendig ist und erhebliche Kosten hervorruft, ist es sinnvoll, sich zunächst auf die wichtigsten Abnehmerstaaten, die Kompensationsforderungen stellen, zu beschränken und dann nach und nach auch für die anderen Länder die entsprechenden Informationen zu erheben.

Neben den Informationen über den potentiellen Geschäftspartner setzt der erfolgreiche Countertrade auch Informationen über die potentiellen Abnehmer der Gegenlieferungen voraus. Es gilt also zu klären, wo die vom möglichen Gegengeschäftspartner offerierten Waren nachgefragt werden und abgesetzt werden können. Weiterhin sind die jeweiligen Einfuhrbestimmungen zu beachten, also die Kontingentregelungen und die gültigen Zollsätze. Nicht unwichtig ist es auch, sich mit der bisherigen Antidumping-Praxis des Bestimmungslandes für die Gegenwaren vertraut zu machen, da solche Verfahren die Warenströme unerwartet behindern und damit den Erfolg des Countertrades gefährden können. Schließlich benötigt man auch Informationen über Firmen und sonstige Institute, die bei Countertrade-Abschlüssen Hilfestellungen anbieten. Zu denken ist hier besonders an Informationen über Barterhändler, Banken, die eine Countertrade-Beratung bieten, und staatliche oder halbstaatliche Institutionen, die für die Ein- und Ausfuhrregelungen zuständig sind und Auskünfte erteilen.

Informationsquellen

Wie kommt man nun konkret an countertraderelevante Informationen heran? Einen guten Einstieg bieten sicherlich die Spezialzeitschriften, wie beispielsweise

- *Barter News,*
- *Countertrade-Barter (Newsletter),*
- *Countertrade-Update,*
- *Countertrade and Barter* und
- *Countertrade Outlook.*

Für den Countertrade-Alltag sind meiner Ansicht nach besonders die beiden zuletzt genannten Zeitschriften interessant. *Countertrade Outlook* ist eine „weekly intelligence on reciprocal international trade". Sie wird von der DP Publications Co. (Post Box 7188, Fairfax Station, Virginia 22039, USA) herausgegeben und hat sich zum Ziel gesetzt, ihre Leser mit sämtlichen aktuellen Informationen über „Barter, Compensation, Counterpurchase, Offset, Switch, Unblocking Funds" zu versorgen, die weltweit verfügbar sind. Da nicht nur schriftliches Informationsmaterial ausgewertet wird, sondern offensichtlich auch zahlreiche persönliche Kontakte bestehen, erhält man wichtige Hintergrundinformationen, die auch Trends andeuten. Unter anderem erfährt man, welche großen Gegengeschäftsprojekte anstehen, welche aktuellen Abschlüsse getätigt worden sind und welche gesetzlichen Regelungen, die den Countertrade tangieren, geplant sind oder in Kraft treten. Allerdings ist der Bezug dieser Fachzeitschrift nur für ernsthafte Countertrade-Interessenten lohnend. Das Jahresabonnement kostet in Europa rund 450 US-Dollar.

Weiterhin werden von der DP Publications Co. die Monographien „Index to Countertrade", „Who is Who in Countertrade" und „Directory of Organisations providing Countertrade Services" angeboten.

Die Zeitschrift *Countertrade and Barter* (früher Countertrade and Barter Quarterly) erscheint alle zwei Monate (Bezugsanschrift: Countertrade and Barter, Park House, Park Terrace Worcester Park, Surrey KT4 7HY, England). Sie enthält aktuelle Artikel über die Entwicklung des internationalen Gegengeschäftes sowie interessante Interviews mit Countertradern. In puncto Detailinformationen kann sie allerdings mit *Countertrade Outlook* nicht mithalten. Sie ist auch erheblich preisgünstiger: das Jahresabonnement kostet rund 80 US-Dollar.

Countertraderelevante Informationen bietet auch *Business International* (12-14, Chemien Rieu, CH-1208 Genf, Schweiz) an. Unter anderem wird von dieser Institution das Fachorgan *Countertrade Update* herausgegeben, das vierteljährlich erscheint und von dem zwei Bände 1 550 Schweizer Franken kosten. Bekannt sind ebenfalls die von Business International herausgegebenen Monographien zum Thema Countertrade. Eine Übersicht über diese Schriften kann bei Business International angefordert werden. Nützlich ist ohne Zweifel eine Veröffentlichung, die unter dem Titel „101 Checklists for Coping with Worldwide Countertrade Problems" erschienen ist und die zu einem Preis von 220 Schweizer Franken angeboten wird.

Die aktuellsten Informationen über die Entwicklung auf dem Gebiet des Countertrades erhält man auf Seminaren. Solche Veranstaltungen haben gegenüber dem schriftlichen Informationsmaterial den Vorteil, daß nicht nur die Referenten aktuelle Erfahrungen weitergeben, sondern sich auch die Seminarteilnehmer untereinander austauschen. Im Wege des „Gebens und Nehmens" werden oft Informationen preisgegeben, die ansonsten nur selten zu erhalten sind. Der Informationsaustausch wird in Seminaren durch die Einrichtung sogenannter Workshops angeregt und gefördert. Nicht unerwähnt bleiben soll eine Gesprächsrunde von Countertrade- Spezialisten, die regelmäßig in Wien stattfinden. Nach meinen Informationen werden diese Round-Table-Gespräche gegenwärtig von Bruno Bittmann (Manager of Trade Programs, IBM, Wien) geleitet; bei ihm kann man sich bezüglich einer Teilnahme erkundigen. Da es sich hier um einen Kreis von Spezialisten handelt, muß man allerdings auf dem Gebiet des Countertrades etwas bieten können, um eine Chance zu bekommen, eingeladen zu werden.

Neben den genannten Informationsquellen sind noch einige Publikationen zu beachten, die für den Countertrade mit bestimmten Regionen oder Ländern von Bedeutung sind. Für den Bereich des Osthandels gibt es die Fachzeitschrift *Business Eastern Europe*, die wöchentlich erscheint und von Business International herausgegeben wird. Von der Handelsblatt GmbH (Kreuzstraße 21, Postfach 9225, 4000 Düsseldorf 1) wird der deutschsprachige *Ost-Wirtschaftsreport* herausgegeben, der alle zwei Wochen erscheint und in Zusammenarbeit mit Business International erstellt wird. Er enthält daher in etwa die gleichen Informationen wie *Business Eastern Europe*. Der monatliche Bezugspreis für den Ost-Wirtschaftsreport liegt bei 40 DM.

Die Zeitschrift *West-Ost-Journal* enthält ebenfalls countertraderelevante Informationen, die den Osthandel betreffen. Herausgeber ist das Donaueuropäische Institut Wien, Rudolfstraße 5, A-1010 Wien 1. Anschrift der Redaktion und Verwaltung: Robertgasse 2, A-1020 Wien 2. Das Jahresabonnement kostet im Ausland 330 Österreichische Schillinge.

Bei den zuletzt genannten Fachorganen handelt es sich nicht um typische Barter-Zeitschriften; das Thema Countertrade wird lediglich fallweise behandelt. Gleichwohl ist ihr Studium zu empfehlen, da sie wichtige Informationen über die Staatshandelsländer enthalten, so beispielsweise über Änderungen der außenwirtschaftlichen Vorschriften, über die aktuellen Liefer- und Bezugsmöglichkeiten.

Allgemeine countertraderelevante Informationen stellen auch die führenden Wirtschaftsforschungsinstitute zur Verfügung, z.B. das *HWWA* – Institut für Wirtschaftsforschung in Hamburg (Neuer Jungfernstieg 21, 2000 Hamburg 36), das über einen entsprechenden Informationsdienst verfügt. Auskünfte erteilen Detlev Passarge (Tel. 040/3562265) und Cornelia Bachmeister (Tel. 040/3562263). Darüber hinaus kann es sinnvoll sein, sich direkt an die Länderspezialisten in den Forschungsabteilungen zu wenden. Die Forschungsabteilung Sozialistische Länder und Ost-West-Wirtschaftsbeziehungen wird von Dr. Klaus Bolz geleitet (Tel. 040/3562270); er hat sich in mehreren Artikeln auch speziell mit Gegengeschäften befaßt. In dieser Forschungsgruppe ist Petra Pissula für den Bereich Osteuropäische Länder und Volksrepublik China zuständig (Tel. 040/3562286). Sie bearbeitet die wirtschaftliche Entwicklung in den RGW-Ländern und der Volksrepublik China, die Außenwirtschaftsbeziehungen einschließlich des Intra-RGW-Handels und die Finanzierung des Außenhandels. Spezialist auf dem Gebiet der DDR-Wirtschaft und des Innerdeutschen Handels ist Dr. Peter Plötz (Tel. 040/3562287), der unter anderem die Wirtschaftsentwicklung der DDR unter besonderer Berücksichtigung einzelner Sektoren, die Außenwirtschaftsbeziehungen und die Innerdeutschen Wirtschaftsbeziehungen bearbeitet. Die Forschungsabteilung Entwicklungsländer und Nord-Süd-Wirtschaftsbeziehungen leitet Dr. Dietrich Kebschull (Tel. 040/3562346). Diese Abteilung analysiert unter anderem die Wirtschaftsbeziehungen zwischen Industrie- und Entwicklungsländern sowie zwischen den Entwicklungsländern selbst.

Umfassende Informationen über die Entwicklung des internationalen Handels bietet auch das *Deutsche Institut für Wirtschaftsforschung* (Königin-Louise-Straße 5, 1000 Berlin 33; Tel. 030/82911). Dieses Institut veröffentlicht unter anderem den Wochenbericht, der auch auf die aktuellen Entwicklungen des Ost-West-Handels eingeht. Darüber hinaus werden Sonderhefte publiziert. Im Hinblick auf den Countertrade mit den Staatshandelsländern sind die beiden folgenden Schriften besonders nützlich:

Doris Connelsen, Horst Lambrecht, Manfred Melzer und Cord Schwartau: Die Bedeutung des Innerdeutschen Handels für die Wirtschaft der DDR (Deutsches Institut für Wirtschaftsforschung; Sonderheft 138), Duncker & Humblot, Berlin 1983, und Jochen Bethkenhagen und Heinrich Machowski: Entwicklung und Struktur des deutsch-sowjetischen Handels — Seine Bedeutung für die Volkswirtschaften der Bundesrepublik Deutschland und der Sowjetunion (Deutsche Institut für Wirtschaftsforschung; Sonderheft 136), Duncker & Humblot, Berlin 1982.

Außerdem erteilen auch einzelne Behörden Auskünfte, die im Hinblick auf den Countertrade von Bedeutung sind. So unterrichtet in der Bundesrepublik Deutschland die *Bundesstelle für Außenhandelsinformationen (BfAI)* die deutsche Wirtschaft und deutsche amtliche Stellen weltweit, kontinuierlich und praxisnah über alle bedeutsamen außenwirtschaftlichen Bereiche. Unter anderem erhält man von dieser Bundesbehörde Informationen über aktuelle Verrechnungs-, Zahlungs- und Handelsabkommen, die im Hinblick auf eventuelle Switchgeschäfte von Bedeutung sind. Darüber hinaus wird häufig über Großprojekte berichtet, die oft Gegengeschäftskonstruktionen beinhalten.

Weiterhin werden von der Bundesstelle die außenwirtschaftlichen Regelungen zahlreicher Länder ermittelt und erfaßt. Die Bereitstellung der Informationen geschieht durch Publikationen, Einzelauskünfte und durch Überlassung von Nachrichtenmaterial. Von dieser Behörde kann ein Publikationsspiegel angefordert werden, der die bisher erschienenen Veröffentlichungen enthält (Anschrift: Blaubach 13, Postfach 108007, 5000 Köln 1). Einzelauskünfte erteilen die jeweiligen Abteilungen und Redaktionen (siehe Anhang II). Die Bundesstelle für Außenhandelsinformationen gibt außerdem die *Nachrichten für den Außenhandel (NfA)* heraus, eine Zeitung, die fünfmal wöchentlich erscheint. Sie berichten aus allen Ländern der Welt über

— allgemeine Wirtschaftsentwicklungen,
— wichtige Liefer- und Bezugsbranchen,
— Marktpflege, Investitions- und Liefermöglichkeiten,

- Zoll-, Rechts- und Verfahrensfragen,
- Messe- und Ausstellungswesen,
- Verkehr und Post,
- Auslandsausschreibungen

sowie über

- deutsche Außenwirtschaftsfragen und die Europäischen Gemeinschaften.

Im Abonnementpreis der Zeitung ist die Lieferung von jährlich über 450 Sonderdrucken eingeschlossen, die unter anderem Berichte über Planungen, Projekte und Investitionen im Ausland, insbesondere auch über Vorhaben im Rahmen der bilateralen und internationalen Zusammenarbeit (Entwicklungshilfe), geschäftspraktische Hinweise für fast alle Länder der Welt und Anschriften der Auskunfts- und Kontaktstellen in Entwicklungsländern sowie der Außenhandelsunternehmen und -organisationen in den Staatshandelsländern enthalten. Der Bezugspreis für die NfA liegt bei 76,50 DM pro Monat, zuzüglich Versandspesen und Mehrwertsteuer.

Eine vollständige Zusammenstellung der Außenhandelsgesellschaften in den Staatshandelsländern Ost- und Südeuropas, der Volksrepublik China und in Nordkorea, Vietnam und Kuba wurde im übrigen von der *Berliner Absatz-Organisation (BAO)* vorgenommen und in ihren Mitteilungen veröffentlicht. Anfragen sind zu richten an die BAO, Hardenbergstraße 16-18, 1000 Berlin 12, Tel. 030/31801. Der besondere Wert dieser Veröffentlichung liegt darin, daß nicht nur die Zuständigkeiten der jeweiligen Organisationen angegeben, sondern auch die Ansprechpartner genannt werden. Weiterhin wird darauf hingewiesen, welche Organisationen eine besondere Countertrade-Kompetenz besitzen.

Wenn die Gegenware in die Bundesrepublik Deutschland eingeführt werden soll, sind die bundesdeutschen Einfuhrvorschriften zu beachten. Die grundsätzlichen Einfuhrregelungen lassen sich der *Einfuhrliste* entnehmen. Hierbei handelt es sich um eine Anlage zum Außenwirtschaftsgesetz. Ihre Änderung erfolgt im Verordnungsweg. In der Regel wird sie zu Beginn eines jeden Jahres neu herausgegeben. Sie gliedert sich in drei Teile:

- I Anwendung der Einfuhrliste,
- II Länderliste,
- III Warenliste und weitere Hinweise.

Im Teil III der Einfuhrliste sind sämtliche im Warenverzeichnis für die Außenhandelsstatistik aufgeführten Warenpositionen mit den dazugehörenden Warennummern sowie Angaben über den jeweiligen Zuständigkeitsbereich im Bundesamt für gewerbliche Wirtschaft, ein eventuell bestehendes Genehmigungs- oder Lizenzerfordernis sowie sonstige Bemerkungen enthalten.

In Verbindung mit den Anwendungsvorschriften im Teil I der Einfuhrliste kann der Einführer aus der Warenliste entnehmen, ob für die jeweilige Einfuhr in die Bundesrepublik Deutschland eine Einfuhrgenehmigung und/oder eine Einfuhrerklärung, ein Ursprungszeugnis oder eine Ursprungserklärung erforderlich ist (57). Im Falle einer Einfuhrgenehmigung bestehen meist mengen- oder wertmäßige Einfuhrbeschränkungen. Die Höhe der Kontingente kann der Einfuhrliste nicht entnommen werden. Da die Einfuhrliste nur zu Beginn des Jahres erscheint, ist aus ihr auch nicht ersichtlich, inwieweit ein Kontingent im Verlauf eines Jahres ausgeschöpft worden ist. Es ist daher angebracht, beim *Bundesamt für gewerbliche Wirtschaft* (BAW) (Frankfurter Straße 29-31, Postfach 51 71, 6236 Eschborn 1; Tel. 061 96 / 40 41) nachzufragen. Am besten wendet man sich an das Grundsatzreferat Außenwirtschaft oder das zuständige Fachreferat. Wenn man regelmäßig mit Einfuhr- und Ausfuhrvorschriften zu tun hat, ist es sinnvoll, bei der Pressestelle des Bundesamtes den Organisationsplan anzufordern, aus dem die Zuständigkeiten der einzelnen Referate hervorgehen.

Im Hinblick auf zukünftige Gegenlieferungen, z. B. bei langfristigen Rückkaufgeschäften, sind nicht nur die bestehenden Einfuhrregelungen zu beachten, sondern auch mögliche zukünftige staatliche Eingriffe. Solche Eingriffe können bei Einfuhren aus Staatshandelsländern vorgenommen werden, wenn aufgrund eines Preisprüfungsverfahrens festgestellt wird, daß der Industrie in der Bundesrepublik Deutschland durch diese Importe ein erheblicher Schaden entstanden ist oder droht (58). Bei der Planung bedeutender Importe in die Bundesrepublik Deutschland ist es daher angebracht, sich mit dem *Referat Preisprüfung im Bundesamt für gewerbliche Wirtschaft* in Verbindung zu setzen.

Hinzuweisen ist noch auf die Besonderheiten des Innerdeutschen Handels. Aus der Einfuhrliste gehen Einfuhrbeschränkungen gegenüber der DDR nicht hervor. Der Handel mit der DDR unterliegt nicht dem Außenwirtschaftsgesetz und wird immer noch auf der Basis der alliierten Militärgesetzgebung geregelt. Demnach bedürfen grundsätzlich alle Geschäfte im Innerdeutschen Handel einer Genehmigung. Ein Teil des Genehmigungsverfahrens wurde allerdings soweit vereinfacht, daß de facto nur noch ein Meldeverfahren besteht. Eine Sammlung der gültigen Rechtsvorschriften enthält das *Loseblattwerk Innerdeutscher Handel von Richard Sieben* (das im VWV Verlag für Wirtschaft und Verwaltung GmbH, Körberstraße 15, 6000 Frankfurt am Main 50, erscheint). Wer erstmalig mit dem Innerdeutschen Handel zu tun hat, dem werden diese Vorschriften als unüberwindbare Hürden erscheinen. Auch in diesem Fall bietet es sich an, das *Bundesamt für gewerbliche Wirtschaft* anzusprechen, das sich als Serviceinstitution für die deutsche Wirtschaft versteht. Zuständig für Auskünfte über den Handel mit der DDR ist das Referat Innerdeutscher Handel.

Grundsätzlich kann das Bundesamt für gewerbliche Wirtschaft nur über die mengenmäßigen Einfuhrbeschränkungen und besondere Überwachungsmaßnahmen Auskunft geben, nicht aber über die gültigen Zollsätze, die bei der Planung bestimmter Einfuhren in Verbindung mit Kompensationsgeschäften ebenfalls zu beachten sind. Welche Zölle gelten, läßt sich dem Gemeinsamen Zolltarif und dem Deutschen Teil-Zolltarif entnehmen (59). Auskünfte erteilen die Zollstellen, in der Regel zentrale *Auskunftsstellen bei den Hauptzollämtern* (60).

Bei bedeutsamen Countertrade-Projekten ist es darüber hinaus sinnvoll, das *Bundesministerium für Wirtschaft* einzuschalten, um das Geschäft gegen unerwartete staatliche Eingriffe abzusichern.

Sollen die Gegenlieferungen nicht nur in der Bundesrepublik Deutschland, sondern auch in anderen Mitgliedsländern der Europäischen Gemeinschaft untergebracht werden, so sind die *Einfuhrregelungen auf Gemeinschaftsebene* zu beachten. Rein formal gibt es nur noch gemeinschaftliche Einfuhrregelungen, die unmittelbar in jedem Mitgliedsland gelten. De facto tut man sich — elegant ausgedrückt — mit der Anwendung des Gemeinschaftsrechts in den einzelnen Mitgliedsstaaten immer noch schwer. Es werden daher meistens die nationalen Vorschriften unmittelbar an die Verordnungen der Kommission angepaßt, um sicherzustellen, daß das Gemeinschaftsrecht auch Anwendung findet. So wird die bereits erwähnte Einfuhrliste der Bundesrepublik Deutschland laufend an Änderungen der Einfuhrvorschriften der Gemeinschaft angepaßt. Wenn man eine Verteilung der Gegenlieferungen auf mehrere Mitgliedsstaaten anstrebt, ist es somit heute immer noch angebracht, nicht nur die gemeinsamen Einfuhrvorschriften zu beachten, sondern darüber hinaus rechtzeitig die nationalen Behörden, die für die Außenwirtschaft zuständig sind, zu konsultieren.

Hinzu kommt, daß die gemeinsamen Einfuhrregelungen, die im übrigen im *Amtsblatt der Europäischen Gemeinschaften* veröffentlicht werden, wie zahlreiche andere Regelungen auf Gemeinschaftsebene nicht leicht zu durchschauen sind. Vor einigen Jahren habe ich mich um eine Systematisierung dieser Vorschriften bemüht (61), die in der betriebswirtschaftlichen Standardliteratur ihren Niederschlag gefunden hat (62). Es ist allerdings zu beachten, daß das Gemeinschaftsrecht ständigen Veränderungen unterliegt und daher das von mir entwickelte Ablaufdiagramm heute nicht mehr einfach angewendet werden kann, sondern zunächst aktualisiert werden muß. All diese Schwierigkeiten sprechen dafür, immer dann, wenn die Gegenware in ein Mitgliedsland der Europäischen Gemeinschaft eingeführt werden soll, weiterhin die nationalen Behörden, die ohnehin für die Kontrolle der Einfuhren zuständig sind, einzuschalten.

Neben den bestehenden Einfuhrregelungen sind auch Verfahren zu beachten, die zu Veränderungen der Einfuhrvorschriften, also zu Mengenbeschränkungen und Zollanhebungen, führen können (63). Vorrangig ist hier das *Antidumping-Verfahren* zu nennen (64), das im Falle einer Schadensfeststellung durch wettbewerbswidrige Einfuhrpreise zur Erhebung eines Antidumping-Zolls führen kann. Dieser hat im Extrem zur Folge, daß die Einfuhrwaren so teuer werden, daß sie nicht mehr vermarktet werden können. Für den Countertrade ist dies von besonderer Bedeutung. Nicht selten versucht man, das Liefergeschäft durch einen preisgünstigen Einkauf der Gegenware zu subventionieren. Wenn dies durch harte Einkaufsverhandlungen gelingt, scheint sich das Geschäft insgesamt zu rechnen. Wird nun durch die Erhebung eines Antidumping-Zolls oder eventuell sogar durch eine mengenmäßige Einfuhrbeschränkung der Import erschwert oder wirtschaftlich uninteressant, wird die Rentabilität des Gesamtgeschäfts gefährdet. Auf umfangreiche Abnahmeverpflichtungen für Gegenwaren sollte man sich daher erst einlassen, wenn die Gefahr, daß solche Verfahren eingeleitet werden, gering ist. Um dies abzuklären, ist es angebracht, den für die Antidumping-Verfahren auf Gemeinschaftsebene zuständigen *Fachreferenten im Bundesmini-*

sterium für Wirtschaft einzuschalten oder unmittelbar mit der *Antidumping-Abteilung der Kommission* Kontakt aufzunehmen.

Noch komplizierter wird der Zusammenhang, wenn die Gegenware in Ländern untergebracht werden soll, die nicht der Europäischen Gemeinschaft angehören; dann sind die Vorschriften dieser Staaten zu beachten. Erste Informationen über die außenwirtschaftlichen Regelungen dieser Länder und die Anschriften der jeweiligen nationalen Behörden, die zuständig sind, erhält man bei der Bundesstelle für Außenhandelsinformationen.

Wenn man über die Einfuhrvorschriften Klarheit gewonnen hat, gilt es, potentielle Abnehmer für die Gegenware ausfindig zu machen. Der *Bundesverband des Deutschen Groß- und Außenhandels e.V.* (Kaiser-Friedrich-Straße 13, Postfach 1349, 5300 Bonn 1; Tel. 0228/26004-0) und der *Bundesverband des Deutschen Exporthandels e.V.* (Gotenstraße 21, 2000 Hamburg 1) haben gemeinsam eine Broschüre mit dem Titel „Unternehmen im Kompensationshandel" herausgegeben, die bei der Lösung dieses Problems sehr hilfreich ist. Die Schrift enthält unter anderem die Anschriften von 86 Unternehmen im Kompensations-Vollgeschäft mit Hinweisen auf die Länder und Ländergruppen sowie Warenarten, mit denen sich diese Firmen befassen. Darüber hinaus werden rund 250 Firmen genannt, die bereit sind, Kompensationswaren abzunehmen. Interessant im Hinblick auf Ansprechpartner bei Vermarktungsproblemen mit Kompensationswaren ist auch eine Veröffentlichung der *BAO* (Berliner Absatz-Organisation GmbH, Berlin Marketing Council, Hardenbergstraße 16-18, Chamber of Commerce House, 1000 Berlin 12; Tel. 030/3180-1) mit dem Titel „Importhandelsbetriebe und Exporthandelsbetriebe in Berlin (West) mit Geschäftsbeziehungen zu Staatshandelsländern". Es werden insgesamt 125 Firmen aufgeführt, die mit dem Osten Abschlüsse tätigen. Im einzelnen wird darauf hingewiesen, mit welchen Staatshandelsländern Geschäftsbeziehungen bestehen, um welche Waren es dabei geht, ob Importe oder Exporte getätigt werden, ob die Firma als Handelshaus, Vertreter oder Transiteur tätig ist und ob Gegengeschäfte abgewickelt werden.

Im Anhang IV in diesem Buch findet sich eine Zusammenstellung von Firmen, die auf Kompensationsgeschäfte spezialisiert sind. Die Liste erstreckt sich nicht nur auf bundesdeutsche Unternehmen.

Bei der Erfassung der Barterfirmen wird kein Anspruch auf Vollständigkeit erhoben. Weiterhin wurden die Angaben aufgrund zahlreicher Quellen zusammengestellt, deren Richtigkeit nicht überprüft werden konnte. Insofern kann auch keine Gewähr für die Informationen übernommen werden.

Wie bereits erwähnt, werfen Countertrade-Abschlüsse auch immer Finanzierungsprobleme auf. Zu ihrer Lösung bieten inzwischen sämtliche Großbanken Hilfestellungen an. Darüber hinaus verfügen diese Institute in der Regel über einen Stab von Fachleuten, die auf dem Gebiet Countertrade kompetent sind.

Neben den genannten Informationsquellen sind auch breit angelegte Standardwerke, die über die Einkaufs- und Lieferpaletten der Firmen eines Staates informieren, countertraderelevant.

Für die Bundesrepublik Deutschland ist z. B. „Der große Hartmann" (Verlag H. Georg Hartmann KG, Wurzerstraße 106, Bonn Bad Godesberg) zu nennen. Weiterhin ist der Bezugsquellennachweis „Wer liefert was?" interessant (Verlag „Wer liefert was?", Postfach 100549, 2000 Hamburg 1). Für Österreich ist auf die von der Jupiter Verlagsgesellschaft mbH (Robertgasse 2, A-1020 Wien) herausgegebene Publikation „Handelsregister Österreich" hinzuweisen, die unter anderem ein nach Branchen geordnetes Berufs- und Warengruppenverzeichnis mit Angaben über den Tätigkeitsbereich der Unternehmen sowie Anschriften, Telefonnummern, Telegrammadressen und Fernschreibnummern enthält und somit eine vollständige Gesamtübersicht über die österreichischen Firmen bietet. Im gleichen Verlag ist die Schrift „Made in Austria" erschienen, die unter anderem über die Außenhandelsstellen der österreichischen Wirtschaft informiert und ein Warenregister mit Angaben der österreichischen Produzenten enthält.

Grundsätzliche Informationen über die internationalen Warenströme enthalten auch die *Veröffentlichungen nationaler und internationaler statistischer Ämter*. Ein Veröffentlichungsverzeichnis des *Statistischen Bundesamtes* (Gustav-Stresemann-Ring 11, 6200 Wiesbaden 1; Tel. 06121/751) erhält man beim Verlag W. Kohlhammer (Philipp-Reis-Straße 3, 6500 Mainz 42). Darüber hinaus hat das Statistische Bundesamt einen allgemeinen Auskunftsdienst eingerichtet (Tel. 06121/752405). Informationen, die den Bereich der Europäischen Gemeinschaften betreffen, stellt das *Statistische Amt der Europäischen Gemeinschaft* (SAEG) zur Verfügung(Anschrift: Bâtiment Jean Monnet, Kirchberg, Postfach 1907, Luxemburg; Tel. 00352/43011).

Countertraderelevante Informationen erhält man nicht nur von externen Stellen; in der Regel verfügt auch die eigene Unternehmung über ein nicht ausgeschöpftes Potential an Informationen. Es gilt, dieses systematisch zu nutzen. Ein- und Verkäufer pflegen zahlreiche Marktkontakte und wissen daher häufig, wer was einsetzt und wer was anbietet. Wenn es gelingt, diese Informationen für die Countertrade-Strategie aufzubereiten, ergeben sich oft auf relativ einfache Art und Weise überzeugende Lösungsansätze für die anstehenden Countertrade-Probleme.

12. Das aktuelle Countertrade-Szenario

Ist es gelungen, eine halbwegs zufriedenstellende Informationsbasis zu ermitteln, können die Countertrade-Grundsatzentscheidungen getroffen werden. Hierbei geht es, wie bereits erwähnt, zunächst um die Klärung der Frage, ob man sich überhaupt auf den Countertrade einlassen soll und, falls diese Frage mit ja beantwortet wird, um die Entscheidung darüber, welche potentiellen Countertrade-Partner akzeptiert werden können – also welche Länder und Organisationen für Gegengeschäfte überhaupt in Betracht kommen.

Wie die Antworten auf diese Fragen ausfallen, hängt zum einen davon ab, welche Voraussetzungen die eigene Firma für Countertrade-Abschlüsse mitbringt, beispielsweise welche Aufnahmemöglichkeiten im eigenen Haus bestehen, wie zahlreich und wie gut die Kontakte zu anderen Unternehmen sind und über welche Erfahrungen man auf dem Gebiet der Gegengeschäfte bereits verfügt. Ein weiterer Faktor ist der Countertrade-Druck, den der potentielle Geschäftspartner ausübt. Um diesen Punkt geht es im folgenden. Es kann hier nur auf einige Schwerpunkte des aktuellen Countertrade-Szenarios eingegangen werden.

Wie sieht es gegenwärtig in einzelnen Ländern aus? Mit welcher Entwicklung der Gegengeschäftspolitik ist bei wichtigen Marktpartnern zu rechnen?

Die europäischen Staatshandelsländer

Für die europäischen Staatshandelsländer läßt sich insgesamt folgendes feststellen: Nach der wohl umfassendsten empirischen Untersuchung zur Bedeutung des Countertrades im Osthandel, die von Altmann und Clement im Auftrag des Bundesministers für Wirtschaft durchgeführt wurde, wurden 1978 nur 10 Prozent der bundesdeutschen Ostexporte mit Gegenlieferungen bezahlt. Für 90 Prozent der bundesdeutschen Verkäufe an die Staatshandelsländer konnte vor etwa 10 Jahren also eine Bezahlung in einer harten Währung durchgesetzt werden (65). Von dieser günstigen Situation können die im Osthandel engagierten Unternehmen heute nur träumen. Bis auf wenige Ausnahmen muß gegenwärtig wenigstens eine teilweise Bezahlung mit Gegenlieferungen akzeptiert werden. Wenn man sich die aktuelle Verschuldungssituation ansieht, so ist in naher Zukunft mit einem weiteren Anstieg des Countertrades – wenn auch möglicherweise in neuen Varianten oder unter anderem Etikett – zu rechnen. Dies belegen folgende länderspezifischen Fakten (66):

Sowjetunion

Der mit Abstand bedeutendste Osthandelspartner der Bundesrepublik Deutschland ist die Sowjetunion. Der Anteil des Warenaustausches mit diesem Staatshandelsland am gesamten bundesdeutschen Osthandel lag 1986 bei rund 40 Prozent. 1986 zeichneten sich für die UdSSR erhebliche Einbußen bei den Verkäufen an die Bundesrepublik Deutschland und andere westliche Industrienationen ab. Der Grund für diese Entwicklung lag in dem starken Preisverfall beim Erdöl, bei den Erdölprodukten und beim Erdgas. Da die UdSSR etwa 80 Prozent ihrer Westeinnahmen durch Verkäufe dieser Produkte erzielte, kam es zu erheblichen Devisenausfällen. In Verbindung mit dem Dollarkursverfall stieg die Nettoverschuldung der UdSSR stark an. Sie lag 1987 bei etwa 20 Milliarden US-Dollar. Damit ist auch in naher Zukunft mit einem starken Kompensationsdruck zu rechnen. Bei Großprojekten sind Gegengeschäfte in Form der Rückkaufgeschäfte ohnehin die Regel.

Die von Gorbatschow eingeleiteten Wirtschaftsreformen können kurzfristig keinen entscheidenden Einfluß auf die Verschuldungssituation haben und werden damit das Countertrade-Niveau auch nicht tangieren. Sie haben aber bereits jetzt spürbare Auswirkungen auf die Countertrade-Praxis. Westliche Countertrader klagen zunehmend über Unsicherheiten im Geschäft mit der Sowjetunion. Die Zuständigkeiten sind nicht mehr klar oder zumindest nicht mehr transparent. Häufig werden von Betrieben, die nunmehr offensichtlich über eine größere Selbständigkeit verfügen, Gegengeschäftsforderungen erhoben. Dabei kommen völlig neue und teilweise abenteuerliche Kompensationsangebote zur Sprache. Das Problem besteht darin, daß der westliche Exporteur, besonders dann, wenn er zum erstenmal mit einem solchen Betrieb Kontakt aufnimmt, nicht weiß, welche Kompetenzen seine Ansprechpartner besitzen und wie seriös die einzelnen Angebote sind. Sicherlich werden sich diese Unsicherheiten bald abschleifen. Im Augenblick kommt es eindeutig darauf an, vor Ort zu sein, um selbst zu klären, wer welche Außenhandelskompetenz besitzt. Man sollte daher gegenwärtig keine Möglichkeit auslassen, um mit den neuen Entscheidungsträgern Kontakt aufzunehmen. Auf der anderen Seite sollte man sich bewußt sein, daß sich selbst dann, wenn geklärt ist, wer für welche Außenhandelsentscheidung zuständig ist, in Zukunft erhebliche Probleme im Countertrade-Alltag ergeben werden. Die Betriebe mit Außenhandelskompetenz müssen selbst für eine Finanzierung ihrer Westeinkäufe sorgen. Den westlichen Exporteuren wird damit in vielen Fällen eine engere Produktpalette für die Auswahl der Kompensationswaren zur Verfügung stehen als bisher. Der Einfluß der Außenhandelsorganisationen oder des zuständigen Ministeriums wird geringer − und damit auch die Chance, die Angebote anderer Organisationen dieses Staatshandelslandes in die Kompensation mit einzubeziehen. Der westliche Exporteur tut also gut daran, sich über die Liefermöglichkeiten seines zukünftigen Kunden im Osten rechtzeitig und umfassend zu informieren.

Ein anderes Problem im Countertrade-Alltag mit der Sowjetunion sind *Jointventures*. Durch einen Beschluß des Ministerrats der UdSSR im Januar 1987 wurden die rechtlichen Voraussetzungen für *Gemeinschaftsunternehmen* von westlichen und sowjetischen Organisationen auf dem Gebiet der UdSSR geschaffen. Den Vorschriften läßt sich entnehmen, daß solche Joint-ventures in erster Linie darauf ausgerichtet sein sollen, die Westexporte der Sowjetunion zu fördern, also Devisen zu erwirtschaften. Damit haben die Gemeinschaftsunternehmen eine ähnliche Stoßrichtung wie der Countertrade. Ob sie in absehbarer Zeit die Gegengeschäfte in den bisherigen Formen verdrängen können, ist zu bezweifeln. Erstens ist, wie Erfahrungen aus anderen

Staatshandelsländern zeigen, mit relativ langen Anlaufzeiten zu rechnen, bis solche Joint-ventures halbwegs funktionieren. Hinzu kommt, daß die sowjetischen Vorschriften für Joint-ventures keineswegs im Detail ausgereift sind und daher selbst dann, wenn westliche Firmen stark an einem solchen Gemeinschaftsunternehmen interessiert sind, ein entsprechender Vorbereitungszeitraum für die Vertragsgestaltung erforderlich ist. Zweitens ist zu beachten – und auch dies haben Erfahrungen mit anderen Staatshandelsländern bereits gezeigt – , daß Joint-ventures kaum für Großvorhaben in Betracht kommen. Bisher sind Gemeinschaftsunternehmen nur für mittelgroße und kleinere Projekte gewählt worden. Risikopolitische Überlegungen begrenzen ganz eindeutig ein Eigenkapitalengagement im Osten.

Experten weisen mit Recht darauf hin, daß es nicht sinnvoll ist, Angebote zu Gemeinschaftsunternehmen strikt abzulehnen. Im Hinblick auf langfristige Geschäftsbeziehungen mit wichtigen Betrieben in der Sowjetunion ist es angebracht, eine andere Strategie zu wählen. In der ernsthaften Prüfung eines Joint-venture-Vorschlages liegt ein nicht zu unterschätzendes akquisitorisches Potential für andere Abschlüsse. Die gemeinsame Bearbeitung eines solchen Projektes mit dem östlichen Partner kann eine solide Basis für weitere Schritte schaffen, beispielsweise Countertrade-Abschlüsse nach bewährtem Muster.

Auch diese Überlegungen bedeuten nicht, daß man sich leichtfertig auf solche Gemeinschaftsunternehmen einlassen soll. Selbstverständlich kann die sorgfältige Prüfung des Angebotes ergeben, daß man auch unter Berücksichtigung von Verbundeffekten von der Anregung der östlichen Seite Abstand nehmen muß. Weiterhin muß man selbst dann, wenn das Projekt Realisierungschancen bietet, Augenmaß bewahren. Das Vorhaben ist also vom wertmäßigen Umfang her auf jeden Fall zu begrenzen. Auch die andere Seite wird sich davon überzeugen lassen, daß man Neuland nur Schritt für Schritt betreten kann. Das gilt um so mehr, wenn man zusagt, über eine Ausweitung oder Parallelprojekte nachzudenken, falls der erste Versuch gelingt. Diese Grundposition ist für zahlreiche westliche Unternehmen verkraftbar und verhindert, daß man bei der Auftragsvergabe durch sowjetische Organisationen in Zukunft automatisch unberücksichtigt bleibt.

Im übrigen – auch das hat sich in der Vergangenheit beim Handel mit den Staatshandelsländern oft gezeigt – wird meist mehr geplant als realisiert. Warum sollte man daher bei einer Aufforderung zu Joint-ventures von den sowjetischen Stellen nicht konkrete Vorschläge erbitten? Damit liegt der nächste Schritt bei der östlichen Seite. In vielen Fällen wird sich so das Problem von selbst lösen, da kein konkreter Vorschlag kommt; in anderen Fällen gewinnt man zumindest Zeit.

Alles in allem besteht kein Grund, vor den Joint-venture-Vorschlägen des Ostens zu erschrecken. Es handelt sich hierbei letztlich um eine Good-Will-Prüfung. Diese muß man mit möglichst geringem Aufwand oder mit begrenztem Risiko bestehen. Joint-ventures werden keine dominierende Rolle im Osthandel spielen, können aber in einzelnen Fällen interessant sein. Das gilt zum Beispiel dann, wenn man sie mit der Countertrade-Strategie verbindet.

Bulgarien

Bei Bulgarien ist eine explosionsartige Zunahme des Handelsdefizits in harten Währungen festzustellen. Hinzu kommen geringere Deviseneinnahmen aus dem Fremdenverkehr. Die Nettoverschuldung wird gegenwärtig auf rund 3,1 Milliarden US-Dollar geschätzt. Sie liegt damit um etwa 50 Prozent über dem Vorjahresniveau. Angesichts dieser Situation ist es nicht verwunderlich, daß westliche Firmen von zunehmenden Gegengeschäftsforderungen berichten (67). Nach Schätzungen des britischen Handelsministeriums sollen bereits 80 Prozent des bulgarischen Außenhandels mit Hilfe einer zentral gesteuerten Countertrade-Politik abgewickelt werden (68). Es ist daher äußerst unwahrscheinlich, daß man mit diesem Staatshandelsland ins Geschäft kommen kann, ohne Gegenlieferungen zu akzeptieren.

Polen

Geradezu erschreckend ist die Verschuldungssituation Polens (69). 1986 mußte ein Zuwachs der Hartwährungsschulden in Höhe von rund 4 Milliarden US-Dollar hingenommen werden. Der Schuldenstand stieg damit auf rund 33 Milliarden US-Dollar an. Von polnischer Seite wird inzwischen offen zugegeben, daß die Rückzahlungen der Schulden in vollem Umfang und zu den in den Kreditverträgen festgesetzten Konditionen unmöglich ist (70). Wie sollen in dieser Situation Importe aus dem Westen anders finanziert werden als auf der Basis des Countertrades? Die bisher übliche Teilkompensation in Höhe von rund 50 Prozent des Lieferwertes wird daher zukünftig in der Regel durch die Variante der Vollkompensation verdrängt werden. 1987 ist ein solches Großprojekt auf Vollkompensationsbasis bereits abgeschlossen worden: Die Firma Krupp und polnische Organisationen unterzeichneten zwei Verträge mit einem Volumen von insgesamt 200 Millionen DM. Dabei geht es um die Lieferung von Stranggußanlagen und den Bau von Anlagen für die Schlackeaufbereitung, die mit polnischen Stahlerzeugnissen bezahlt werden sollen, wobei die Gegenlieferungen in Drittländern abgesetzt werden (71).

Rumänien

Rumänien betreibt seit Jahren eine strikte Countertrade-Politik, die von offiziellen Stellen im Westen als besondere Belastung herausgestellt wird. Westliche Exporteure kritisieren darüber hinaus, daß die Qualität der rumänischen Kompensationswaren und die Lieferzuverlässigkeit bei Gegenkäufen sehr zu wünschen übrig lassen. Von rumänischer Seite werden diese Probleme offensichtlich erkannt. Eine verstärkte Zentralisierung der Außenhandelskompetenz soll dazu beitragen, daß westlichen Geschäftspartnern Kompensationswaren leichter branchenübergreifend angeboten werden können (72). Gleichzeitig wurde der Countertrade-Druck erhöht. Seit Anfang 1987 sollen sich in jedem Importvertrag Countertrade-Klauseln finden (73).

Ungarn

Auch die Verschuldung Ungarns nahm in der jüngsten Zeit deutlich zu. Ende 1986 lag die Nettoauslandsverschuldung in konvertierbaren Währungen bei rund 7,8 Milliarden US-Dollar. Angesichts dieser Entwicklung ist mit einem starken Anstieg der Gegengeschäftsforderungen zu rechnen, auch wenn der Countertrade von staatlichen Stellen offiziell nicht gefördert wird. Daß der Countertrade-Druck durch ungarische Außenhandelsorganisationen stark zugenommen hat, verdeutlichen drei aktuelle Fallbeispiele britischer Firmen: So wurde Rank-Xerox bei einem Verkaufsangebot von Fotokopiergeräten an die ungarische Außenhandelsgesellschaft Metrimpex mit einem Kompensationswunsch in Höhe von 167 Prozent konfrontiert. Bei einem Angebot der Firma Ingersoll Rand Engineering, das die Lieferung von Gas-Kompressoren zum Gegenstand hatte, verlangte die zuständige Außenhandelsorganisation Chemokomplex eine Vollkompensation. Eine Kompensationsquote von 100 Prozent wurde ebenfalls von der Firma Glaxo gefordert, die der ungarischen Außenhandelsgesellschaft Bioyal die Lieferung pharmazeutischer Produkte offerierte (74). Ungarische Stellen legen wegen der offiziell kritischen Positionen gegenüber der Kompensation Wert darauf, Abschlüsse mit Countertrade-Charakter in der Öffentlichkeit möglichst nicht als solche, sondern als eine Form der Kooperation darzustellen. Daß es sich in den meisten Fällen um eine kooperationsintensive Form der Kompensation handelt, bedeutet jedoch nicht, daß der Countertrade-Charakter für solche Abschlüsse unwichtig wäre. Wie bei allen Countertrade-Abschlüssen geht es auch bei den von Ungarn präferierten Varianten der Kompensation um den wechselseitigen Austausch von Sachgütern und Dienstleistungen. Die grundsätzlich kritische Position gegenüber dem Countertrade trägt allerdings dazu bei, daß flexiblere oder – wenn man so will – marketingorientierte Countertrade-Varianten eine gute Chance haben. Dies erklärt, daß die Rahmenabkommen beim Handel mit Ungarn an Bedeutung gewinnen. Ein aktuelles Beispiel hierfür ist das Rahmenabkommen zwischen der Adam Opel AG und ungarischen Organisationen. Das Abkommen sieht vor, daß Opel so viele Kadett exportieren kann, wie das Unternehmen selbst Waren aus Ungarn importiert. Opel verspricht sich von diesem Abkommen – jede Lieferung wird in DM bezahlt – eine Ausweitung des Exports in dieses Staatshandelsland (75).

CSSR

Relativ günstig stellt sich die Situation der CSSR dar. Die Nettoverschuldung war 1986 in Höhe von rund 2 Milliarden US-Dollar deutlich niedriger als bei den meisten anderen Staatshandelsländern. Entsprechend gering ist die Bedeutung des Countertrades. Wie hoch im Einzelfall die geforderte Kompensationsquote ist, hängt davon ab, wie stark die betreffende Außenhandelsgesellschaft auf das westliche Produkt angewiesen und wie wichtig der jeweilige Verkauf für die westliche Unternehmung ist. Es soll auch in der jüngsten Vergangenheit noch möglich gewesen sein, Geschäfte mit der CSSR zu tätigen, ohne eine Kompensationsverpflichtung einzugehen. Gleichwohl sollte man in der Regel bei den Vertragsverhandlungen mit Kompensationsforderungen rechnen.

DDR

Die Nettoverschuldung der DDR stieg 1986 leicht an. Insgesamt wird die Zahlungsfähigkeit der DDR jedoch nicht schlecht beurteilt. Kompensationsgeschäfte haben beim Handel mit der DDR immer eine Rolle gespielt. Insofern ist auch nicht damit zu rechnen, daß bei der gegenwärtigen Verschuldungssituation die Bedeutung des Countertrades abnehmen wird. Ob die Kompensation von seiten der DDR verstärkt verlangt werden wird, ist gegenwärtig nicht zu beurteilen. Auf der Leipziger Messe wird zwar regelmäßig über zunehmende Kompensationsforderungen geklagt, nachweisbar ist jedoch ein Anstieg des Countertrades nicht. Für westliche Anbieter ist von Bedeutung, daß in den Fällen, bei denen es zu Gegengeschäftsabschlüssen kommt, eine hundertprozentige Kompensation keine Seltenheit ist. Das gilt besonders bei der Lieferung von Großanlagen. Oft wurde in diesen Fällen in der Vergangenheit sogar die Finanzierung in den Kompensationsvorgang mit einbezogen, wodurch sich dann eine Überkompensation ergab.

Bundesdeutsche Anbieter müssen darüber hinaus bei Gegengeschäften mit der DDR die Besonderheiten des Innerdeutschen Handels beachten. Gelegentlich wird selbst in Fachpublikationen die Auffassung vertreten, daß Gegenseitigkeits- und Kompensationsgeschäfte zwischen bundesdeutschen Firmen und Organisationen der DDR nicht gestattet seien (76). Das Mißverständnis ergibt sich durch die besonderen Begriffsfassungen in den betreffenden Vorschriften. Selbstverständlich sind auch Geschäfte mit Kompensationscharakter im Innerdeutschen Handel möglich. Wie sämtliche geschäftlichen Beziehungen zwischen bundesdeutschen Firmen und Organisationen der DDR unterliegen solche Geschäfte einer Genehmigungspflicht. Für die verschiedenen Varianten des Countertrades ist in der Regel eine Einzelgenehmigung einzuholen. Auskünfte erteilt das Referat Innerdeutscher Handel im Bundesamt für gewerbliche Wirtschaft in Eschborn/Taunus (Tel. 06196/4041).

Jugoslawien

Jugoslawien sieht sich gravierenden Zahlungsbilanzproblemen ausgesetzt und ist um einen Ausgleich von Ex- und Importen gerade bei Geschäften mit westlichen Unternehmen bemüht. Etwa 20 Prozent des jugoslawischen Außenhandels sollen gegenwärtig in Form des Countertrades abgewickelt werden (77).

Staatliche Stellen versuchen, die Countertrade-Aktivitäten der einzelnen Betriebe zu kontrollieren und zu regulieren. Grundsätzlich sind solche Abschlüsse von einer behördlichen Genehmigung abhängig, die nur unter bestimmten Bedingungen erteilt wird. Für den westlichen Geschäftspartner bedeutet dies, daß ein Vertrag mit einem jugoslawischen Betrieb erst dann Gültigkeit erhält, wenn die Genehmigung der zuständigen staatlichen Stelle vorliegt. Dies hat in der Vergangenheit zu einigen Unsicherheiten geführt. Countertrade-Spezialisten weisen ausdrücklich darauf hin, daß man mit Überraschungen rechnen muß. Man sollte Investitionen in ein Geschäft möglichst erst dann vornehmen, wenn für den Vertrag auch die behördliche Zustimmung vorliegt.

Eine gewisse Vorsicht ist auch bei dem vorgezogenen Gegenkauf angebracht, der unter dem Stichwort des „sich selbst finanzierenden Gegengeschäftes" in den letzten Monaten wieder populär geworden ist. Grundsätzlich müssen Hartwährungserlöse jugoslawischer Firmen innerhalb von 48 Stunden in Landeswährung umgetauscht werden (78). Damit ist also keineswegs sicher, daß der jugoslawische Lieferant für entsprechende Käufe bei seinem Kunden im Westen auch Hartwährungsbeträge zur Verfügung hat. Auch in solchen Fällen sollte man die staatlichen Stellen rechtzeitig einschalten, damit das Geschäft nicht nachträglich gefährdet wird.

Südostasien

Volksrepublik China

Seit einiger Zeit steht die Volksrepublik China im Mittelpunkt des Interesses und dies nicht nur bei den Countertradern. Im chinesischen Außenhandel haben Gegengeschäfte immer einen festen Platz eingenommen. Allein zwischen 1979 und 1982 ist die Volksrepublik China 400 langfristige Kompensationsvereinbarungen eingegangen. Es dominieren die kooperationsintensiven Formen des Countertrades. Vielfach werden durch den ausländischen Geschäftspartner im Rahmen eines Gegengeschäftes fast sämtliche Produktionsfaktoren bis auf den Boden und einen Teil der Arbeitskräfte bereitgestellt (79). Es ist daher nicht erstaunlich, daß das Thema Joint-ventures im China-Geschäft zunehmend Beachtung findet. In zahlreichen Fällen müssen Gegengeschäftsbeziehungen fast nur noch um das Eigenkapitalengagement ergänzt werden, um diese Stufe der Wirtschaftsbeziehungen zu erreichen. Wichtig ist, daß nicht nur die Abwicklung eines Countertrade-Abschlusses mit Organisationen aus diesem Staatshandelsland eine intensive Zusammenarbeit erforderlich macht, sondern — und dies ist ein Punkt, der selbst kompensationswillige westliche Firmen oft abschreckt — bereits bis zum Vertragsabschluß eine intensive Kooperation mit einem entsprechenden zeitlichen Einsatz notwendig ist. Im China-Geschäft muß man nicht selten ein Jahr und mehr vor Ort tätig sein, um einen Gegengeschäftsabschluß unter Dach und Fach zu bringen.

Zahlreiche Firmen können es sich einfach nicht leisten, Mitarbeiter für solche Zeiträume abzustellen. Hinzu kommt, daß die Countertrade-Kompetenz in China nicht zentralisiert worden ist, also Außenhandelsorganisationen und Provinzbehörden solche Abschlüsse weitgehend in eigener Regie tätigen. In der Vergangenheit haben sich hierdurch einige Koordinationsprobleme ergeben, die dazu geführt haben, daß selbst an sich realisierbare Countertrade-Projekte an Zuständigkeitsstreitigkeiten gescheitert sind. Auch solche Beispiele haben mit Sicherheit dazu geführt, daß sich die noch vor Monaten spürbare Countertrade-Euphorie im China-Geschäft etwas gelegt hat. Inwieweit diese Probleme durch die Einrichtung einer Koordinierungsstelle in der Import/Export-Abteilung des Außenhandelsministeriums aufgefangen werden können, bleibt abzuwarten. Trotz der Ernüchterung ist der chinesische Markt gerade auch aus dem Blickwinkel des Countertrades nach wie vor hoch interessant.

Japan

Obwohl es offiziell keine staatliche Unterstützung des Countertrades gibt, ist durch zahlreiche Abschlüsse mit teilweise außergewöhnlichem wertmäßigen Umfang hinreichend belegt, daß Japan einen großen Anteil an den internationalen Gegengeschäften hat. In die meisten japanischen Kompensationsgeschäfte werden große Handelshäuser (Sogo Shoshas) einbezogen. Die acht wichtigsten dieser Unternehmen werden nachfolgend mit ihren Anschriften und Kontaktstellen aufgeführt (80):

C Itoh and Co Ltd
2-5-1, Kita Aoyana
Minato-ku, Tokyo
Kontaktstelle: Overseas Administration
                    Planning Department

Kanematsu-Gosho Ltd
2-14-1, Kyobashi
Chuo-ku, Tokyo
Kontaktstelle: Overseas Development
                    Department

Marubeni Corporation
Marubeni Bldg.
1-4-2, Ohtemachi
Chiyoda-ku, Tokyo
Kontakstelle: International Department Countertrade
                    Promoting Team

Mitsubishi Corporation
2-6-3, Marunouchi
Chiyoda-ku, Tokyo
Kontakstelle: Marketing and Coordination Department
                    Countertrade Team

Mitsui and Co Ltd
1-2-1, Ohtemachi
Chiyoda-ku, Tokyo
Kontakstelle: Corporate Planning Division

Nissho-Iwai Corporation
2-4-5, Akasaka
Minato-ku, Tokyo
Kontaktstelle: Overseas Planning and Administration
Department Countertrade Office

Samitomo Corporation
Shin Sumitone Shoji Bldg.
1-2-2, Hitotsubashi
Chiyoda-ku, Tokyo
Kontakstelle: Overseas Department, Promotion Team

Toyo Menka Kaisha Ltd
Kokusai Shin Akasaka Bldg. East
2-14-27, Akasaka
Minato-ku, Tokyo
Kontaktstelle: Overseas Business Administration Department

Die japanischen Handelshäuser können nicht mit europäischen Handelsunternehmen verglichen werden. Sie unterscheiden sich von diesen besonders durch die Umsätze, die Produktpalette und die Firmenstruktur. Diese drei Faktoren prädestinieren sie geradezu für den Countertrade. Um welche Umsätze es bei solchen Firmen geht, machen folgende Zahlen deutlich (81): 1983 erzielte beispielsweise die Mitsubishi Corporation einen Umsatz von rund 65 Milliarden US-Dollar. Der Betrag macht etwa zwei Drittel des schweizerischen Bruttosozialproduktes aus. Die Handelsgesellschaft Mitsui and Co Ltd kam auf etwa den gleichen Jahresumsatz von rund 53 Milliarden US-Dollar; bei der Marubeni Corporation betrug der Jahresumsatz rund 49 Milliarden US-Dollar. Das Sortiment dieser Handelshäuser erstreckt sich auf 10 000 bis 20 000 Artikel. Weiterhin sind diese Handelsgesellschaften auf die verschiedenste Art und Weise mit japanischen Herstellern verbunden. Darüber hinaus verfügen die meisten über eigene Finanzierungsinstitute. Bisher waren diese Handelshäuser für die europäischen Countertrader in erster Linie als Konkurrenten interessant. Meiner Ansicht nach ist von den europäischen Anbietern bisher zu wenig über die Möglichkeit nachgedacht worden, via Countertrade über diese japanischen Handelsgesellschaften den japanischen Markt zu erschließen beziehungsweise den japanischen Protektionismus zu überwinden. Hierzu ist allerdings auch eine Unterstützung durch die europäischen Regierungen erforderlich.

Süd-Korea

Die Regierung Süd-Koreas steht dem Marketing-Instrument Countertrade grundsätzlich aufgeschlossen gegenüber. Bisher hat sie allerdings noch keine Richtlinien für die Privatwirtschaft erlassen. Das Handels- und Industrieministerium stellt bei Bedarf seine Beratungskompetenz zur Verfügung. Unter anderem kann man dort eine Liste derjenigen Produkte erhalten, die für Gegengeschäfte geeignet sind. Bei der Rüstungsbeschaffung sind Offset-Geschäfte die Regel. Informationen erhält man von der Offset-Abteilung des Verteidigungsministeriums (Offset Office, Defence Procurement Agency, Ministry of National Defence, Seoul, Republic of Korea) oder vom Koordinierungsbüro im Handels- und Industrieministerium (Defence Industry Bureau, Ministry of Trade and Industry, Seoul, Republic of Korea).

Indonesien

Indonesien war das erste Land außerhalb des Comecon-Bereichs, das strenge Vorschriften über den Countertrade erließ. Diese Richtlinien, die im Dezember 1981 verabschiedet wurden, sehen vor, daß für alle Importe, an denen der Staat beteiligt ist und die einen Wert von rund 800 000 US-Dollar übersteigen, eine hundertprozentige Kompensation vorgenommen werden muß. Öl und Gas werden nicht als Kompensationswaren anerkannt. 33 Produkte stehen für Gegenlieferungen zur Verfügung. Darüber hinaus gibt es Richtlinien für den Zeitraum, in dem die Kompensationsware abgenommen werden muß, über den Wiederverkauf und Destinationsbeschränkungen. Weiterhin sehen die staatlichen Vorschriften eine Pönale in Höhe von 50 Prozent des Wertes der nicht abgenommenen Gegenwaren vor. Bisher soll diese Klausel jedoch noch nicht in vollem Umfang zum Tragen gekommen sein.

Im einzelnen ist folgendes Verfahren üblich (82): Mit der Offerte muß der Anbieter aus dem Ausland eine Absichtserklärung über das Gegengeschäft einreichen, die dem Handelsministerium vorgelegt wird. Wird diese Absichtserklärung vom Handelsministerium akzeptiert, können die Verhandlungen mit dem indonesischen Kunden aufgenommen werden. Neben dem eigentlichen Liefervertrag ist eine Kompensationsverpflichtung zu unterzeichnen. Der Inhalt dieser Kompensationsverpflichtung wird vom Handelsministerium festgelegt. Erst nachdem sämtliche Dokumente vom Handelsministerium genehmigt worden sind, tritt der Vertrag in Kraft. Dieses Verfahren hat früher erhebliche Probleme aufgeworfen, wodurch relativ hohe Kosten für die Abwicklung der Countertrade-Abschlüsse entstanden sind. Inzwischen hat sich die Zusammenarbeit mit den indonesischen Behörden verbessert und der Verwaltungsaufwand hat sich verringert, so daß professionelle Countertrader, wenn sie in solche Verträge einbezogen werden, heute teilweise mit geringeren Fees (Vermittlungsgebühren oder -provisionen) auskommen. Wichtig aus der Sicht des westlichen Exporteurs ist, daß die Übertragung aller Countertrade-Verpflichtungen (inklusive einer eventuellen Strafzahlung) möglich ist. Bei den Vertragsverhandlungen ist daher auf entsprechende Vereinbarungen zu achten. In diesem Zusammenhang hat sich ein standardisierter Vertragsbestandteil bewährt (Standard Assignment Agreement).

Malaysia

Infolge der strikten Countertrade-Politik Indonesiens ergaben sich teilweise erhebliche Absatzprobleme für malaysische Produkte, die mit den indonesischen Waren in Konkurrenz standen. Konsequenterweise zog daher die Regierung Malaysias in puncto Countertrade nach. Mitte 1983 wurden für das staatliche Beschaffungswesen entsprechende Countertrade-Richtlinien erlassen (83). Gleichzeitig wurde eine Spezialabteilung im Wirtschafts- und Industrieministeriums eingerichtet (Special Unit (Khas) Countertrade). Diese Koordinationsstelle soll gewährleisten, daß der Countertrade auch tatsächlich eine exportfördernde Wirkung hat. Potentielle Countertrade-Partner sollen durch Countertrade-Forderungen nicht abgeschreckt werden. Man ist bemüht, die Möglichkeiten der Gegenseite, so gut es geht, zu berücksichtigen. Insofern wird eine flexible Countertrade-Politik praktiziert. Bisher gelten die Countertrade-Richtlinien nur für das öffentliche Beschaffungswesen und nicht für den privaten Sektor, von dem aber ein ähnliches Verhalten erwartet wird. Die Abwicklung des Countertrades mit Malaysia wurde zweifelsohne durch die Gründung von Handelsgesellschaften nach japanischem Muster erleichtert, die gegenwärtig in zahlreiche Gegengeschäfte Malaysias einbezogen werden. Nachfolgend werden vier dieser Firmen mit ihren Anschriften aufgeführt (84).

Asian Trade Services Sdn Bhd
21st Floor, Plaza MBF
Jalan Amang
50450 Kuala Lumpur

Bumi International Corporation Snd Bhd
19th Floor, Plaza Atrium
Lot 17, Lovong P Ramlee
50250 Kuala Lumpur

Centratrade (M) Sdn Bhd
Lot 24.4, Tingkat 24
Menara Kewangan
Jalan Sultan Ismail
50250 Kuala Lumpur

Phibro (Malaysia) Sdn Bhd
IGB Plaza, Suite 15.01
15th Floor
Jalan Kampar
50400 Kuala Lumpur

Taiwan, Hongkong, Singapur, Thailand, Philippinen, Vietnam

Auch bei den anderen Staaten des asiatischen Raumes sind Gegengeschäfte nicht unbekannt. Das Volumen ist insgesamt jedoch recht gering. Weiterhin gibt es in diesen Ländern keine countertradespezifischen Rechtsvorschriften. Insgesamt kann man allerdings auch in diesen Staaten eine verstärkte Tendenz zum Countertrade feststellen, den Countertrade-Experten auf den sogenannten Dominoeffekt zurückführen (85): Man wählt deshalb verstärkt den Countertrade, weil die Konkurrenten dieses Marketing-Instrument zunehmend einsetzen.

Ein typisches Beispiel für diese Entwicklung ist die Countertrade-Politik Singapurs. Bis 1984 wurden nur ausnahmsweise Gegengeschäfte getätigt — meist mit Indonesien —, wobei in der Regel drei Produkte einbezogen wurden (Holz, Geflügel und Eier). Wegen der zunehmenden Countertrade-Beziehungen zwischen Hongkong und China entwickelte man 1985 eine systematische Countertrade-Strategie, um den chinesischen Markt nicht zu verlieren und um bei der Markterschließung Chinas nicht außen vor zu bleiben. Es wurde eine staatliche Countertrade-Einheit gebildet. Darüber hinaus wurden Gründungen von Countertrade-Firmen gefördert. Diese Firmen sollen Gegengeschäfte nicht nur im China-Geschäft einsetzen, sondern auch gegenüber Indien und den Ländern Afrikas sowie Lateinamerikas (86).

Eine ähnliche Entwicklung zeichnet sich in Thailand ab. Bisher wurde der Countertrade nur sehr zurückhaltend betrieben. Hinzu kam, daß einzelne Gegengeschäftsobjekte scheiterten oder nur mit mäßigem Erfolg endeten. Angesichts des verstärkten Einsatzes dieses Marketing-Instruments durch andere Staaten wird zunehmend über den Countertrade nachgedacht. Bisher ist die offizielle Position die, daß der Countertrade nicht als ein übliches Marketing-Instrument im Außenhandel angesehen wird, sondern in einzelnen Fällen als notwendiges Übel (87).

Auf den Philippinen wurde bereits 1949 ein Countertrade-Gesetz verabschiedet, nach dem Produkte, die nicht gegen Cash zu verkaufen waren, auf dem Weltmarkt gegen andere Produkte eingetauscht werden sollten. Trotz dieser offiziellen Countertrade-Politik spielten jedoch Gegengeschäfte kaum eine Rolle. In den Jahren nach 1970 nahm das Interesse der staatlichen Stellen am Countertrade ständig zu, wobei in erster Linie Gegengeschäfte mit Staatshandelsländern zustande kamen. Auch mit japanischen Firmen wurde ein erfolgreiches Countertrade-Projekt durchgezogen, bei dem es um die Wiedereröffnung einer Kupfermine durch japanische Unternehmen ging, die dafür Gegenlieferungen von Kupfer erhielten.

Im Januar 1984 wurden sechs Countertrade-Verträge im Rahmen eines staatlichen Sozialprogramms mit österreichischen, indischen, israelischen, italienischen, südkoreanischen und schweizerischen Firmen abgeschlossen. Dabei handelte es sich um die Lieferung von Nahrungsmitteln und leichter technischer Ausrüstung gegen verschiedene philippinische Produkte. Für die Abwicklung von Countertrade-Geschäften wurde ein öffentliches Unternehmen gegründet, die Philippines International Trading Corporation. Dieses Unternehmen wurde jedoch bisher nur fallweise eingeschaltet (88).

Der indische Subkontinent

Zunehmendes Interesse am Countertrade zeigen auch die Staaten des indischen Subkontinents, also Indien, Burma, Bangladesh, Sri Lanka und Pakistan. Einige dieser Länder verfügen über eine alte Gegengeschäftstradition. Gleichwohl war das Gesamtvolumen von Countertrade-Abschlüssen, das auf diese Staaten entfiel, in der Vergangenheit relativ gering. Gegenwärtig ist auch in dieser Region ein verstärkter Countertrade-Druck spürbar. Experten rechnen mit einem Anstieg der Gegengeschäfte. Das gilt besonders für Indien und Pakistan.

Indien

Vor kurzem hat die indische Regierung eine klare Position gegenüber dem Countertrade bezogen. Bei umfangreichen Staatskäufen sollen die verantwortlichen Stellen darauf achten, daß indische Exporte gefördert werden. Die Countertrade-Zuständigkeit liegt nach wie vor bei den Ministerien, die für die jeweilige Beschaffung verantwortlich sind. Sie können festlegen, welche Grundsätze gelten sollen. Als Countertrade-Vermittler sind die State Trading Corporation und die Minerals and Metals Trading Corporation bekannt. Die State Trading Corporation, die über eine Büro in London verfügt (Curzon House, Second Floor, 33 Curzon Street, London WLY 8EY), hat eine Liste der Produkte herausgegeben, die als Kompensationswaren vornehmlich in Betracht kommen. Auch wenn die Liste keineswegs verbindlich und erschöpfend ist, so bietet sie doch eine Orientierungshilfe. Es ist daher für Unternehmen, die an Countertrade-Projekten mit Indien denken, durchaus sinnvoll, diese Liste anzufordern.

Die Minerals and Metals Trading Corporation verfügt ebenfalls über eine Liste von Produkten, die für Gegengeschäfte in Betracht kommen. Sie hat darüber hinaus eine Einteilung dieser Waren nach den üblicherweise geforderten Kompensationsquoten vorgenommen. Auch hierbei handelt es sich nur um eine Orientierungshilfe. Bei den Vertragsverhandlungen besteht durchaus ein Spielraum, um Abweichungen von diesen Vorgaben durchzusetzen. Genauere Informationen stellt die Minerals and Metals Trading Corporation (Express Building, 9810 Bahadushah Zafar Marg, New Delhi 110002) zur Verfügung (89).

Pakistan

Pakistan verfügt über langjährige Countertrade-Erfahrungen mit den Ostblockstaaten (90). Die aktuelle Entwicklung scheint in Richtung auf einen verstärkten Einsatz der Rahmenvereinbarungen zu gehen, um trotz der Durchsetzung des Countertrades den einzelnen Firmen in Pakistan und in den Liefer- sowie Abnehmerländern einen möglichst großen Entscheidungs- und Gestaltungsspielraum zu belassen. Anlaufstelle für Fragen, die Gegengeschäftsvorhaben mit pakistanischen Firmen betreffen, ist Shamim Ahmed, General Manager Countertrade, Trading Corporation of Pakistan Ltd, Press Trust House, 11 Chundrigar Road, Karachi.

Neuseeland und Australien

Neuseeland

1979 wurde durch Kabinettsbeschluß eine informelle Countertrade-Politik formuliert. Demnach sollten bei staatlichen Beschaffungsvorgängen die ausländischen Anbieter angehalten werden, Vorschläge für Gegenkäufe oder die Beteiligung von Zulieferern aus Neuseeland zu unterbreiten. 1982 wurde sogar für alle größeren staatlichen Projekte ein Anteil von 30 Prozent für die heimische Wirtschaft verlangt (91). Im Juni 1987 sind Änderungen in der Countertrade-Politik Neuseelands eingetreten. Seit dieser Zeit enthalten die Ausschreibungen keine Klauseln mehr, nach denen die Anbieter auch Gegenkaufvorschläge unterbreiten sollen (92). Ob damit der Countertrade bei Einkäufen des Staates außen vor bleibt, ist allerdings zu bezweifeln. Meiner Ansicht nach handelt es sich hier eher um eine Maßnahme der Öffentlichkeitsarbeit. Die meisten westlichen Industrienationen nehmen offiziell eine distanzierte Haltung gegenüber dem Countertrade ein. Es ist daher nicht gerade geschickt, wenn ein Land wie Neuseeland zu deutlich Kompensationsforderungen stellt.

Australien

Im März 1986 wurde von der australischen Regierung ein überarbeitetes Offset-Programm für ausländische Anbieter bekanntgegeben, das sich auf Einkäufe staatlicher Stellen bezieht. Es erstreckt sich auf Verteidigungsgüter und zivile Einrichtungen, wie elektronische Anlagen, Güter der Kommunikationstechnik, zivile Flugzeuge, Kraftfahrzeuge und Computer. Weiterhin wurde 1986 ein Präferenz-Programm verabschiedet, nach dem bei Einkäufen des Staates, unabhängig davon, ob sie durch die Zentralregierung vorgenommen werden, möglichst australische Firmen zu berücksichtigen sind. Im *Anhang III* sind die gegenwärtig gültigen Vorschriften im Detail wiedergegeben.

Der Nahe und Mittlere Osten

Eine geradezu klassische Counter-Region ist der Nahe und Mittlere Osten einschließlich der nordafrikanischen Staaten. Hier wurden in der Vergangenheit teilweise außergewöhnliche Gegengeschäfte getätigt. Eindeutig im Vordergrund standen dabei Countertrade-Abschlüsse, bei denen Lieferungen der westlichen Industrienationen mit Erdöl bezahlt wurden. Über die aktuelle Bedeutung dieser als *Ölbarter* bezeichneten Kompensationsgeschäfte sind sich selbst die Experten nicht einig. Sicherlich ist aber der Ölbarter nicht tot, wie mancherorts verlautet. Mir scheint, daß diese Geschäfte – aus verständlichen Gründen – gegenwärtig viel diskreter abgeschlossen und abgewickelt werden als in der Vergangenheit.

Iran

Aus den Jahren 1981 und 1982 sind umfangreiche Kompensationsgeschäfte bekannt geworden. So wurde mit Neuseeland ein Geschäft mit einem Gesamtvolumen von rund 84 Millionen Pfund getätigt. Von Uruguay wurden 30 000 Tonnen Reis gegen entsprechende Erdöllieferungen getauscht. Bei einem Ölbarter mit Thailand ging es um 110 000 Tonnen Reis. Ein Milliardengeschäft wurde mit Rumänien vereinbart. Gegenstand waren Erdöllieferungen des Irans gegen verschiedene technische Produkte Rumäniens. Daß der Ölbarter auch bei Waffeneinkäufen eine Rolle spielte, bedarf kaum der Erwähnung. Ende 1982 kündigten – offensichtlich auf Druck anderer OPEC-Staaten – amtliche Stellen des Irans eine Einschränkung der Gegengeschäftspolitik an. Trotzdem wurden 1983 umfangreiche Countertrade-Abschlüsse getätigt, unter anderem ein 500-Millionen-Dollar-Geschäft mit China, ein 400-Millionen-Dollar-Geschäft mit Brasilien und ein Ölbarter mit Japan, der jährliche Öllieferungen im Werte von 770 Millionen Dollar zum Gegenstand hatte (93).

Über aktuelle Countertrade-Vorhaben liegen kaum Informationen vor. Die durch den Golfkrieg hervorgerufene Unsicherheit dürfte insgesamt zu einer Zurückhaltung beim Abschluß von Gegengeschäften beigetragen haben. Darüber hinaus werden die getätigten Geschäfte sehr diskret behandelt. Insgesamt werfen Countertrade-Abschlüsse auf Erdölbasis gegenwärtig erhebliche Probleme auf, da die zukünftige Entwicklung der Erdölpreise nicht abschätzbar ist. Es scheinen daher beim Countertrade mit dem Iran verstärkt andere Kompensationswaren eine Rolle zu spielen. Unabhängig von der Gegenware, kommt es bei Gegengeschäften mit dem Iran nach wie vor darauf an, die Zuständigkeiten der einzelnen Ministerien zu kennen und zu berücksichtigen.

Irak

In der Vergangenheit wurden in großem Stil Waffenkäufe mit Erdöl bezahlt. Durch den Verfall der Erdölpreise und den Golfkrieg nahm die Zahlungsfähigkeit des Iraks so stark ab, daß sogar für die Tilgung der Geldschulden Öllieferungen angeboten werden mußten (94). Unter anderem gingen japanische Firmen auf solche Vorschläge ein. Nach wie vor liefert der Ölbarter die Möglichkeit, Quoten- und Preisabsprachen im Rahmen der OPEC zu unterlaufen. Insofern dürfte dieses Marketing-Instrument weiterhin eine große Rolle spielen. Freilich wird man im Irak noch mehr Wert als früher darauf legen, die Geschäfte so abzuwickeln, daß den anderen Kartellmitgliedern kein Anlaß zur Kritik gegeben wird. Für Countertrade-Abschlüsse auf Erdölbasis mit dem Irak ist folgende Stelle zuständig: The President, Oil Marketing Board, PO Box 5118, Baghdad (95).

Tunesien

In Tunesien ist eine staatliche Organisation für den Countertrade verantwortlich (Centre de Promotion des Exportations (CEPEX), 8 rue de Médine, Tunis). Sie hat unter anderem einen Mustertext für Rahmenabkommen auf Gegengeschäftsbasis (Framework agreement on countertrade purchases) veröffentlicht. Demnach muß sich der ausländische Anbieter dazu verpflichten, für einen bestimmten Teil seiner Verkäufe, der im einzelnen vertraglich zu vereinbaren ist, Gegenlieferungen in Form tunesischer Produkte, die ebenfalls im Einzelfall konkretisiert werden, zu akzeptieren. Eine Übertragung der Kompensationsverpflichtungen auf eine Drittpartei ist möglich, wenn die CEPEX über diese Drittpartei sowie das Absatzgebiet informiert wird und keine Einwände erhebt. Falls die Gegengeschäftsverpflichtungen nicht erfüllt werden, wird eine Vertragsstrafe in Höhe von 10 Prozent des Wertes der abzunehmenden Kompensationswaren fällig. Der Betrag ist bei Vertragsabschluß in Form einer Bankgarantie zu hinterlegen (96).

Obwohl an sich Countertrade-Abschlüsse staatlich genehmigt werden müssen, hat es offensichtlich in der Vergangenheit Gegengeschäfte an den Behörden vorbei gegeben. Dies hatte zur Folge, daß tunesische Exportprodukte zeitweilig unter dem Marktpreis verkauft wurden. Angesichts dieser schlechten Erfahrungen nehmen tunesische Stellen gegenüber dem Countertrade gegenwärtig eine kritische Position ein. Mit einem Verbot des Countertrades ist aber wohl nicht zu rechnen.

Algerien

Bei umfangreichen Exporten nach Algerien haben Gegengeschäfte immer eine Rolle gespielt. Seit 1980 scheint sich der Countertrade-Druck zu verstärken. Gegengeschäftsforderungen sind seit dieser Zeit auch bei mittelgroßen Geschäften festzustellen. Obwohl es keine offizielle Countertrade-Politik gibt, werden Gegengeschäftsabschlüsse vom Staat gefördert. Unter anderem wurde von den Behörden eine Liste von etwa 100 algerischen Produkten zusammengestellt, auf die Firmen, die nach Algerien verkaufen wollen, hingewiesen werden. Offensichtlich fallen die Gegengeschäftsforderungen von einer staatlichen Gesellschaft zur anderen unterschiedlich aus. Das gilt nicht nur bezüglich der angebotenen Kompensationswaren – wobei neben Erdöl und Erdölprodukten auch Textilien, Kunststofferzeugnisse, fertige und halbfertige Metallerzeugnisse sowie landwirtschaftliche Produkte (wie Olivenöl, Wein und Datteln) eine Rolle spielen –, sondern auch für die Kompensationsquote (97).

Ägypten

Ägypten hat dem Countertrade gegenüber stets eine aufgeschlossene Position eingenommen. Gegengeschäfte haben besonders beim Warenaustausch mit Staatshandelsländern eine Rolle gespielt. Typische Kompensationswaren sind Baumwolle, Früchte, Gemüse, Phosphat, Parfüm. Darüber hinaus kommen, je nachdem, welche Firmen in den Countertrade einbezogen werden, weitere Produkte für Gegenlieferungen in Betracht. Obwohl es bisher keine offizielle Gegengeschäftspolitik gibt, wird damit gerechnet, daß bei staatlichen Beschaffungsvorgängen Kompensationsforderungen selbstverständlich werden. Welche Rolle der Countertrade gegenwärtig für Ägypten spielt, wird daran deutlich, daß 1986 vierundzwanzig Gegengeschäfte kontrahiert wurden. Das Gesamtvolumen dieser Geschäfte soll bei rund 1 200 Millionen US-Dollar liegen. Als Gegenwaren spielen Baumwolle, Baumwollgarn sowie Textilien eine besondere Rolle. Gegengeschäftspartner sind Organisationen Osteuropas, Firmen Westeuropas, arabische, asiatische und afrikanische Staaten sowie die USA (98). Als Countertrade-Variante scheint das Rahmenabkommen an Bedeutung zu gewinnen.

Jordanien

1983 wurden alle Ministerien und staatliche Organisationen vom Premier Minister angewiesen, bei staatlichen Einkäufen solchen ausländischen Anbietern den Vorrang zu geben, die entsprechende Einkäufe in Jordanien tätigen. Es geht dabei in erster Linie um Phosphat und Pottasche. Für die Phosphat-Verkäufe ist die National Phosphat Mining Company zuständig (99). Seit 1987 ist Jordanien offensichtlich verstärkt bemüht, auch andere Produkte via Kompensation abzusetzen. Primär handelt es sich dabei um landwirtschaftliche Erzeugnisse, wobei in der Regel die Jordan's Agricultural Marketing and Processing Company (AMPCO) eingeschaltet wird. Gegenwärtig werden Gegengeschäfte mit Polen und Frankreich diskutiert. Als Gegenlieferungen Jordaniens sind Äpfel im Gespräch. Auch kernlose Weintrauben, süßer Pfeffer, Bohnen und Pampelmusen werden als Kompensationswaren genannt (100).

Israel

Seit 1967 gibt es in Israel für Regierungskäufe eine Richtlinie, nach der ausländische Anbieter, die sich zu Gegenkäufen verpflichten, zu bevorzugen sind. Gegenwärtig kann man davon ausgehen, daß bei jedem staatlichen Beschaffungsvorgang, der sich über ein Volumen von mehr als 100 000 US-Dollar erstreckt, der Countertrade eine Rolle spielt. Obwohl zahlreiche arabische Länder offiziell den Handel mit Israel boykottieren, sollen in der jüngsten Vergangenheit Geschäfte zwischen diesen Staaten und Israel im Werte von rund 500 Millionen US-Dollar zustande gekommen sein. Dies war offensichtlich nur mit Hilfe von Countertrade-Transaktionen möglich, bei denen drei und mehr Gegengeschäftsparteien eingeschaltet wurden (101).

Firmen, die mit staatlichen Stellen in Israel Gegengeschäfte tätigen wollen, sollten beachten, daß es eine zentrale Koordinierungsstelle gibt, die für solche Abschlüsse letztlich zuständig ist. Es handelt sich dabei um die Israel Corporation Authority (35 Shaul Hameleck Boulevard, PO Box 33231, Tel Aviv 61231). Auch das Interesse der Privatwirtschaft in Israel am Countertrade scheint zuzunehmen. So verfügen Industrieunternehmen wie CLAL, Koor Industries und die Eisenberg Group inzwischen über Firmen oder Organisationseinheiten, die auf Gegengeschäfte spezialisiert sind (102).

Libyen, Katar, Türkei, Saudi-Arabien, Kuwait und Syrien

Über diese Staaten liegen nur wenige countertraderelevante Informationen vor. Fest steht jedoch, daß auch für diese Staaten Gegengeschäftsabschlüsse keine Seltenheit sind. Bei Anlagenverkäufen an Libyen mußten beispielsweise in der Vergangenheit fast immer Erdöllieferungen als Bezahlung akzeptiert werden. Eine anschauliche Fallstudie über einen solchen Ölbarter mit Libyen bietet Backhaus in seinem Buch „Fallstudie zum Investitionsgüter-Marketing" (103). Auch Waffenkäufe düften in der Regel mit Erdöl bezahlt worden sein. Bekannt geworden ist, daß sowjetische Waffenlieferungen im Werte von 10 Milliarden US-Dollar mit Erdöl beglichen wurden (104).

Saudi-Arabien soll den Ölbarter bisher relativ selten praktiziert haben. Eine Countertrade-Enthaltsamkeit ist jedoch nicht festzustellen. 1985 wurden beispielsweise von dem US-amerikanischen Flugzeugkonzern Boeing 10 Flugzeuge des Typs 747 zu einem Preis von rund 1 Milliarde US-Dollar gekauft und vollständig mit Erdöl bezahlt (105).

Darüber hinaus sind Offset-Vereinbarungen bei Waffenlieferungen an Saudi-Arabien die Regel. Meistens wird verlangt, daß 30 bis 35 Prozent des Auftragswertes an Firmen in Saudi-Arabien zu vergeben sind (106). Auch Katar war in der Vergangenheit an Gegengeschäften beteiligt, wobei als Kompensationsware Erdöl angeboten wurde (107). Die Türkei tätigt einen Großteil ihrer Öleinkäufe mit Hilfe des Countertrades. Darüber hinaus verlangt sie im Rahmen der staatlichen Beschaffungspolitik Offset-Geschäfte mit dem Ziel, heimische Zulieferer ins Geschäft zu bringen (108). Kuwait hat Erdölverarbeitungsanlagen mit Rückkaufgeschäften finanziert (109). Syrien hat 1986 eine Countertrade-Arbeitsgruppe (Countertrade Committee) unter Leitung von Dr. Taha Bali (Deputy Minister for the Economy) eingerichtet, die unter anderem folgende Aufgaben und Rechte hat: Prüfung sämtlicher Anfragen zum Thema Countertrade, Zustimmung oder Ablehnung zu/von Countertrade-Vorhaben und Bestimmung der Institutionen, die einzuschalten sind (110).

Afrika

Die Bedeutung Afrikas für den Countertrade war in der Vergangenheit gering. Lediglich Südafrika und Nigeria erzielten ein nennenswertes Countertrade-Volumen. Die Zurückhaltung der anderen afrikanischen Staaten bei den Gegengeschäften wird auf drei Gründe zurückgeführt:

- auf eine mangelnde Koordinierungsfähigkeit der staatlichen Stellen,
- auf den Einfluß des Internationalen Währungsfonds, der bei einer Kreditvergabe eine Countertrade-Abstinenz fordert, und
- auf die Furcht, durch den Countertrade die Cash-Geschäfte zu gefährden (111).

Countertrader rechnen allerdings damit, daß die Bedeutung dieser Faktoren in naher Zukunft abnehmen wird. Man erwartet einen Anstieg der Gegengeschäfte, da die afrikanischen Staaten zum einen wegen ihrer Verschuldungssituation zu einem verstärkten Einsatz dieses Marketing-Instruments gedrängt werden und zum anderen aufgrund der Rohstoffvorkommen relativ gute Voraussetzungen für den Countertrade mitbringen (112). Wie unsicher jedoch Prognosen über die Entwicklung des Countertrades im afrikanischen Raum sind, wird am Beispiel Nigerias deutlich: In der jüngsten Vergangenheit erzielte Nigeria etwa 85 Prozent seiner Hartwährungseinnahmen durch Erdölverkäufe. 1980 wurde dieses Land, wie sämtliche erdölexportierenden Staaten, von dem Preisverfall auf den Erdölmärkten stark getroffen. Die notwendigen Exporteinnahmen blieben aus. Die Verschuldung stieg außergewöhnlich an. Dies hatte negative Auswirkungen für die gesamte nigerianische Wirtschaft. In Anbetracht der Tatsache, daß bei anderen Staaten, die eine mehr oder weniger systematische Countertrade-Politik betrieben (beispielsweise Algerien, Indonesien und Brasilien), zumindest zunächst weniger starke Einbußen bei den Exporten eintraten, dachte man in Nigeria über eine Förderung des Countertrades nach. 1984 kam es zu einem Anstieg der Gegengeschäfte, obwohl keine offizielle Countertrade-Politik formuliert wurde. Immerhin wurden 1985 16 Prozent des Außenhandels im Rahmen von Countertrade-Abschlüssen abgewickelt (113). Unter anderem ist ein Vertrag über 500 Millionen Dollar mit Brasilien bekannt geworden (114). Teilweise erbrachten die Gegengeschäfte nicht den erwarteten Erfolg, so daß der Countertrade von staatlichen Stellen in Nigeria gegenwärtig differenzierter beurteilt wird. Zwei Tendenzen deuten sich dabei an. Erstens strebt Nigeria offensichtlich verstärkt solche Abschlüsse an, bei denen durch das Gegengeschäft die Investitionsgüterbeschaffung gefördert wird. Countertrade zum Zwecke des Konsumgüterimports wird zunehmend abgelehnt. Zweitens ist man darum bemüht, den Absatz von Nicht-Erdöl-Produkten durch Kompensationsgeschäfte zu fördern (115).

Mittelamerika

Die Länder Mittelamerikas verfügen über relativ kleine Märkte und wenige exportfähige Güter. Sie erzielen daher insgesamt nur ein geringes Countertrade-Volumen. Eine Ausnahme bilden Mexiko und Jamaika, deren Gegengeschäfte durchaus einen nennenswerten wertmäßigen Umfang erreichen. Auch wenn das Countertrade-Volumen der mittelamerikanischen Staaten gering ist, so bedeutet dies nicht, daß keine Kompensationsgeschäfte getätigt werden. Kuba, Nicaragua, Costa Rica, die Dominikanische Republik und Guatemala haben sogar countertradespezifische Rechtsvorschriften.

Für Kuba sind Gegengeschäfte mit den europäischen Staatshandelsländern mehr oder weniger selbstverständlich. Das Ergebnis dieser Transaktionen wird allerdings nicht immer positiv beurteilt, da die Qualität der Gegenlieferung zu wünschen übrig läßt. Man erkennt daher Versuche Kubas, den Countertrade mit den westlichen Industrienationen zu beleben.

Relativ bekannt sind die Gegengeschäfte, an denen Jamaika beteiligt ist, das seine Bauxit-Vorkommen einsetzt, um Technologie und landwirtschaftliche Produkte zu importieren. Teilweise handelt es sich hierbei um Abschlüsse auf Regierungsebene (116). 1982 wurde beispielsweise ein Vertrag zwischen der Regierung von Jamaika, vertreten durch die Bauxite and Alumina Trading Company Ltd., und der Regierung der Vereinigten Staaten von Amerika, vertreten durch die Commodity Credit Corporation, abgeschlossen, nach dem 400 000 Long Dry Tons Bauxit gegen Trockenmilch und ähnliche Produkte ausgetauscht werden sollten (117). Als Vermittler für Countertrade-Abschlüsse sind unter anderem die beiden nachfolgend aufgeführten Organisationen tätig (118):

Jamaica Commodity Trading Co. Ltd
8 Ocean Boulevard
80 Box 47
Kingston
Jamaica

Jamaica National Export Organisation
89 Waterloo Road
80 Box 645
Kingston 10
Jamaica

Südamerika

Südamerika hatte in der Vergangenheit keinen großen Anteil am Countertrade. In den letzten Jahren ist jedoch teilweise ein rapider Anstieg der Gegengeschäfte festzustellen. Die meisten südamerikanischer Staaten sind international stark verschuldet, so daß sich von daher in vielen Fällen ein Zwang zur Kompensation ergibt. Nachfolgend soll die Situation einiger südamerikanischen Staaten kurz dargestellt werden.

Brasilien

Von den südamerikanischen Staaten ist Brasilien die Nation, die den Countertrade am häufigsten einsetzt. Bisher gibt es in Brasilien keine Countertrade-Gesetzgebung. Staatliche Stellen fördern jedoch den Countertrade, indem sie entsprechende Leitlinien veröffentlichen. Dies gilt besonders für das Außen- und das Handelsministerium sowie die Zentralbank. Daneben gibt es bestimmte Exportförderungsprogramme, in deren Rahmen Importe nur dann zugelassen werden, wenn gleichwertige Exporte garantiert werden. Es ist bei Einfuhren nach Brasilien nicht leicht, eine Importlizenz zu bekommen. Vielfach gelingt dies nur, wenn man die Behörden davon überzeugen kann, daß man im gleichen Umfang in Brasilien Einkäufe tätigt, die anders nicht zustande gekommen wären. Häufig ist es sinnvoll, die Außenhandelsabteilung der Bank of Brazil einzuschalten. Die Abteilung mit der Bezeichnung Cacex verfügt über eine Unterabteilung, die auf Countertrade-Abschlüsse spezialisiert ist. Brasilien hat breite Erfahrungen auf dem Gebiet des Countertrades. In der Vergangenheit wurden die unterschiedlichsten Varianten praktiziert, unter anderem auch Dreiecksgeschäfte. Häufige Gegengeschäftspartner brasilianischer Organisationen sind andere lateinamerikanische Staaten. So ist unter anderem ein Geschäft über 400 Millionen Dollar mit Peru bekannt geworden, im Rahmen dessen Kupfer, Silber und Zink von Peru geliefert wurden. Brasilien lieferte im Gegenzug Radreifen, Ausrüstung für den Bergbau und Nahrungsmittel. Noch wichtiger als die Nachbarländer sind jedoch die erdölexportierenden Staaten als Gegengeschäftspartner. So sind unter anderem große Countertrade-Abschlüsse mit dem Iran, Irak, Angola und Nigeria bekannt geworden. Bei einem 1985 mit Nigeria abgeschlossenem Gegengeschäft ging es beispielsweise um Erdöleinkäufe in einem wertmäßigen Umfang von 500 Millionen Dollar, die mit Eisenerz, Anlagen, Chemie-Produkten und landwirtschaftlichen Erzeugnissen bezahlt wurden. Als Ansprechpartner bei Countertrade-Vorhaben mit Brasilien kommen unter anderem folgende Organisationen in Betracht (119):

CACEX − Brazilian Foreign Trade Department
DEPEM/SETOC-Promotion and Marketing Department
Av. Rio Branco 65/Sala 907
20090 − Rio de Janeiro − RJ

ABCE − Brazilian Trading Companies Association
Rua da Quitanda 191/6⁰ andar
20091 − Rio de Janeiro − RJ

Interbrás − Petróleo Comércio Internacional SA
Rua 1⁰ de Março 23/7⁰ andar
20010 − Rio de Janeiro − RJ

Koordinator für Countertrade-Operationen ist
Dr. Márcio Ache

Argentinien

In Argentinien wurde 1984 ein Exportförderungsgesetz erlassen, das unter anderem auch auf einen verstärkten Einsatz des Countertrades ausgerichtet ist. Nach diesem Gesetz und zweier darauf aufbauender Verordnungen sind zwei Gruppen von Countertrade-Abschlüssen zu unterscheiden: Abschlüsse auf Regierungsebene und Abschlüsse zwischen Privatfirmen. Für diese beiden Typen von Gegengeschäften gelten verschiedene Vorschriften. Weiterhin sind Fristen für die Kompensationsvorgänge zu beachten. So müssen beispielsweise Gegengeschäfte, bei denen es um Rohstoffe geht, innerhalb von 180 Tagen abgewickelt werden. Bei anderen Gütern beträgt der Abwicklungszeitraum nur 60 Tage (119).

Venezuela

Um die durch das Absinken der Erdölpreise hervorgerufenen wertmäßigen Exporteinbußen auszugleichen, setzte Venezuela in den letzten Jahren verstärkt auf den Countertrade. Die staatliche Entwicklungsgesellschaft (Corporación Venezolana de Guayana) schloß zahlreiche Gegengeschäfte ab. In der Regel waren dann Tochterfirmen dieser Entwicklungsgesellschaft beteiligt, beispielsweise die Unternehmen Ferrominera, eine Bergbaugesellschaft, Alcasa's und CVG International. Im Rahmen solcher Countertrade-Abschlüsse wurden Eisenerz, Bauxit und Aluminium gegen Flugzeuge, Baumaschinen und Telefonanlagen verkauft. Teilweise wurde das Gegengeschäft auch zur Schuldentilgung eingesetzt (119).

Peru

Die staatlichen Stellen Perus streben einen Ausbau des Countertrades an, um besonders den Export von Produkten zu fördern, die bisher kaum auf den internationalen Märkten abgesetzt werden konnten. Im März 1987 wurde eine Countertrade-Arbeitsgruppe eingerichtet. Seit dieser Zeit ist ein deutlicher Anstieg der Gegengeschäftsabschlüsse erkennbar. Der Countertrade-Arbeitsgruppe gehören Vertreter der Ministerien, der Nationalbank und der Privatwirtschaft an (120).

Nordamerika und Westeuropa

Die Staaten Nordamerikas und Westeuropas muß man wegen der engen wirtschaftlichen Beziehungen als eine Countertrade-Region ansehen. Insgesamt ist in diesen Staaten ein geradezu erstaunlicher Trend zur Kompensation erkennbar. Der Countertrade ist heute für jede westliche Industrienation von Bedeutung. Abschlüsse zwischen Firmen aus diesen Ländern werden allerdings in der Regel diskret behandelt. Demzufolge bilden die bekanntgewordenen Countertrade-Transaktionen nur die Spitze eines Eisbergs. Zu beachten ist, daß der Countertrade von den einzelnen Staaten mit unterschiedlicher Intensität betrieben wird.

USA

Wenn man sich zahlreiche offizielle Stellungnahmen ansieht, so dürfte der Countertrade in den Vereinigten Staaten von Amerika nur ein kümmerliches Dasein fristen. Das Gegenteil ist jedoch der Fall. Countertrade wird seit Jahren von amtlichen Stellen eingesetzt, um strategische Rohstoffe zu beschaffen und Überschüsse landwirtschaftlicher Erzeugnisse loszuschlagen. Einige Forschungsarbeiten belegen dies ganz eindeutig (121).

Interessant ist, daß in den Vereinigten Staaten nicht nur das internationale Gegenge-schäft eine Renaissance erfahren hat, sondern auch ein Boom an nationalen Barter-transaktionen zu verzeichnen ist (122). Internationale Gegengeschäfte kommen kei-neswegs nur mit Hilfe staatlicher und halbstaatlicher Stellen zustande. Auch die Pri-vatwirtschaft in den USA verfügt inzwischen über ein ausreichendes Counter-trade-Know-how. Zahlreiche Unternehmen sind dem Verband der US-amerikani-schen Countertrader, der *American Countertrade Association,* angeschlossen. Die Mitgliedschaft ist auf Firmen beschränkt, die US-amerikanische Güter herstellen. Bundesdeutsche Unternehmen können also über Tochterunternehmen in den Verei-nigten Staaten von Amerika Mitglieder dieses Verbandes werden. Wer sich für eine Mitgliedschaft interessiert, wendet sich am besten an den Vorsitzenden der American Countertrade Association, Dan West, Director, Countertrade, Monsanto Internation-al, 8000 N. Lindbergh Boulevard, St. Louis, Missouri 63167, USA; (Tel. 314/694-1000).

Von zunehmender Bedeutung sind die Vereinigten Staaten für Offset-Abschlüsse. Es scheint sich hier eine Drehscheibe für solche Transaktionen herauszubilden. Dazu hat sicherlich beigetragen, daß eine der führenden Firmen auf dem Gebiet des Counter-trades, die MG Services Company, in New York eine spezielle Einheit für die Abwick-lung von Offset-Geschäften aufgebaut hat. Wer sich für diese Dienstleistung der Me-tallgesellschaft Services interessiert, wendet sich am besten an Douglas L. Olson, Seni-or Vice President, Offset-Group, MG Services Company, 520 Madison Avenue, New York, New York 10022; Tel. 212/715-5610.

Österreich

Auch heute noch ist Österreich die führende Nation bei der Konstruktion sowie Ab-wicklung von Gegengeschäften mit dem Osten. Österreich verfügt über eine Vielzahl von Firmen, die teilweise über Jahrzehnte im Osthandel tätig sind und die somit auf dem Gebiet des Countertrades über ein außergewöhnliches Know-how verfügen. Die meisten dieser Countertrade-Firmen sind in Wien ansässig. Die größte und bedeutend-ste österreichische Spezialunternehmung auf dem Gebiet der Kompensation hat ihren Sitz hingegen in Linz. Es handelt sich um die Firma Intertrading Ges.m.b.H., eine Tochterunternehmung der Voest Alpine. Das Handelshaus, das von Dr. Siegfried Purrer geleitet wird, ist nicht nur im Osthandel tätig, sondern operiert weltweit.

Neben österreichischen Kompensateuren sind in Österreich – und dabei vornehmlich in Wien – auch Countertrade-Firmen (Handelshäuser, Banken usw.) aus anderen Staaten vertreten, die dort Zweigniederlassungen oder Büros eingerichtet haben.

Wie eine aktuelle Studie zur Bedeutung des Countertrades in Österreich zeigt (123), wird gegenüber der Kompensation überwiegend eine passive Haltung eingenommen. Man wartet die Gegengeschäftswünsche der Gegenseite ab. In den letzten Jahren ist al-lerdings eine deutliche Zunahme von Countertrade-Abschlüssen erkennbar, die von österreichischer Seite initiiert wurden. Ausländischen Lieferanten wurden bei Automobileinkäufen häufig Kompensationsverpflichtungen abgerungen. Bei Rüstungs-einkäufen waren Offset-Geschäfte die Regel. So mußte beispielsweise der schwedische SAAB-Scania-Konzern bei einer Lieferung von 24 Abfangjägern nach Österreich eine Kompensationsquote von 130 Prozent akzeptieren. Um den Kompensationsverpflich-tungen nachkommen zu können, richtete SAAB-Scania ein Einkaufsbüro in Wien ein (124).

Belgien

Bei Regierungseinkäufen spielen Offset-Geschäfte eine zunehmende Rolle. Das gilt für die Beschaffung ziviler Güter und Waffen gleichermaßen. Von dem für die Off-set-Politik zuständigen belgischen Wirtschaftsministerium wird zwar behauptet, daß nur Rüstungseinkäufe ab einem Volumen von 10 Millionen Belgischen Franken mit Gegenkaufverpflichtungen verbunden werden, es gibt aber Anhaltspunkte dafür, daß in der Vergangenheit auch bei geringeren Einkaufswerten Gegengeschäfte eine Rolle gespielt haben. Für Beschaffungsvorgänge, die in den Bereich der staatlichen Off-set-Politik fallen, gilt folgendes: In die engere Wahl kommen zunächst nur die Ange-bote, die in puncto Qualität den geforderten Standard aufweisen. Weiterhin müssen die Angebote in preislicher Hinsicht den Vorstellungen der Beschaffungsstelle entspre-chen. Erst wenn mehrere Firmen diesen beiden Kriterien genügen, spielt das Off-set-Geschäft als Auswahlgesichtspunkt eine Rolle. Probleme entstehen dadurch, daß die belgische Offset-Politik nicht klar genug formuliert wurde. Ein Punkt, der offen-sichtlich bei der Lieferantenwahl von besonderer Bedeutung ist, ist die Aufteilung der Gegenkäufe auf den flämischen und wallonischen Teil Belgiens. Je gleichmäßiger die potentiellen Gegenkäufe oder Zulieferungen auf die beiden Landesteile verteilt wer-den, um so günstiger ist die Position der anbietenden ausländischen Firma (125).

Griechenland

In Westeuropa betreibt gegenwärtig Griechenland die systematischste Counter-trade-Politik. Bei Einkäufen staatlicher und halbstaatlicher Stellen kommt ein auslän-discher Lieferant ohne die Inkaufnahme von Gegengeschäftsverpflichtungen nur noch in wenigen Ausnahmefällen zum Zuge. Als Kompensation werden von den grie-chischen Behörden neben der Abnahme griechischer Produkte im Fall entsprechender Bauleistungen in Griechenland auch Zulieferungen griechischer Firmen anerkannt. Falls sich ein ausländischer Anbieter im Rahmen einer potentiellen Gegenkaufver-pflichtung dazu entschließt, griechische Waren zu beziehen, ist die International Tra-ding Company (ITCO) einzuschalten (Anschrift: 44 Vas Constantinou, 11635 Athen, Griechenland). Es handelt sich dabei um eine halbstaatliche Exportförderungsgesell-schaft. Bei allen anderen Varianten des Countertrades ist die Zustimmung des Han-dels- und Industrieministeriums einzuholen (126).

Frankreich

Offizielle Stellen Frankreichs beurteilen den Countertrade als Exportförderungsinstrument sehr vorsichtig. In der Regel wird die Auffassung vertreten, daß es sich bei der Kompensation um ein unvermeidbares Übel handelt. Fest steht, daß Frankreich zu den bedeutendsten Countertrade-Nationen zählt, und dies nicht nur aufgrund umfangreicher Rüstungsexporte. Wie ernst staatliche Stellen Frankreichs den Countertrade nehmen, erkennt man daran, daß im französischen Finanzministerium eine Spezialabteilung, die „Direction des Relations Economiques Extérieure" (DREE), eingerichtet wurde, zu deren Aufgaben es zählt, die Regierung in Sachen Countertrade zu beraten. Unter anderem hat sie zu prüfen, inwieweit französische Importe für die Exportförderung nutzbar gemacht werden können (127). Weiterhin wurde bereits 1977 die ACECO (Association pour la Compensation des Echanges Commerciaux) gegründet, eine Organisation, die ihren Mitgliedsfirmen aus den Bereichen Industrie, Handel und Banken Countertrade-Dienstleistungen zur Verfügung stellt. Bundesdeutsche Firmen, die über Tochterunternehmen in Frankreich verfügen, sollten sich bemühen, über diese Konzerngesellschaften Mitglied in dieser französischen Vereinigung zu werden, deren Countertrade-Know-how in Fachkreisen bekannt ist. Die Dienstleistungen der ACECO umfassen unter anderem die Prüfung konkreter Countertrade-Vorhaben, Beratung bei der Vertragsgestaltung, Hilfestellung bei der Suche nach Endabnehmern, laufende Informationen über die aktuellen Entwicklungstrends auf dem Gebiet des Countertrades und die Durchführung von Seminaren zum Thema Kompensation (128). Die Anschrift dieser Organisation lautet: ACECO, 28 avenue Hoche, 75008 Paris.

Niederlande

Von den staatlichen Stellen der Niederlande wird häufig behauptet, sie würden die Auffassung vertreten, der Countertrade sei keine wünschenswerte Variante des internationalen Handels. In einer Marktwirtschaft habe allerdings die einzelne Firma zu entscheiden, welche Marketing-Instrumente sie einsetze. Ob diese Position immer durchgehalten wird, ist zu bezweifeln. Zumindest bei einigen staatlichen Beschaffungsvorgängen sollen in der jüngsten Vergangenheit von niederländischer Seite Offset-Geschäfte initiiert worden sein. Fest steht, daß das Außenhandelsministerium der Niederlande über eine Zentralstelle für Kompensationsgeschäfte verfügt. Die genaueren Aktivitäten dieser staatlichen Stelle sind bisher nicht bekannt geworden.

Ausländische Firmen, die sich für Lieferungen an holländische Behörden interessieren oder die sich an Großvorhaben in den Niederlanden beteiligen wollen, sollten grundsätzlich mit einer Aufforderung zum Countertrade rechnen und rechtzeitig Angebote entwickeln. Neben der genannten Stelle gibt es in den Niederlanden eine halbstaatliche Einrichtung, die auf Fragen der Kompensation spezialisiert ist: Die Countertrade-Zentrale der Rotterdamer Handelskammer. Sie fungiert als Informationsbörse, die zwischen interessierten Industrieunternehmen und Handelshäuser in Holland bei anstehenden Countertrade-Problemen Kontakte herstellt (129). Bundesdeutsche Unternehmen, die über Konzerntöchter in Holland verfügen, sollten sich darüber informieren, inwieweit Chancen bestehen, an dieser Dienstleistung zu partizipieren.

Großbritannien

Offiziell wird der Einsatz des Countertrades als Rückschritt im internationalen Handel bewertet. Man rechnet von amtlicher Seite mit Störungen des Wettbewerbs, besonders mit einer Zunahme der Dumping-Problematik. Auf der anderen Seite sehen die Behörden, daß die außergewöhnlichen Zuwachsraten, die der Countertrade weltweit zu verzeichnen hat, dazu führen, daß britische Firmen verstärkt auf die Gegengeschäftsforderungen stoßen. Man unterläßt es daher bewußt, die britischen Firmen durch Betonung der wettbewerbsrechtlichen Problematik zu verunsichern. Statt dessen wurde im Außenhandelsministerium eine Beratungsstelle eingerichtet, die die britischen Firmen mit Countertrade-Know-how versorgt. Die Abteilung wird von Mark Jones geleitet (Anschrift: Projects and Export Policy Division, Branch 3 A, Department of Trade and Industry, 1-19 Victoria Street, London, SWJH OET). Wer über Tochterfirmen in Großbritannien verfügt oder britische Unternehmen in anstehende Countertrade-Projekte einschalten will, sollte mit Mark Jones Kontakt aufnehmen.

Neben dieser staatlichen Spezialabteilung finden sich in London weitere interessante Ansprechpartner. Die britische Hauptstadt macht inzwischen Wien als Drehscheibe für Gegengeschäfte zunehmend Konkurrenz. Es zeichnet sich eine gewisse Spezialisierung ab. Während Wien seine führende Position für Countertrade-Abschlüsse mit dem Osten beibehält, entwickelt sich London zur Basis für Kompensationsgeschäfte mit anderen Countertrade-Regionen. Im Anhang IV (Liste der Kompensationsspezialisten) finden sich auch Hinweise auf entsprechende britische Firmen. Wie wichtig London für den Countertrade ist, wird daran deutlich, daß die führende weltweit operierende Spezialgesellschaft für Countertrade-Abschlüsse, die Metallgesellschaft Services, ihren Hauptstützpunkt in der britischen Hauptstadt hat. Bundesdeutsche Firmen, die mit MG-Services bei der Abwicklung von Gegengeschäften zusammenarbeiten wollen, wenden sich am besten unmittelbar an Direktor Lorenz Fischer-Zernin, MG-Services, 1 Albermarle Street, London W1X 3HF (Tel. 01/01 491 24 88). Es sei darauf hingewiesen, daß es sich für die Metallgesellschaft Services in der Regel nur dann lohnt, in ein Countertrade-Projekt einzusteigen, wenn entsprechende Einkaufsmengen zur Debatte stehen. Bei einer Anfrage sollte man daher möglichst schnell das geschätzte Volumen zur Sprache bringen, um nicht unnötig Zeit zu verlieren.

Norwegen

Bei Großprojekten sind Gegengeschäftsforderungen von norwegischer Seite keine Seltenheit. Auch bundesdeutsche Unternehmen haben mit Norwegen bereits Kompensationsgeschäfte abgewickelt. In der Regel geht es bei solchen Abschlüssen um die Beschaffung von Rüstungsgütern. In der Finanzierung von Gegengeschäften haben besonders drei norwegische Banken Erfahrungen, und zwar die Norske Creditbank, die Bergen Bank und die Christiania Bank. Darüber hinaus besitzen zahlreiche norwegische Gesellschaften Countertrade-Know-how.

Schweden

Bereits 1983 wurden rund 15 Prozent des schwedischen Außenhandels mit Hilfe von Gegengeschäften abgewickelt, und die Bedeutung des Countertrades hat weiter zugenommen. Der Staat hält sich bei Kompensationsgeschäften weitgehend zurück. Gleichwohl wird nicht verkannt, daß sich nicht jede private Unternehmung eine Countertrade-Einheit leisten kann. Von staatlichen Stellen wurde daher die Gründung einer privaten Nonprofit-Organisation gefördert, deren Aufgabe es ist, den schwedischen Firmen bei der Bewältigung von Countertrade-Problemen zu helfen. Es handelt sich um die Swedish Foreign Trade Compensation Co. (SUKAB), Birger Jarlsgatan 2, Stockholm, Schweden. Zu den Hauptaufgaben dieser Organisation, die inzwischen 300 Kunden (ein Drittel Exporteure und zwei Drittel Importeure) betreut, zählen folgende Aktivitäten (130):

— der Abschluß und die Verwaltung von bilateralen Handelsabkommen mit Ländern, deren Währung nicht konvertibel ist,
— die Unterstützung der heimischen Firmen bei der Bewältigung von Countertrade-Problemen und
— der Versuch, eine Verbindung zwischen dem überschüssigen Warenangebot bestimmter Länder und dem Verkauf schwedischer Produkte herzustellen.

Für ihre Bemühung verlangt die SUKAB in der Regel eine Gebühr von 0,25 bis 1 Prozent des vermittelten Verkaufswertes.

Neben dieser Organisation, die grundsätzlich sämtlichen schwedischen Unternehmen zur Verfügung steht, besitzen einige schwedische Konzerne eigene Countertrade-Firmen. Eine der bekanntesten dieser Unternehmungen ist die Alfa-Laval Intertrade GmbH mit Sitz in Wien.

Schweiz

In der Schweiz ist eindeutig eine Tendenz zum Countertrade erkennbar. Einige Großunternehmen haben in den letzten Jahren Stellen für Countertrade-Spezialisten geschaffen. Eine aktuelle Untersuchung (131) zeigt, daß der schweizerischen Industrie Gegengeschäfte nicht nur aufgezwungen werden, sondern einzelne Firmen den Countertrade aktiv einsetzen. Zu den wichtigsten Countertrade-Partnern der Schweiz zählen Belgien, Dänemark, Frankreich, Norwegen, Portugal, Australien, Kanada, China, Neuseeland,Indonesien, Iran, Irak und Saudi-Arabien (132). Die große Bedeutung der europäischen Staaten bei den Gegengeschäften der Schweiz ist teilweise darauf zurückzuführen, daß die schweizerischen Behörden bei der Beschaffung von Rüstungsgütern eine systematische Offset-Politik praktizieren.

13. Eigenkompensation oder Fremdkompensation

Ergibt die Analyse des aktuellen Countertrade-Szenarios, daß man sich mit einzelnen Ländern auf Gegengeschäfte einlassen kann und sollte, ist in einem weiteren Schritt zu klären, welche Abnahmestrategie sinnvoll ist. Damit wird die Entscheidung zwischen der Eigen- und der Fremdkompensation angesprochen.

Eigenkompensation

Die Eigenkompensation, also die Abnahme der Gegenlieferungen durch die zuerst liefernde Firma, beinhaltet grundsätzlich ein großes akquisitorisches Potential. Käufer in Staatshandels- und Entwicklungsländern rechnen es dem Anbieter hoch an, wenn er sich um eine direkte Abnahme der offerierten Gegenwaren bemüht. Demzufolge ist es unbedingt erforderlich, diese Kompensationsstrategie auf ihre Realisierungschancen hin sorgfältig auszuloten (133).

Ein klassischer Fehler

Ein geradezu klassischer Fehler, der vielen Anbietern unterläuft, besteht darin, die Gegengeschäftsforderung auf sich zukommen zu lassen. Im Verlauf der Verhandlungen ist es dann meistens zu spät, verschiedene Verwertungsmöglichkeiten in der eigenen Unternehmung oder bei Einschaltung der eigenen Unternehmung zu prüfen. Zahlreiche Mißerfolge bei Gegengeschäften auf Eigenkompensationsbasis haben in diesem Fehlverhalten ihre Ursache. In einer solchen Phase des Geschäftes bleibt der anbietenden Unternehmung nur noch die Wahl, entweder das Kompensationsansinnen des potentiellen Abnehmers strikt abzulehnen, was nicht selten das Ende der Verhandlungen zur Folge hat, oder aber die eigene Unternehmung und damit meistens den eigenen Einkauf mit einer oft unbekannten Kompensationsware zu belasten. Besonders schlimm wird es, wenn die von der Gegenseite gelieferten Produkte nicht einmal den Mindestanforderungen, die die Beschaffungsabteilung in puncto Qualität und Lieferpünktlichkeit stellen muß, genügen.

Dieser Fehler spricht aber nicht gegen die Eigenkompensation, sondern zeigt nur, wohin eine falsch praktizierte Eigenkompensation führt. Selbstverständlich muß man die Aufnahmemöglichkeiten des eigenen Hauses oder die Verwertung von Gegenlieferungen unter Einbeziehung der eigenen Unternehmung vor dem Verhandlungsbeginn ausgelotet haben. Weiterhin kommt es darauf an, sich über das Angebot des potentiellen Kompensationspartners Klarheit zu verschaffen. Dies ist gar nicht so einfach. Vielfach ist die Aussagekraft der amtlichen Statistik begrenzt. Man muß sich daher in aller Regel vor Ort umhören, was die Gegenseite liefern kann. Bei dieser Analyse der Liefermöglichkeiten gilt es, sich einen freien Blick für noch nicht ausgeschöpfte Lieferpotentiale zu bewahren. Oftmals können vom Gegengeschäftspartner mit Hilfe von Beistellungen, also durch Unterstützung des Abnehmers der Gegenlieferungen, andere Produkte angeboten werden, als ihm dies bisher möglich war. Hier liegt eines der Gestaltungsmomente im Countertrade oder, wenn man so will, ein Ansatzpunkt für den kreativen Countertrade. Durch Hilfeleistungen in Form von Know-how, Maschinen, Ersatzteilen, Verpackung kann die Angebotspalette der Gegenseite verändert werden, und zwar in Richtung auf die eigenen Abnahmemöglichkeiten.

Dies bedeutet nichts anderes, als daß man dem Abnehmer eine intensive Kooperation bei der Bereitstellung der Gegenwaren anbietet. Diese Kooperationsvorstellungen muß man zu den Countertrade-Verhandlungen mitbringen. So ist man gut gewappnet. Nur auf diesem Wege kann man rechtzeitig die Initiative ergreifen und dem auf Gegengeschäfte angewiesenen Geschäftspartner eine realisierbare und sinnvolle Problemlösung anbieten.

Daß man die mit einer aktiven Countertrade-Strategie verbundene Beistellung nicht verschenkt, ist klar. Es handelt sich hier um Nebenleistungen, die die Gegenseite mit der eigentlichen Hauptleistung abnehmen und auch bezahlen muß. Wie die Bezahlung vorgenommen wird, ist zunächst offen. Die oftmals als „unentgeltliche Beistellung" bezeichnete Hilfe des Abnehmers der Gegenware ist nie „unentgeltlich", sondern wird selbstverständlich immer honoriert. Nur wird sie meist nicht direkt bezahlt, sondern über einen Preisnachlaß bei den Kompensationswaren verrechnet.

Festzuhalten bleibt: man darf in Fällen der Eigenkompensation nicht einfach in die Countertrade-Verhandlungen hineinschlittern, denn sonst ist das Angebot der Gegenseite eine Konstante, und zwar meistens eine, die im eigenen Haus Nachteile hervorruft.

Drei Alternativen

Man muß sich grundsätzlich vor der Aufnahme der Verhandlungen Gedanken darüber machen, wie man das Angebot der Gegenseite im Hinblick auf die eigenen Aufnahmemöglichkeiten gestalten kann. Dies setzt voraus, daß man weiß, was man mit solchen Gegenlieferungen anfangen will. Zur Eigenkompensation gehört immer auch eine Vorstellung über die Verwertung der Gegenwaren. Es stehen drei Grundalternativen zur Wahl (134):

- die Übernahme der Kompensationsgüter ins eigene Beschaffungssortiment,
- die Vermarktung der Gegenware in Verbindung mit der bisherigen Angebotspalette und
- der vom eigenen Absatzsortiment völlig getrennte Verkauf der als Bezahlung entgegengenommenen Güter.

Keine dieser Handlungsmöglichkeiten ist unproblematisch. Egal, welche Alternative für einen westlichen Anbieter in Betracht kommt, die verantwortlichen Manager werden voll gefordert, wenn die Eigenkompensation zufriedenstellende Ergebnisse liefern soll.

Übernahme ins Beschaffungssortiment

Zunächst erscheint die erste Alternative naheliegend. Schon in Zeiten, als Gegengeschäfte nur eine bescheidene Rolle spielten und von Countertrade noch nicht die Rede war, wurde diese Alternative gewählt. Besonders Großunternehmen machten nicht viel Aufhebens, wenn östliche Geschäftspartner von ihnen verlangten, für ein paar Prozent des Lieferwertes eine Bezahlung mit einfachen Gütern zu akzeptieren, die ansonsten bei anderen Lieferanten hätten bezogen werden müssen. Entsprechende Beispiele sind hinlänglich bekannt. Es sei hier nur auf die Lieferung von Arbeitsanzügen und -handschuhen für die eigene Belegschaft hingewiesen oder auf Nahrungsmittel, die dann den Mitarbeitern in den hauseigenen Kantinen aufgetischt wurden. Auch diese Produkte können erhebliche Probleme aufwerfen, wenn die Qualität nicht stimmt. Selbstverständlich läßt sich in den eigenen Kantinen nicht alles verwerten. Erstaunlich ist, wie oberflächlich dieser Punkt oft in der Vergangenheit beurteilt wurde. Es handelt sich nicht nur um einen Schönheitsfehler eines Kompensationsgeschäftes, wenn die Mitarbeiter sich weigern, die Suppe auszulöffeln, die ihnen das Management durch einen Countertrade-Abschluß eingebrockt hat. Erhebliche innerorganisatorische Konflikte können den Countertrade auf Dauer belasten. Immerhin bleiben bei den genannten Waren Störungen noch weitgehend auf die eigene Unternehmung beschränkt; negative Außenwirkungen sind relativ selten.

Schwieriger wird die Situation dann, wenn beispielsweise als Gegenlieferungen Rohstoffe angeboten werden. Hierbei können Qualitätsmängel und eine unzuverlässige Belieferung voll auf die Absatzmärkte durchschlagen. Mit Recht weisen daher Einkäufer immer wieder darauf hin, bei der Rohstoffbeschaffung nur einen ganz begrenzten Anteil des gesamten Einkaufsvolumens für Kompensationsgeschäfte vorzusehen. Wenn man so vorgeht, kann man Lieferstörungen, die der Gegengeschäftspartner zu vertreten hat, zumindest zeitweilig auffangen. Darüber hinaus ist darauf zu achten, daß durch Kompensationsgeschäfte bestehende und eventuell schon über Jahre gut funktionierende Lieferanten-Kunden-Beziehung nicht einfach aufs Spiel gesetzt werden. Die bisherigen Lieferanten nehmen es nicht einfach hin, wenn ihnen von heute auf morgen große Verkaufsmengen verloren gehen. Die Lieferungen des Gegengeschäftspartners sind also sorgfältig in das bisherige Beschaffungsprogramm einzuplanen. Gelingt dies, kann die neue Lieferquelle sogar dazu beitragen, daß sich bisherige Lieferanten verstärkt um Aufträge bemühen. Oft haben langfristige Lieferanten-Kunden-Beziehungen ja den Nachteil, daß durch eine gewisse Routine auf beiden Seiten das Streben nach Verbesserungen nachläßt.

Die Überlegungen zeigen zweierlei: Erstens tangiert der Countertrade nicht nur die Absatzstrategie, sondern immer auch die Beschaffungsstrategie (135). Die Kompensation hat, besonders wenn es um die Eigenkompensation von Einsatzgütern geht, stets Auswirkungen auf einkaufspolitische Grundsatzentscheidungen, wie beispielsweise auf die Lieferantentreue, das Multiple-Sourcing and Make-or-buy-Überlegungen (136). Zweitens wird deutlich, daß gegengeschäftspolitische Entscheidungen mehrere Unternehmensbereiche berühren. Immer sind von Countertrade-Abschlüssen mindestens der Einkauf *und* der Verkauf betroffen, und nicht selten auch andere Bereiche. Kompensationsgeschäfte bergen immer einen unberechenbaren organisatorischen Konfliktstoff in sich.

Die beschaffungspolitischen Probleme bei der Eigenkompensation werden noch größer, wenn Teile als Kompensationsware angeboten werden, aus denen das eigene Produkt besteht oder die in dieses eingebaut werden sollen. Zahlreiche Firmen, die dem Countertrade wohlwollend gegenüber stehen, beziehen bei diesem Punkt eine kategorisch ablehnende Position. Der Countertrade und der damit eventuell verbundene Geschäftserfolg rechtfertigen es ihrer Ansicht nach nicht, zu riskieren, daß Qualitätsmängel einzelner Teile die Qualität des eigenen Produkts gefährden. Auch dann, wenn man das technische Problem in den Griff bekommen kann, bleibt ein nicht zu lösendes Imageproblem. Welcher westliche Automobilproduzent würde es sich beispielsweise leisten können, wesentliche Teile des Bremssystems aus dem Osten via Kompensation zu beziehen? Selbst wenn durch Beistellungen und schärfste Qualitätskontrollen das Risiko auf das übliche Maß oder sogar auf ein noch geringeres Maß begrenzt werden könnte, würde sich wohl kaum eine namhafte Firma darauf einlassen. Es bestünde die Gefahr, daß man mit den Teilen das schlechte Image der Waren des Gegengeschäftspartners einkauft.

Für Kompensationsgeschäfte mit Firmen aus den westlichen Industrienationen gilt dies nicht. In diesen Fällen ist die Eigenkompensation von Teilen eine interessante Countertrade-Variante, und im übrigen eine, die einzelne Unternehmen bereits seit Jahren mit Erfolg praktizieren. Diese Art des Countertrades gehört zum klassischen Repertoire der nationalen Gegengeschäftspolitik.

Vermarktung mit dem bisherigen Angebot

Was für die Abnahme von Teilen gilt, ist grundsätzlich auch auf Kompensationswaren übertragbar, die unmittelbar in Verbindung mit der bisherigen Produktpalette vermarktet werden sollen, die man also in das bestehende Absatzsortiment übernehmen will. Auch hier stellt sich zunächst wieder das Problem, die üblichen Standards in Hinblick auf Qualität und Liefersicherheit durchzusetzen. Um Unzuverlässigkeiten des Gegengeschäftspartners nicht auf die Absatzmärkte durchschlagen zu lassen, bietet sich beispielsweise eine entsprechende Lagerhaltung an. Ein Kostenfaktor, den man rechtzeitig erkennen muß, um ihn dann auch bei der Preiskalkulation und den Vertragsverhandlungen berücksichtigen zu können. Aber selbst dann, wenn solche Kosten entweder vom eigenen Verkaufspreis getragen oder aber durch einen entsprechenden Preis der Kompensationsware aufgefangen werden, bleiben beträchtliche Risiken. Auch hier steht das Imageproblem im Vordergrund. Es gibt Beispiele dafür, daß sich das Vertriebspersonal geweigert hat, Kompensationswaren mit den bisherigen Produkten zu verkaufen. Noch nachteiliger kann sich auswirken, wenn der Vertrieb seine Aversion gegenüber den neuen Produkten verbirgt und statt dessen den Kunden abrät, die Kompensationswaren abzunehmen. Auch dies ist schon vorgekommen. Hier werden wieder die organisatorischen Probleme deutlich, die Gegengeschäfte aufwerfen. Ganz offensichtlich hat es in solchen Fällen an der notwendigen innerbetrieblichen Überzeugungsarbeit gefehlt. Die Beispiele zeigen, wie sorgfältig der Countertrade auch im eigenen Haus vorbereitet werden muß.

Wenn es gelingt, den Vertrieb für den Verkauf der Kompensationswaren zu gewinnen, hat man erst einen wichtigen Schritt zur Lösung des Problems getan. Letztlich muß der Kunde das Produkt kaufen. Seine Bereitschaft, Kompensationswaren abzunehmen, ist um so geringer, je anspruchsvoller das Produkt ist, um das es geht. Hier zeigen sich ganz deutlich die gegenwärtig nicht zu leugnenden Restriktionen für den Countertrade. Allein die Ursprungsbezeichnung errichtet bei der Vermarktung technisch anspruchsvoller Produkte oft eine nicht zu überwindende Hürde. Man ist nicht selten erstaunt, welch geringe Rolle der Preis in solchen Situationen spielt.

Außerdem kann ein niedriger Preis genau das Gegenteil bewirken von dem, was er soll. Weil die Kompensationsware besonders günstig angeboten wird, wird sie gerade nicht genommen. Der Preis ist in vielen Bereichen Qualitätsindikator, ein Mittel, das dem Kunden einen Anhaltspunkt für die Beurteilung der Güte des Produkts liefert. Ein niedriger Preis wird in diesen Fällen mit einer schlechten Qualität verbunden — ein Teufelskreis, aus dem der Abnehmer der Kompensationswaren dann nicht mehr herauskommt. Da die Eigenkompensation bei der Abnahme von Kompensationswaren, die mit dem Absatz der eigenen Produkte in Verbindung stehen, dieses Problem aufwirft, liegt es nahe, diesen schwierigen Weg des Countertrades nur ausnahmsweise zu wählen. Bei aller Aufgeschlossenheit gegenüber den Kompensationsgeschäften ist immer eine besondere Vorsicht angebracht, wenn die Nähe der Gegenlieferungen zum eigenen Angebot sehr groß ist.

Eigenständiger Vertriebsweg

Es ist daher nicht verwunderlich, daß zahlreiche Unternehmen eine andere Alternative im Rahmen der Eigenkompensation gewählt haben: die Vermarktung der Gegenlieferungen über einen eigenständigen Vertriebsweg. Manch eine Großunternehmung verfügt heute über eine Countertrade-Tochter, die nicht ohne weiteres als eine solche identifizierbar ist. Nur die Countertrader wissen, an wen sie sich im Falle eines Gegengeschäftes zu wenden haben. Relativ unbekannt ist, daß eine der führenden bundesdeutschen Barterfirmen, die Industriehandel GmbH, eine Tochterunternehmung der Daimler-Benz AG ist. Diese Firma ging 1949 aus einer In-House-Abteilung des Automobilkonzerns hervor, die bereits seit 1934 bestand. Auf mehreren Countertrade-Seminaren hat der ehemalige Geschäftsführer der Industriehandel GmbH, Uwe Brandt, die Bedeutung dieser Barterfirma und ihre Funktion in einem weltweit tätigen Konzern anschaulich dargestellt (137). Dabei wurde besonders auf den Stellenwert der kooperationsintensiven Kompensation hingewiesen, wobei sich die Zusammenarbeit mit dem Gegengeschäftspartner unter anderem auf die Auswahl der Produktstätten und Maschinen, die Bestimmung der Gegenwaren, die Überlassung von eigenen

Zeichnungen und Mustern, Finanzierungshilfen und Beistellungen von Maschinen erstreckt.

Grundsätzlich ist eine vom bisherigen Absatzprogramm völlig getrennte Vermarktung zu empfehlen. Gegenüber dem Gegengeschäftspartner tritt man als Eigenkompensateur auf und erhält sich somit dessen „good will". Auf der anderen Seite wird das eigene Unternehmen durch die Kompensationsware nicht belastet. Wenn die konzerneigene Barterfirma entsprechend „getarnt" wird, ergeben sich keine negativen Imageeffekte für die Muttergesellschaft. Weiterhin hat diese Strategievariante den Vorteil, daß man die unterschiedlichsten Gegenlieferungen über einen solchen selbständigen Vertriebsweg kanalisieren kann. Man gewinnt durch eine solche Barterfirma eine große Flexibilität und bewahrt sich somit den für erfolgreiche Countertrade-Abschlüsse notwendigen Spielraum.

Diese guten Voraussetzungen für internationale Gegengeschäfte muß man sich freilich erkaufen. Eine *hauseigene Barterfirma* setzt zunächst beträchtliche Investitionen voraus. Sie ist nur so gut wie der Stamm der dort Beschäftigten Mitarbeiter. Und Spezialisten haben nun einmal ihren Preis. Personen mit zufriedenstellendem Countertrade-Know-how stehen gegenwärtig nur in sehr begrenztem Umfang zur Verfügung. In solche Spezialisten zu investieren, ist nur dann gerechtfertigt, wenn man den Countertrade systematisch aufziehen will. Eine hauseigene Barterfirma muß ausgelastet werden, andernfalls sind die Kosten zu hoch. Im übrigen gelten auch in diesem Fall die anderen für den erfolgreichen Countertrade notwendigen Bedingungen. Auch die hauseigene Barterfirma muß versuchen, das Angebot der Gegenseite im Hinblick auf die eigenen Absatzmöglichkeiten zu gestalten. Gegenlieferung ist nicht gleich Gegenlieferung. Je mehr Einfluß man auf die Art und Qualität der Kompensationsware nehmen kann, um so größer sind die Chancen für einen erfolgreichen Countertrade-Abschluß. Es gebietet sich daher von selbst, eine hauseigene Countertrade-Firma möglichst früh an den Kompensationsverhandlungen zu beteiligen, damit sie ihren Einfluß rechtzeitig geltend machen kann.

Die bisherigen Ausführungen haben gezeigt, daß es unabhängig davon, ob die Muttergesellschaft selbst oder aber eine hauseigene Barterfirma die Kompensationsware abnimmt, sinnvoll ist, auf die Gegenlieferung einzuwirken. Dies gilt besonders im Hinblick auf die Auswahl, die Qualität und die Liefersicherheit. Immer geht es dabei um *Beistellungen,* die auf die unterschiedlichste Art und Weise vorgenommen werden können, beispielsweise durch die Überlassung von Know-how, Mustern, Teilen, Verpackungsmaterial, Maschinen und Dienstleistungen.

Solche Dienstleistungen kann man mit Lieferungen von Kompensationswaren verrechnen. In diesem Fall wird ein *Rückkaufgeschäft* neben das Hauptgeschäft gesetzt. Wenn man diesen Ansatz konsequent weiterverfolgt, liegt es nahe, den Einfluß auf die Gegenware noch mehr zu verstärken. In anderen Worten, es ist sinnvoll, sich an der Erstellung der Kompensationsgüter selbst zu beteiligen. Damit ist man beim *Jointventure,* also beim Gemeinschaftsunternehmen.

112

Joint-ventures

Die Gründung von Gemeinschaftsunternehmen wird gegenwärtig besonders von der Sowjetunion angeregt. In Verbindung mit dem Countertrade ist dieser Ansatz hochinteressant. Er liegt in der *Entwicklungslogik des internationalen Gegengeschäfts.* Im Grunde handelt es sich um nichts anderes als um die *höchste Stufe des kooperationsintensiven Countertrades.* Welche wechselseitigen Belieferungen und Austauschvorgänge im Rahmen einer derartigen Geschäftsbeziehung zwischen der westlichen Muttergesellschaft und dem Joint-venture im Lande des Gegengeschäftspartners möglich sind, verdeutlicht die Abbildung 17.

Wie aus der Darstellung hervorgeht (138), besteht zunächst einmal die Möglichkeit, daß das westliche Unternehmen seine Einlage in das Joint-venture in Form von Sachanlagen erbringt, die für den Aufbau der neuen Produktionsstätte erforderlich sind. Diese Grundausstattung kann mit Erzeugnissen des Gemeinschaftsunternehmens bezahlt werden. Es liegt dann das Grundmuster eines Rückkaufgeschäftes vor. Weiterhin kann man an das Joint-venture laufend Zulieferungen tätigen. Man kann dem Gemeinschaftsunternehmen also beispielsweise Ersatzteile, Verpackungsmaterial, Transportdienstleistungen, Beratungshilfen zur Verfügung stellen, die ihrerseits durch entsprechende Gegenlieferungen an die Muttergesellschaft bezahlt werden können. Wenn das Joint-venture dazu angelegt ist, primär den Markt des Countertrade-Partners zu versorgen, ist es möglich, über diese eingespielte Geschäftsbeziehung einen Gewinntransfer vorzunehmen, und zwar wiederum durch entsprechende Gegenlieferungen.

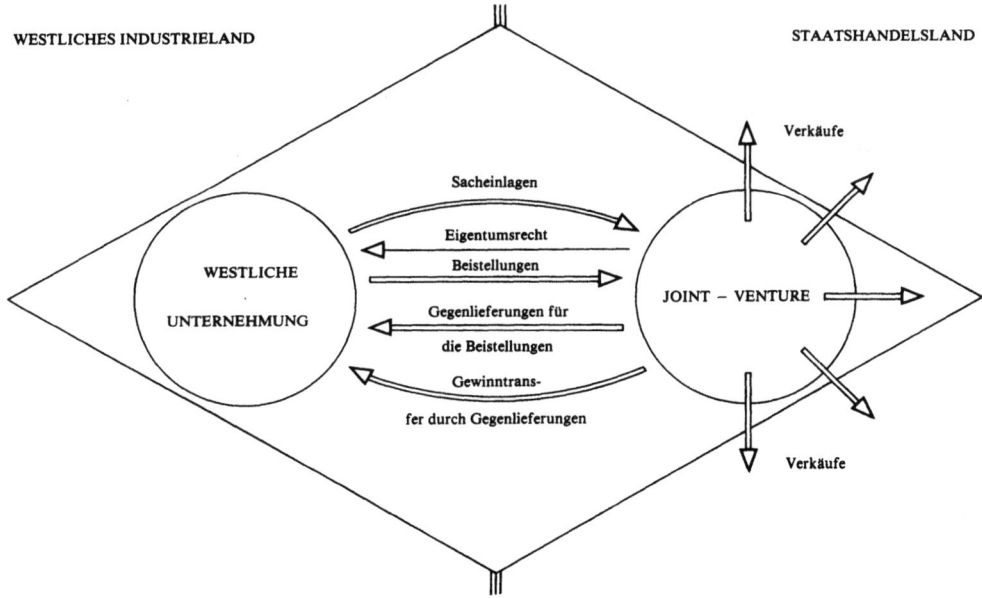

Abbildung 17: Das Joint-venture als Countertrade-Variante
für die Erschließung abgeschotteter Märkte

Hier liegt meiner Ansicht nach das *Herzstück des Joint-venture-Gedankens.* Das Gemeinschaftsunternehmen ist für die westliche Muttergesellschaft ein interessanter Weg, wenn nicht sogar der einzige, um abgeschottete Binnenmärkte zu erschließen, die nur via Countertrade erreicht werden können. Die westliche Unternehmung wird auch in diesem Fall mit Produkten bezahlt, aber mit Produkten, die sie kennt und deren Erzeugung sie weitgehend beeinflussen kann. Dem Gegengeschäftspartner wird eine bessere Versorgung der heimischen Märkte ermöglicht, ohne daß er dafür Devisen aufbringen muß. Weiterhin wird sein Entwicklungsprozeß beschleunigt, da mit einer solchen Beteiligung einer westlichen Unternehmung ein Technologie-Transfer verbunden ist. Hier liegt freilich auch eine der entscheidenden *Grenzen für die Gründung von Gemeinschaftsunternehmen.* Der westliche Anbieter hat nichts zu verschenken. Die Technologie, die er zur Verfügung stellt, muß bezahlt werden. Es ist also durch eine entsprechende Vertragsgestaltung sicherzustellen, daß das Know-how, das er in ein Joint-venture einbringt, nicht anderweitig genutzt wird, sondern tatsächlich nur für die betreffende Gemeinschaftsunternehmung zur Verfügung steht und dort zur Gewinnbildung beiträgt.

Wenn keine hinreichende Vertrauensbasis bezüglich der Vertragstreue der Gegengeschäftspartner und des Verhaltens staatlicher Stellen besteht, hat der Joint-venture-Gedanke meiner Ansicht nach keine große Chance. Die Gründung von Gemeinschaftsunternehmen darf nicht losgelöst von der allgemeinen wirtschaftlichen und politischen Entwicklung gesehen werden. Je solider die allgemeine Vertrauensbasis zwischen bestimmten Staaten wird, um so eher kann man die mit einem Joint-venture dann immer noch verbundenen Risiken eingehen. Weiterhin sollte man sich auch dann, wenn eine solche Grundlage für die Joint-venture-Gründung gegeben ist – gegenwärtig zeichnet sich bei den Beziehungen zu einzelnen Staaten eine positive Entwicklung ab –, von Gemeinschaftsunternehmen keine schnellen und allzu großen Erfolge erhoffen. Die mit einem Joint-venture verbundenen vielschichtigen Austauschvorgänge werfen im Detail erhebliche Probleme auf – wenn man beispielsweise an Zulieferungen in einer Planwirtschaft denkt, wird dies besonders deutlich –, so daß schon die Vertragsverhandlungen im Vorfeld zeitaufwendig sind. Diese Probleme nehmen freilich bei einem weiteren Joint-venture ab, so daß Folgeprojekte relativ zügig durchgezogen werden können. Auch dafür gibt es gegenwärtig schon Beispiele.

Fremdkompensation

Die Ausführungen haben gezeigt, daß eine erfolgreiche Eigenkompensation, in welcher konkreten Variante sie auch immer betrieben wird, immer voraussetzt, daß man auf die Gegenlieferung Einfluß nehmen kann, also ihre Auswahl, ihre Qualität und ihren zeitlichen Anfall in der Hand hat. Dies bindet in großem Umfang Mitarbeiter und finanzielle Mittel. Hinzu kommt, daß auch bei einer sorgfältigen Vorgehensweise beträchtliche Risiken verbleiben und man eventuell trotz aller Bemühungen mit den Kompensationswaren nicht zurechtkommt. Innerorganisatorische Konflikte, die die

Funktionsfähigkeit des Betriebes stören, oder Absatzeinbußen sind nicht selten die Folge. Doch nicht jeder Exporteur ist bereit, sich in dem erforderlichen Umfang für die Gegenlieferung zu engagieren und die mit der Eigenkompensation verbundenen Belastungen auf sich zu nehmen. In diesem Fall verbleibt als Alternative die Fremdkompensation, also die Einschaltung einer Drittfirma, die die Gegenkaufverpflichtungen übernimmt. Damit werden zwei Fragen aufgeworfen: Wer soll als Fremdkompensateur hinzugezogen werden, und wann ist die Einschaltung einer solchen Firma sinnvoll?

Als Fremdkompensateur kommen grundsätzlich drei Firmentypen in Betracht, und zwar

— erstens Industrieunternehmen, die an der Beschaffung bestimmter Produkte aus dem Land des potentiellen Gegengeschäftspartners interessiert sind oder deren Interesse für solche Einkäufe geweckt werden könnte,
— zweitens Handelshäuser, die sich auf den Import von Gütern, wie sie als Kompensationswaren zur Verfügung stehen, spezialisiert haben und die solche Waren selbst vermarkten, und
— drittens der klassische Barterhandel.

Häufig ist die Grenze zwischen diesen drei Typen von Unternehmen nicht klar zu ziehen. So gibt es Handelshäuser, die über eigene Produktionsstätten verfügen und die selbst eine Be- oder Verarbeitung von importierten Gütern übernehmen. Auf der anderen Seite ist manches Produktionsunternehmen aufgrund von Einflüssen des Weltmarktes dazu übergegangen, einen eigenen Handelsbereich aufzubauen, der nicht selten das Profil der Firma so stark verändert, daß man schon fast von einem Handelshaus sprechen muß. Der Barter- oder Kompensationshandel ist ebenfalls keineswegs einheitlich strukturiert. Es handelt sich hier um einen der schillerndsten Dienstleistungsbereiche. Die Palette der Firmen reicht von Unternehmen, die sich auf die bloße Vermittlung von Gegengeschäften beschränken, bis zu solchen Unternehmen, die selbst die Funktion übernehmen, die Gegenwaren an den Letztabnehmer abzusetzen, die also selbst als Trader auftreten.

Vielfach wird die Fremdkompensation mit einer Einschaltung des Barterhandels gleichgesetzt. Damit engt man die Handlungsmöglichkeiten unnötig ein und verstellt sich den Blick für eventuell kostengünstigere Problemlösungen. Bei den Dienstleistungen des Barter- oder Kompensationshandels handelt es sich um hochwertige Spezialistentätigkeiten, die ihren Preis haben. Sicherlich ist die Einschaltung dieser Unternehmen in vielen Fällen trotzdem die preiswerteste Alternative. Wenn man häufig mit Gegengeschäften konfrontiert wird, sollte man jedoch zunächst die beiden zuerst genannten Möglichkeiten auf ihre Realisierungschancen hin durchprüfen.

Es gibt inzwischen gerade aus dem mittelständischen Bereich Beispiele dafür, daß die Wahl eines Industrieunternehmens als Fremdkompensateur für alle beteiligten Firmen eine profitable Lösung sein kann. Das Problem dieser Handlungsmöglichkeit besteht darin, eine Industrieunternehmung aufzuspüren, die geeignet und willens ist, sich über einen längeren Zeitraum für die Abnahme von Kompensationsgütern zu engagieren.

Erheblich leichter ist es, ein Handelshaus zu finden, das am Import bestimmter Waren Interesse hat. In der Wirtschaftspresse wird von solchen Beispielen relativ häufig berichtet (139). Die Zusammenarbeit zwischen Industrie und Handel bei der Lösung von Countertrade-Problemen wird dadurch erleichtert, daß die Spitzenverbände der Wirtschaft ihren Mitgliedsfirmen entsprechende Informationen zur Verfügung stellen. So verfügt beispielsweise der Bundesverband des Deutschen Groß- und Außenhandels e.V. (Kaiser-Friedrich-Straße 15, Postfach 1349, 5300 Bonn 1; Tel. 0228/26004-0) über Anschriften von Verbänden, die Kontakte zu entsprechenden Handelshäusern herstellen, und über Anschriften von Importeuren, die als Abnehmer bestimmter Kompensationswaren in Betracht kommen. Einen ähnlichen Service bietet die BAO (Berliner Absatz-Organisation GmbH, Berlin Marketing Council, Hardenbergstraße 16-18, 1000 Berlin 12; Tel. 030/3180-1). Darüber hinaus können auch die Export- und Import-Beratungsstellen der Industrie- und Handelskammern in vielen Fällen Kontakte zu interessierten Firmen herstellen.

Auch bei einer solchen auf Dauer angelegten Zusammenarbeit mit einem Importeur gilt der Grundsatz, daß man auf die Auswahl und Gestaltung der Gegenlieferungen Einfluß nehmen muß. Es spricht daher – wenn eine entsprechende Vertrauensbasis gegeben ist – manches dafür, eine solche Handelsunternehmung möglichst früh in die Kompensationsverhandlungen einzubeziehen. In manchen Fällen hat es sich sogar als sinnvoll erwiesen, das Handelshaus, mit dem man eine Zusammenarbeit wünscht, bereits bei der Planung eines Countertrade-Vorhabens zu konsultieren. Das gilt besonders bei Rückkaufgeschäften, da hier die eigene Lieferung die Art und die Qualität der Gegenlieferung unmittelbar bestimmt. Der Importeur kann so beispielsweise auf die Vor- und Nachteile, die mit bestimmten Anlagenlieferungen für die Kompensationsware verbunden sind, hinweisen (140).

Osthandelsexperten sehen in einer langfristigen Zusammenarbeit zwischen westlichen Industrieunternehmen und westlichen Handelshäusern, in die selbstverständlich auch die Gegenseite letztlich einbezogen werden muß, eine ideale Lösungsmöglichkeit für zahlreiche Countertrade-Probleme. Ihrer Ansicht nach ist es sinnvoll, daß der westliche Importeur die Marketing-Funktion für die Kompensationsware möglichst vollständig übernimmt. Das setzt eine Beteiligung in der Planungsphase eines Gegengeschäftes voraus. Auf diesem Wege kann dem Countertrade die Hektik genommen werden, die das Gelingen eines solchen Unternehmens oft gefährdet.

Der Nachteil der zuletzt erläuterten Strategie-Variante liegt darin, daß nicht jedes Handelshaus, das grundsätzlich für eine solche Zusammenarbeit geeignet wäre, bereit ist, sich langfristig zu engagieren. Zahlreiche Handelshäuser sehen in einer solchen Kooperation mit einem Industrieunternehmen eine gefährliche Einschränkung ihres Handlungsspielraums. Sie sind zwar grundsätzlich bereit, Kompensationswaren, die zu ihrem Beschaffungssortiment passen, aufzukaufen, wollen aber keine Einbußen bezüglich ihrer Flexibilität hinnehmen. Auch für die exportierende Unternehmung ist die auf Dauer angelegte Zusammenarbeit mit einem Handelshaus nicht immer sinnvoll. Das gilt besonders dann, wenn man weltweit tätig ist und mit den unterschiedlichsten Arten von Gegenlieferungen konfrontiert wird. In diesem Fall müssen Händler mit völlig unterschiedlichen Sortimenten eingeschaltet werden. Wenn die Gegenlieferungen stark variieren und eventuell eine Güterart lediglich alle paar Jahre anfällt, ist die Suche nach einem passenden Handelshaus zeitaufwendig und das Ergebnis des Suchprozesses oft risikoreich. In einer solchen Situation liegt es nahe, den Barterhandel einzuschalten.

Das erste Problem, das man in diesem Fall lösen muß, ist die Klärung der Frage, welchen Kompensationsspezialisten man konsultieren soll. Es stehen zahlreiche Firmen zur Wahl. Jedes dieser Barterhäuser hat seine Stärken und Schwächen. Die Wahl des Kompensationshändlers hängt daher vom konkreten Einzelfall ab. Es ist äußerst gefährlich, in bezug auf diesen Punkt allgemeine Ratschläge zu erteilen. Ohne Zweifel kann man die mit jedem Countertrade-Vorhaben verbundenen Unsicherheiten am besten begrenzen, wenn man eine der großen und altbekannten Barterfirmen einschaltet. Nur ist es oft gar nicht so leicht, in die Kundenkartei eines solchen Hauses zu gelangen. Die führenden Barterhäuser sind weitgehend ausgelastet. Wegen des Spezialistenmangels ist ein Ausbau einer solchen Firma kaum oder nur sehr langsam möglich. Hinzu kommt, daß diese Unternehmen nicht nur ihre Kunden auswählen können, sondern teilweise auch bei den einzelnen Aufträgen eine Selektion vornehmen. Sie bearbeiten nur Anfragen, bei denen es um entsprechende Werte geht. Schließlich ist noch darauf hinzuweisen, daß Unternehmen, die die unterschiedlichsten Countertrade-Probleme lösen können, relativ hohe Fixkosten haben, so daß sie für ihre Dienstleistung entsprechende Preise, also hohe Fees, verlangen müssen. Es kann also einer mit Gegenlieferungen konfrontierten Firma die Entscheidung, welches Barterhaus eingeschaltet werden soll, nicht abgenommen werden. Die im Anhang IV zu diesem Buch zusammengestellte Liste von Kompensationshändlern und anderen Countertrade-Spezialisten ist nur als erste Orientierungshilfe gedacht.

14. Der Countertrade-Vertrag

Neben Grundsatzproblemen sind in Verbindung mit Gegengeschäften zahlreiche Details zu klären. Meist handelt es sich um Punkte, die den Einsatz der Marketing-Instrumente betreffen, beispielsweise um den Preis der Gegenware, die Höhe der Abnahmeverpflichtungen, die Qualität, die Möglichkeiten der Qualitätskontrolle, die Bestimmung der Absatzgebiete, die Übertragbarkeit der Gegenkaufverpflichtungen, die Finanzierung des Gegengeschäftes, Transport- und Versicherungsfragen, Zahlungsmodalitäten. Alle diese Punkte müssen bei der Verhandlung geklärt und vom Vertrag erfaßt werden.

Hier können nicht sämtliche Varianten des Countertrade-Vertrages diskutiert werden. Ziel der nachfolgenden Ausführungen ist es, einige Schwerpunkte der Vertragsgestaltung zu beleuchten und auf besondere Fallstricke hinzuweisen. Bereits an dieser Stelle sei ausdrücklich davor gewarnt, die wiedergegebenen Vertragsmuster unkritisch anzuwenden. Bisher ist der Kenntnisstand über den Countertrade-Vertrag relativ bescheiden. Es liegen wenige Informationen darüber vor, welche Vertragsklausel sich wann und wo bewährt hat. Den für den konkreten Einzelfall zweckmäßigsten Countertrade-Vertrag sollte man zusammen mit qualifizierten Juristen entwerfen. Ob man diese Vertragsvorstellungen dann durchsetzen kann, ist noch die Frage. Gerade östliche Außenhandelsorganisationen, die regelmäßig Gegengeschäfte tätigen, bestehen oft auf ihren Standardverträgen. Wenn man diese Verträge dem eigenen Juristen zur Prüfung vorlegt, werden zahlreiche kritische Punkte deutlich. Es erfordert ein großes Verhandlungsgeschick, wenigstens einige Korrekturen des Vertragstextes durchzusetzen. Insgesamt sind die Chancen für Änderungen gering. Dann muß man sich entscheiden, ob man das Geschäft auch mit einem mangelhaften Countertrade-Vertrag durchzieht oder nicht. Diese Entscheidung hängt davon ab, welche Bedeutung die zu kritisierenden Punkte im konkreten Einzelfall haben und — das ist besonders wichtig — welches Verhalten der potentielle Gegengeschäftspartner bisher an den Tag gelegt hat. Man muß also Hintergrundinformationen über die betreffende Außenhandelsorganisation einholen. Stellt man fest, daß schon andere Firmen schlechte Erfahrungen gemacht haben, sollte man auf den Vertragsabschluß verzichten.

Grundkonstruktion

Was ist nun das Besondere des Countertrade-Vertrages? Welche Punkte müssen vorrangig beachtet werden, und wo liegen die wichtigsten Fallstricke?

Nachfolgend wird von der gegenwärtig gebräuchlichsten Grundstruktur eines Countertrade-Abschlusses, von einem Parallelgeschäft, ausgegangen. Bei solchen modernen Kompensationsgeschäften kann man eigentlich nicht mehr von einem Countertrade-Vertrag sprechen; es handelt sich um einen Vertragskomplex, da mehrere Teilverträge zu berücksichtigen sind (141). Im einzelnen sind folgende Verträge abzuschließen (vgl. auch Abbildung 18):

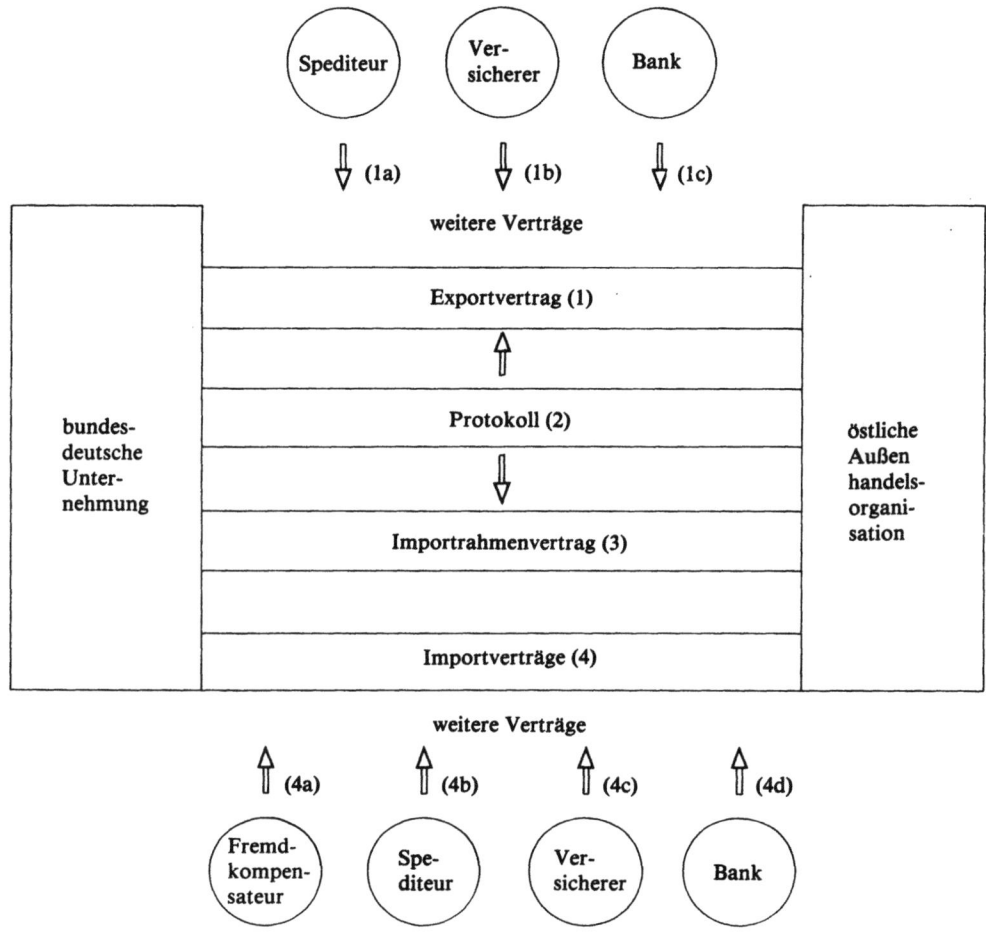

Abbildung 18: Der Countertrade-Vertragskomplex

- ein Exportvertrag (1), durch den der Verkauf der Waren der bundesdeutschen Unternehmung an die östliche Außenhandelsgesellschaft geregelt wird,
- ein Transportvertrag (1a), der die Beförderung der Güter zum Gegenstand hat,
- ein Versicherungsvertrag (1b), der das Transportrisiko abdeckt,
- ein Kreditvertrag (1c), der der östlichen Außenhandelsunternehmung die Bezahlung der Lieferung ermöglicht,
- ein Protokoll (2), das eine Erklärung beinhaltet, daß Ex- und Import im Rahmen eines Gegengeschäfts getätigt werden,

- ein Importrahmenvertrag (3), durch den sich die westliche Unternehmung zur Abnahme bestimmter Gegenlieferungen verpflichtet,
- konkrete Importverträge (4), bei denen je nach Ausgestaltung des Rahmenvertrages auch andere Geschäftsparteien auftreten können. Durch diese Verträge werden die Gegenlieferungen konkretisiert.

Jeder einzelne Importvertrag wird wiederum durch Verträge ergänzt, die die Einschaltung eines Fremdkompensateurs, den Transport, die Versicherung und die Finanzierung (4a,b,c) regeln.

Bei einer solchen Konstruktion des Countertrade-Abschlusses enthält der Exportvertrag keine Gegengeschäftsklausel. Auf diesen Punkt ist besonders zu achten, da andernfalls Schwierigkeiten bei der Finanzierung und Versicherung des Geschäftes auftreten können (142). Gelingt es, diese Vertragsgestaltung durchzusetzen, stehen für das Exportgeschäft die gleichen Finanzierungs- und Kreditsicherungsinstrumente zur Verfügung wie für unverbundene Exporte. Die Gegengeschäftskonstruktion wird durch folgende Vorgehensweise abgesichert: erstens dadurch, daß ein Protokoll unterzeichnet wird, also eine Erklärung, die den Zusammenhang, der zwischen Ex- und Importgeschäft besteht, betont, zweitens dadurch, daß im Importrahmenvertrag (also im Gegenkaufrahmenvertrag) darauf hingewiesen wird, daß es sich beim Kauf der Waren um die Ableistung einer Kompensationsverpflichtung handelt, und drittens dadurch, daß der Exportvertrag und der Importrahmenvertrag gleichzeitig unterzeichnet werden.

Gegengeschäftsspezifische Probleme verursachen nur der Importrahmenvertrag und die konkreten Importverträge, die später zur Erfüllung des Rahmenvertrages abzuschließen sind. Dabei ist besonders auf die folgenden Punkte zu achten (143):

Abgrenzung der Gegenwaren

Meist wird im Gegenkaufrahmenvertrag nur der Produktionsbereich, der für die Gegenlieferung in Frage kommt, grob abgesteckt. Typisch sind beispielsweise Formulierungen wie „metallurgische Produkte" oder „Produkte des Außenhandelsbetriebes XY" (144). Die Abnahmepreise, -mengen, Lieferzeiten, Lieferbedingungen für die einzelne Kompensationsware werden erst durch die zeitlich nachgelagerten konkreten Importverträge bestimmt. Erst bei diesen Verträgen handelt es sich um die eigentlichen Kaufverträge.

Wichtig für die westliche Unternehmung ist es, im Rahmenvertrag eine möglichst breite Palette von Kompensationswaren durchzusetzen. Ideal ist es, wenn man die Sortimente mehrerer Außenhandelsgesellschaften einbeziehen kann. Das gelingt beispielsweise durch Einschaltung eines Ministeriums. Die Gegenseite hat oft ein anderes Interesse und versucht, bestimmte Sortimentsbestandteile der Außenhandelsorganisationen, die sich relativ leicht vermarkten lassen, auszuklammern. Dann wird die Bestimmung des Warenkorbes zum wichtigsten Verhandlungsgegenstand. Wenn man Zugeständnisse macht, muß man sich diese „bezahlen" lassen, beispielsweise mit einer Absenkung der Kompensationsquote.

Folgendes ist noch zu beachten: Die Bestimmung des Warenkorbes im Importrahmenvertrag garantiert nicht automatisch, daß die so abgegrenzten Gegenwaren später auch tatsächlich zur Verfügung stehen. Durch entsprechende Vertragsklauseln ist daher sicherzustellen, daß bei einer Lieferunfähigkeit oder -unwilligkeit der Gegenseite Kompensationsverpflichtungen ganz oder teilweise wegfallen. Erstrecken sich die Gegenlieferungen auf Güter, die mit den zu liefernden Anlagen erstellt werden sollen, handelt es sich also um ein Rückkaufgeschäft, sollte der Importrahmenvertrag deutlich konkreter ausgestaltet werden. Eventuell ist er so präzise zu fassen, daß der Rahmenvertragscharakter völlig entfällt und keine zeitlich nachgelagerten Kaufverträge erforderlich werden. Auf jeden Fall sind bei dieser Variante des Gegengeschäftes bereits im Importrahmenvertrag eine klare und eindeutige Produktbeschreibung für die Gegenware aufzunehmen, die Qualitätskontrolle und die Gewährleistung zu regeln sowie die jährlichen Abnahmemengen anzugeben. Weiterhin ist zu berücksichtigen, daß man mit der Gegenseite bei der Beurteilung der Produktqualität eventuell nicht übereinstimmt. Es ist also sinnvoll, eine anerkannte Institution zu benennen, deren Schiedsspruch sich beide Seiten unterwerfen.

Kompensationsquote

Der Importrahmenvertrag muß Auskunft darüber geben, in welchem Verhältnis zum Liefergeschäft Gegenlieferungen vorgenommen werden. Dabei kommen heute Kompensationsquoten von 0 bis über 200 Prozent in Betracht. Welche Quote vereinbart wird, ist Verhandlungssache. Es gibt in vielen Fällen beträchtliche Unterschiede zwischen der ursprünglich geforderten und der vereinbarten Kompensationsquote. Darüber hinaus kommen ebenfalls erhebliche Abweichungen zwischen der vereinbarten und realisierten Kompensationsquote vor (145). Aus der Sicht des westlichen Unternehmens kann sinnvoll über eine Kompensationsquote nur verhandelt werden, wenn die Art der Gegenlieferung bekannt ist. Je nachdem, welche *Stützung* für die konkrete Kompensationsware erforderlich ist, ergibt sich die Gegenlieferungsquote, die das Gesamtgeschäft noch zu tragen vermag. Es kann daher nur davon abgeraten werden, bei den Verhandlungen abstrakt über eine Kompensationsquote zu reden. Man muß dem Vertragspartner klipp und klar sagen, daß man über eine Quote nur dann verhandelt, wenn die Güterarten genannt werden, um die es geht. Daß das Gegenüber sich in der Regel eine andere Vorgehensweise wünscht, liegt auf der Hand. Gerade wenn es um relativ niedrige Kompensationsquoten geht, ist ein Lieferant oft geneigt, Gegenlieferungen schnell zu akzeptieren. Steht die Kompensationsquote erst einmal fest, kommt die Gegenseite aber eventuell mit den abenteuerlichsten Kompensationswünschen. Dann ist es schwer, von der schon mehr oder weniger akzeptierten Quote wie-

der herunterzukommen. Wichtig ist auch, daß man Hintergrundinformationen darüber einholt, welche Kompensationsquoten bei dem Gegengeschäftspartner bisher
üblich waren, um nicht eine unnötige Belastung mit Gegenlieferungen in Kauf zu nehmen.

Erfüllungszeitraum

Auch die Abgrenzung des Erfüllungszeitraumes für die Gegengeschäftsverpflichtung
ist Verhandlungssache. Üblicherweise dringt die Gegenseite auf relativ kurze Zeiträume für die Abwicklung der Gegenkäufe; denn um so eher stehen die für die Bezahlung
der Lieferung erforderlichen Devisen zur Verfügung. Für den westlichen Anbieter ist
es demgegenüber in aller Regel sinnvoll, einen relativ großen Zeitraum für die Kompensation zu vereinbaren. Damit gewinnt er zum einen Zeit für die Marketingplanung
und bewahrt sich zum anderen die notwendige Flexibilität, um auf Marktschwankun-
gen, besonders auf konjunkturelle Krisen, reagieren zu können. Wenn man, wie beispielsweise bei wichtigen Rohstoffen, eine mehr oder weniger regelmäßige Belieferung
wünscht und eventuell sogar langfristige Lieferverträge abgeschlossen hat, ist es allerdings sinnvoll, jährliche Quoten für die Gegenkäufe vertraglich zu vereinbaren (146).

Destination

In der Vergangenheit haben sich Vertragsklauseln, durch die die Vermarktung der
Kompensationsware auf bestimmte Länder beschränkt wird, für den westlichen Exporteur oft als gefährliche Fallen erwiesen. Nicht selten konnten im nachhinein an sich
akzeptable Gegenlieferungsmengen nicht untergebracht werden, weil die Waren von
anderen Geschäftspartnern der Gegenseite in den interessanten Märkten bereits ver-
trieben wurden und diese darüber hinaus noch das exklusive Verkaufsrecht besaßen.
Es ist daher besonders darauf zu achten, daß durch den Rahmenvertrag keine Be-
schränkungen für den geplanten Verkauf festgelegt oder geschaffen werden. Auch
hier muß man bei den Verhandlungen rechtzeitig einen Zusammenhang zwischen
Quote und Absatzgebiet herstellen, damit nicht aufgrund falscher Vorstellungen über
die Vermarktungsmöglichkeiten von zu hohen Quoten ausgegangen wird.

Sicherheitshalber sollte man für bestimmte Märkte durch entsprechende Vertragsklauseln exklusive Verkaufsrechte vereinbaren. Das gilt besonders bei Rückkaufgeschäften. Andernfalls besteht die Gefahr, daß der Gegengeschäftspartner selbst als
Anbieter auf diesen Märkten auftritt. Der Zeitraum für die Exklusivrechte sollte nicht
zu kurz gefaßt sein.

Übertragbarkeit und Anrechnung

Will man einen Fremdkompensateur einschalten, so ist dies beim Abschluß des Importrahmenvertrages unbedingt zu berücksichtigen. Es ist festzuhalten, auf welchen Kreis von Firmen die Gegenkaufverpflichtung übertragen werden kann. Aus der Sicht des westlichen Unternehmens erscheint es sinnvoll, den Kreis der potentiellen Fremdkompensateure möglichst weit zu fassen. Eine Einengung auf bestimmte Länder oder bestimmte Wirtschaftsbereiche oder -sektoren sollte vermieden werden.

Weiterhin muß man darauf achten, daß auch vorgezogene Gegenkäufe des eigenen Hauses oder anderer Firmen grundsätzlich anrechenbar sind. Einige Barterhäuser beziehen beispielsweise regelmäßig bestimmte Produkte aus bestimmten Staatshandelsländern, weil sie für diese Ware über eingespielte Vertriebswege verfügen. Durch eine entsprechende Gestaltung des Importrahmenvertrages kann sichergestellt werden, daß jegliche Käufe in einem bestimmten Zeitraum bei einer bestimmten Außenhandelsgesellschaft anrechenbar sind, egal, ob sie vor oder nach dem Liefergeschäft getätigt werden. Dies ist sicherlich nicht leicht durchzusetzen, doch der Versuch lohnt allemal; denn wenn eine solche Anrechnung gelingt, sind Stützungszahlungen und Gebühren meist relativ günstig.

Für den Fall einer Übertragung der Kompensationsverpflichtung auf eine Drittpartei sollte man sich gegen das Risiko absichern, daß diese ihren Verpflichtungen nicht nachkommt und man dann eine eventuelle *Vertragsstrafe (Pönale)* zu entrichten hat. Sicherlich wird man eine solche Übertragbarkeit der Kompensationsverpflichtungen einschließlich eventueller Strafzahlungen oder Erfüllungsgarantien kaum als Vertragsbestandteil im Importrahmenvertrag durchsetzen können. Um so wichtiger ist es dann, beim Vertragsabschluß mit dem Fremdkompensateur auf eine entsprechende Klausel zu achten, damit dieser auch im Falle der Nichterfüllung der Kompensationsverpflichtungen voll dafür einstehen muß.

Vertragsstrafen

Da bezüglich der Durchsetzung vertraglicher Ansprüche aus Countertrade-Abschlüssen in den meisten Ländern erhebliche Unsicherheiten bestehen, werden bei Gegengeschäftsverträgen in der Regel bestimmte Vertragsstrafen (Pönalen) für den Fall der Nichterfüllung vereinbart. So unangenehm eine solche Verpflichtung ist, sie ist üblich. Selbstverständlich ist es mit einer grundsätzlichen Akzeptanz einer solchen Vertragsklausel nicht getan. Es kommt auf die Höhe der Strafzahlungen an, die man vereinbart, und dies ist Verhandlungssache.

Oft werden die Pönalen als Prozentsätze formuliert. Man muß daher auf die Bezugsbasis achten. Es ist etwas anderes, ob man eine Pönale in Höhe von 10 Prozent des Lieferwertes oder in Höhe von 10 Prozent der nicht erfüllten Gegenkäufe vereinbart.

Nicht weniger wichtig ist es, genau zu regeln, wann eine Nichterfüllung der Kompensationsverpflichtung vorliegt. In der Regel wird man sich darauf einigen, daß die Gegenkäufe in einem bestimmten Zeitraum zu tätigen sind. Im Importrahmenvertrag ist festzuhalten, daß durch Lieferverzögerungen, die die Gegenseite zu vertreten hat, der Anrechnungszeitraum verlängert wird, damit nicht durch ein eventuell schlitzohriges Verhalten des Gegengeschäftspartners Strafzahlungen erforderlich werden. Oft wird von der Gegenseite verlangt, daß die Erfüllung der Gegenkaufverpflichtungen durch eine Bankgarantie abgesichert wird. Kann man eine solche *Bankgarantie* nicht vermeiden, dann sollte man sich die Auswahl der Bank nicht aus der Hand nehmen lassen. Auf jeden Fall ist eine Bank in einem westlichen Industrieland zu wählen. Weiterhin sollte man sich bei der vertraglichen Gestaltung der Garantieklauseln sorgfältig beraten lassen, damit man das Geld auch zurückbekommt, wenn der Gegengeschäftspartner die vereinbarten Gegenlieferungen nicht bereitstellen kann. Andernfalls besteht die Gefahr, daß man nur deshalb mangelhafte Waren abnimmt, um die Garantie wieder freizubekommen – eine denkbar schlechte Situation. Nicht weniger unangenehm ist die Lage, wenn man die Strafzahlung leisten muß oder die Garantie verlorengeht, obwohl man die erforderlichen Gegenkäufe getätigt hat. Der Fehler liegt dann darin, daß man es versäumt hat, sich den Gegenkauf bestätigen oder anrechnen zu lassen. Man muß also darauf bestehen, beim Gegenkauf ein *Entlastungsschreiben (letter of release)* zu bekommen, das ausdrücklich angibt, daß der Kauf auf die Kompensationsverpflichtungen angerechnet wird. Nun ist nicht jeder Countertrade-Partner unseriös. In der Regel wird ein solches Schreiben automatisch ausgestellt. Sollte dies einmal nicht der Fall sein, muß man sofort vorstellig werden. Das einzige Druckmittel, das wirkt, ist das Zurückhalten des Kaufpreises. Hat man in solchen Fällen erst einmal gezahlt, wird man die Garantie nicht wieder zurückerhalten.

Preis

Mit der wichtigste Punkt im Importrahmenvertrag ist die Vereinbarung über den Preis der Gegenware. Nur in seltenen Fällen ist es sinnvoll, einen *Festpreis zu* wählen. Eine solche Vorgehensweise setzt voraus, daß man die Qualität der Gegenware und den Lieferzeitpunkt genau bestimmen kann und man sich in dem geplanten Absatzmarkt hervorragend auskennt. Weiterhin darf der Lieferzeitpunkt für die Gegenware nicht allzuweit in der Zukunft liegen, da dann jede Prognose fragwürdig wird. Bei Investitionsgütern ist das Marktforschungsinstrumentarium noch längst nicht ausgereift, so daß hier immer mit erheblichen Unsicherheiten zu rechnen ist (147).

Auch von *Rabatten* sollte man sich nicht locken lassen. Es gibt Beispiele dafür, daß sich westliche Lieferanten deshalb auf Festpreise für die Gegenware eingelassen haben, weil ihnen extrem hohe Rabatte auf die Listenpreise in Aussicht gestellt wurden. Das Ausmaß der Rabatte schien einen solchen Vertragsabschluß zu rechtfertigen. Als es dann zur Lieferung der Gegenware kam, zeigte es sich, daß man die Ware nur mit Verlust verkaufen konnte. Der Fehler lag darin, daß man sich so stark auf die Rabatte konzentriert hatte, daß die Höhe der Lieferpreise überhaupt nicht beachtet wurde. Sicherlich macht man solche Fehler nur einmal, aber auch ein Fehler kann im Countertrade erhebliche Einbußen zur Folge haben.

Eine Festpreisregelung ist also risikoreich, und man sollte sie möglichst vermeiden. Damit bietet sich als nächste Alternative eine *Preisgleitklausel* für die Gegenware an. Diese soll sicherstellen, daß die Kompensationsgüter im Abnahmezeitpunkt mit den Konkurrenzprodukten mithalten können. Bei Großgeschäften, die energieliefernde Rohstoffe zum Gegenstand haben, haben sich solche Preisgleitklauseln, die die Preisentwicklung anderer Energiequellen einbeziehen, bewährt. Nur bei sehr wenigen Produkten sind jedoch solche eindeutigen Konkurrenzbeziehungen gegeben. Preisgleitklauseln sind daher für die Gegenlieferungen eher die Ausnahme.

Statt dessen versucht man, den *zukünftigen* Marktpreis, d. h. den Marktpreis des betreffenden Produkts im Lieferzeitpunkt, als Referenzgröße zu berücksichtigen. Es kann nur davor gewarnt werden, es bei allgemeinen Formulierungen wie etwa „fünf Prozent unter dem Marktpreis zum Lieferzeitpunkt" zu belassen. Vielmehr ist im Rahmenvertrag festzuhalten, wie man diesen Marktpreis bestimmen will. Bei Produkten, die auch an Börsen gehandelt werden, ist dies relativ unproblematisch (148). Doch auch in diesen Fällen muß immer noch geklärt werden, welche Börsen berücksichtigt werden sollen und mit welcher Gewichtung dies zu geschehen hat. Weiterhin ist auch zu regeln, welcher Kurs als Bezugsbasis gewählt werden soll.

In vielen Fällen gibt es keine Börsenpreise. Dann wird es schwierig, den Marktpreis zu ermitteln. Er kann von Land zu Land unterschiedlich sein und sogar innerhalb eines Landes von Region zu Region verschieden ausfallen.

In einzelnen Rahmenverträgen wird daher bewußt auf eine verbindliche Bezugsgröße für die Preisbestimmung verzichtet und statt dessen darauf verwiesen, daß in den Kaufverträgen der Bezugspreis nach dem Marktgeschehen bestimmt und in angemessenen Zeiträumen angepaßt wird. Die Funktionsfähigkeit einer solchen Klausel setzt allerdings eine entsprechende Vertrauensbasis voraus. Die westliche Seite darf diese Klausel nicht dazu benutzen, um von den Gegenkaufverpflichtungen freizukommen. Die östliche Seite darf diese Regelung nicht dazu mißbrauchen, überhöhte Preisforderungen durchzusetzen. Seriöse Partner nehmen daher für den Fall von Unstimmigkeiten eine Schiedsgerichtsklausel in den Rahmenvertrag auf. Auch dies ist freilich keine Garantie für eine vernünftige Preisvereinbarung, denn im Konfliktfall kann bis zum Schiedsspruch viel Zeit vergehen, und dann kann bereits eine neue Preisbestimmung erforderlich sein.

Erfahrene Countertrader verlassen sich daher nicht allein auf den Text des Countertrade-Vertrages, sondern zusätzlich auf die Wirkung, die von dem Wunsch nach einer langfristigen Geschäftsbeziehung ausgeht. Wenn beide Seiten erkennen, daß eine langfristige Gegengeschäftsbeziehung für sie von Nutzen ist, ergeben sich kaum Probleme bei der Preisfindung. Gelingt es, eine solide Vertrauensbasis herzustellen – und dies sollte zunächst durch relativ kleine Abschlüsse geschehen – stehen die Chancen für eine unproblematische Preisbestimmung nicht schlecht. Nur so erklärt sich, daß sich häufig in den Importrahmenverträgen nur *grundsätzliche Regeln für die Preisbildung* bei den Kompensationswaren finden und dennoch regelmäßig Gegengeschäfte getätigt werden.

Force-majeure-Klauseln

Force-majeure-Klauseln sind bei jedem Countertrade-Abschluß unerläßlich. Bei Rückkaufgeschäften haben sie allerdings eine ganz besondere Bedeutung, da die Gegenlieferungen erst in relativ weiter Zukunft beginnen und sich darüber hinaus noch über lange Lieferzeiträume erstrecken (149). Es gilt, sich durch entsprechende Vertragsbestandteile gegen die Folgen staatlicher Eingriffe zu schützen, die zum Zeitpunkt des Vertragsabschlusses noch nicht absehbar sind und die die Abnahme der Kompensationswaren erschweren oder sogar unmöglich machen können. Zu denken ist in diesem Zusammenhang in erster Linie an zukünftige Ausfuhrbeschränkungen auf der Seite des Gegengeschäftspartners und an zukünftige Importbeschränkungen (Einfuhrverbote oder Kontingente) im eigenen Land oder in den Staaten, in denen die Kompensationsware untergebracht werden soll.

Bei der Formulierung solcher Klauseln sollte man eventuelle Antidumping-Verfahren ausdrücklich berücksichtigen (150). Die Verfahren sind mit bestehenden GATT-Regelungen vereinbar und werden daher relativ häufig eingeleitet.

In Verbindung mit Gegengeschäften ist die Gefahr einer Antidumping-Untersuchung relativ groß, da man sich darum bemüht, einen möglichst niedrigen Preis für die Gegenware auszuhandeln. Diese einzelwirtschaftlich verständliche und auch richtige Vorgehensweise ist aus volkswirtschaftlicher Sicht oft problematisch. Die Einfuhr von Gegenwaren in großen Mengen und zu niedrigen Preisen kann erhebliche Marktstörungen hervorrufen. Mit Hilfe eines Antidumping-Verfahrens wird geklärt, ob es sich um wettbewerbswidrige Einfuhrpreise handelt. Ist dies der Fall, wird die Einfuhr mit einem Zoll belegt, und es können dann nicht mehr die gleichen Mengen, wie ursprünglich geplant, verkauft werden. Eventuell wird der Verkauf der Kompensationsware sogar völlig uninteressant. Im Importrahmenvertrag muß man für solche Fälle eine Befreiungsklausel aufnehmen, die eine Verringerung der Abnahmeverpflichtung oder aber sogar ihren völligen Wegfall beinhaltet.

Hardship-Klauseln

Über das Phänomen „höhere Gewalt" hinaus können in der Zukunft unerwartete Ereignisse auftreten, die einen sinnvollen Absatz der Gegenwaren in dem geplanten Umfang erschweren oder völlig verhindern. Zu solchen Ereignissen zählen beispielsweise extreme Veränderungen von Konsumgewohnheiten und das Auftreten neuer Substitutionsprodukte, die erheblich preisgünstiger angeboten werden. Solche Risiken muß der Importeur tragen; man kann daher der Gegenseite für solche Fälle auch kaum die Zustimmung zu einer grundsätzlichen Befreiungsklausel abringen. Möglich ist allerdings in vielen Fällen eine Klausel, die besagt, daß bei einer erheblichen Veränderung der Marktgegebenheiten die Vertragsparteien zu Konsultationen verpflichtet sind und sie sich in solchen Fällen, in denen einer Geschäftspartei die Erfüllung des Vertrages in der bisherigen Form nicht mehr zugemutet werden kann, um eine Kompromißlösung bemühen wollen. Die Klausel läßt sich auch dahingehend ausbauen, daß man, sofern eine solche Einigung nicht gelingt, eine Entscheidung durch ein Schiedsgericht vorsieht.

Absicherung des Gegengeschäftes beim zeitlich vorgelagerten Kauf

Wie sämtliche Ex- und Importverträge müssen auch die beiden wichtigsten Teilverträge des Countertrade-Vertragskomplexes die grundsätzlichen Zahlungsmodalitäten regeln. Darüber hinaus sind, wie bereits erwähnt, zusätzlich Verträge mit den Finanzierungsinstituten und den Versicherungsunternehmen abzuschließen. Wird das Parallelgeschäft gewählt, ergeben sich rein formal keine countertradespezifischen Problemstellungen.

In der jüngsten Zeit gewinnen die sogenannten *„sich selbst finanzierenden Gegengeschäfte"* an Bedeutung. Dabei handelt es sich um nichts anderes als um einen vorgezogenen Gegenkauf im Rahmen eines Parallelgeschäftes. In der Vergangenheit zeigte sich, daß trotz des Abschlusses eines Parallelgeschäftes und zeitlich vorgelagerter Einkäufe von Kompensationswaren durch die westliche Seite die Gegenseite in einzelnen Fällen ihren Verpflichtungen aus dem ersten Teil des Countertrade-Vertrages nicht nachkam. Obwohl sie durch den zeitlich vorgelagerten Verkauf von Kompensationswaren über die entsprechenden Devisen verfügte, kaufte sie nicht, wie vereinbart, entsprechende Produkte beim westlichen Abnehmer der Gegenware ein, sondern „vergaß" ihre Verpflichtungen und setzte die Devisen für andere Zwecke ein. Eine besonders schlitzohrige Vorgehensweise bestand in einzelnen Fällen darin, die Produkte anschließend bei anderen westlichen Lieferanten zu ordern und diesen dann nochmals Gegenkaufsverpflichtungen abzuverlangen.

Man muß sich also, sobald auch nur der geringste Anhaltspunkt für ein solches Vorhaben besteht, entsprechend absichern. Mit der Einrichtung eines *Escrow-accounts* (auch teilweise *Treuhandkonto* genannt) ist eine solche Möglichkeit gegeben (151): Beide Parteien schließen mit einer Bank einen Vertrag, der vorsieht, daß der Abnehmer der Kompensationsware den Kaufpreis auf ein Konto einzahlt und der Betrag solange auf dem Konto stehenbleibt, bis die Gegenseite ihrerseits gekauft hat. Der für diesen Kauf fällige Kaufpreis wird dann durch einen Rückfluß der Zahlungsmittel vom Escrow-account an den westlichen Lieferanten entrichtet. So wird sichergestellt, daß mit dem vorgezogenen Gegenkauf auch tatsächlich der andere Teil des Gegengeschäfts finanziert wird. Selbstverständlich können die genauen Regelungen über das Escrow-account nicht im Importrahmenvertrag aufgenommen werden, sondern müssen Gegenstand des oben genannten zusätzlichen Vertrages mit der Bank sein, bei der das Escrow-account eingerichtet werden soll. Im Importrahmenvertrag sollte aber grundsätzlich festgelegt werden, daß für vorgezogene Gegenkäufe ein solches Konto vorgesehen ist, bei welcher Bank dies geführt werden soll und wer die nicht unerheblichen Kosten, die ein solches Konto hervorruft, trägt.

Die Auswahl der Bank ist von entscheidender Bedeutung und letztlich ausschlaggebend, ob und wann Mittel an die westliche Seite zurückfließen, wenn die Gegenseite ihren vertraglichen Verpflichtungen nicht nachkommt und dadurch Schäden entstehen. Grundsätzlich sollte man nur eine anerkannte westliche Bank akzeptieren. Besonders geeignet sind Banken, die eine Niederlassung oder ein Büro im Lande des Gegengeschäftspartners haben und die somit im Konfliktfall über die notwendigen Kontakte verfügen.

15. Countertrade und Organisation

Die bisherigen Betrachtungen hatten den Countertrade als eine Variante internationaler Geschäftsbeziehungen und damit die Außenwirkungen dieses Marketing-Instruments zum Gegenstand. Gegengeschäfte wirken auch nach innen; sie tangieren die Organisation der eigenen Unternehmung. Dies ist hinlänglich bekannt. Besonders in der Anfangsphase einer Countertrade-Politik sind solche Effekte meist negativer Art. Die erstmalige Konfrontation mit diesem Phänomen trägt immer eine gewisse Unruhe in die Unternehmung, und dies unabhängig davon, wie die Entscheidung über ein Kompensationsvorhaben letztlich ausfällt (152). In manchen Unternehmen wiederholt sich das Spiel mit schöner Regelmäßigkeit: Entweder scheitert ein Kompensationsgeschäft in der Planungsphase, dann beklagt sich der Verkauf über die unternehmensinterne Absatzbarriere, oder aber es wird ein Gegengeschäft abgeschlossen, und dann lamentiert der Einkauf über die starken Belastungen, die die Gegenkäufe für ihn hervorrufen. Ein innerbetrieblicher Konflikt scheint in der Natur der Sache zu liegen. Worauf ist dieses Spannungsverhältnis zwischen Countertrade und Organisation zurückzuführen?

Der Entscheidungsprozeß bei Gegengeschäften

Offensichtlich liegt dem Countertrade ein anderer betrieblicher Entscheidungsprozeß zugrunde als dem isolierten oder einseitigen Export- oder Importgeschäft (153).

Beim einseitigen oder – wenn man so will – einfachen Export geht es primär um die Lösung eines Absatzproblems (wem soll was wann zu welchem Preis geliefert werden?), die Beschaffungs- und Produktionsprobleme treten zurück. Sicherlich sind Absatz- und Beschaffungs- sowie Produktionsvorgänge stets miteinander verbunden. Die innerbetriebliche Arbeitsteilung bringt es jedoch mit sich, daß der Verkäufer primär für die Lösung der Verkaufsprobleme zuständig ist. Das gleiche gilt spiegelbildlich für den Einkauf. Bei Importgeschäften stehen somit Beschaffungsprobleme im Vordergrund (von wem soll was in welchen Mengen wann zu welchem Preis bezogen werden?), andere betriebliche Probleme werden diesen nachgeordnet – freilich nicht vernachlässigt.

Für Gegengeschäfte gilt eine andere Schwerpunktsetzung. Immer sind Absatz- und Beschaffungsprobleme gleichrangig und damit gemeinsam zu lösen. Die Absatzentscheidung und die Beschaffungsentscheidung – das gilt zunächst für die Grundsatzentscheidung – können nicht sukzessiv, sondern müssen simultan getroffen werden. So muß geklärt werden, wem was zu welchem Preis geliefert werden soll, und gleichzeitig ist zu bestimmen, was mit der Gegenware geschehen soll. Der Wirtschaftswissenschaftler spricht in diesem Zusammenhang von einem Entscheidungsverbund oder kurz von einem *Verbund*. Die Analyse von Verbunden gehört zur „höheren Ökonomie". Sie ist anspruchsvoller als die Analyse isolierter Entscheidungsprozesse, weil mehr Variablen berücksichtigt werden müssen. Bisher gibt es nur wenige Arbeiten, die diese Problematik von der theoretischen Seite her systematisch aufgegriffen haben (154).

Klassische organisatorische Fehler beim Countertrade

Der für Countertrade-Abschlüsse typische Verbund von Absatz- und Beschaffungsentscheidungen bedarf einer besonderen organisatorischen Behandlung. Wird die Zuordnung der Countertrade-Zuständigkeit nach den üblichen Organisationsgrundsätzen vorgenommen, müssen zwangsläufig Konflikte entstehen.

Betrachtet man beispielsweise eine funktionale Aufbauorganisation, wie sie heute noch für viele kleinere und mittlere Unternehmen üblich ist, so hat man grundsätzlich die Wahl, die Countertrade-Kompetenz entweder dem Verkauf, dem Einkauf oder einem anderen funktionalen Bereich, wie beispielsweise der Finanzierungsabteilung, zuzuordnen. In der Realität finden sich Beispiele für sämtliche Organisationsalternativen; die Zuordnung der Gegengeschäftszuständigkeit zum Verkauf oder zum Einkauf kommt besonders häufig vor. Egal welche dieser Möglichkeiten gewählt wird, Konflikte bei einer Konfrontation mit Kompensationsgeschäften sind die Regel. Dies ist darauf zurückzuführen, daß die für solche Organisationen gültigen Grundprinzipien der Arbeitsteilung, die sich in der Regel über viele Jahre bewährt haben, bei Gegengeschäften nicht greifen.

Wird beispielsweise der Verkauf mit der Planung und Durchführung von Countertrade-Projekten betraut, so wird die Kompensation automatisch als Absatzinstrument eingesetzt. Zahlreiche Beispiele aus der betrieblichen Praxis zeigen, daß in diesen Fällen das Problem des Gegenkaufs als zweitrangig angesehen wird. Es besteht eine relativ große Bereitschaft des Verkaufs, zur Durchsetzung bestimmter Absatzziele auch Gegenlieferungen in Kauf zu nehmen. Wenn der Verkaufserfolg in greifbarer Nähe ist, wird über die Kompensationsquote nicht hart genug verhandelt. Das gleiche gilt für die Zusammenstellung des Warenkorbes. Außerdem fehlt dem Verkäufer das beschaffungspolitische Know-how; er kann also gar nicht beurteilen, was von dem eigenen Unternehmen an Gegenwaren aufgenommen werden kann und welche Auswirkungen sich auf den Beschaffungsmärkten ergeben, wenn die bisherigen Lieferanten nicht mehr so berücksichtigt werden können wie vorher. All dies führt dazu, daß sich der Verkauf bei Gegengeschäften teilweise erhebliche beschaffungspolitische Nachteile für die eigene Unternehmung einhandelt. Der Einkauf wird es sich merken, wenn ihm Kompensationswaren einfach aufs Auge gedrückt werden und ihm eine Verletzung der beschaffungspolitischen Grundsätze, die er ansonsten streng einhalten muß, aufgezwungen wird. Tiefgreifende innerbetriebliche Spannungen sind die Folge, die die Zusammenarbeit von Ein- und Verkauf dauerhaft belasten. Ferner wird die Kompensation vom Verkauf oft falsch bewertet: Jede zusätzliche Mark an Umsatz erhöht den Gewinn nur um Pfennigbeträge. Jede für Gegenwaren zuviel gezahlte Mark schlägt hingegen voll auf den betrieblichen Erfolg durch. Oft wird dies bei einer verkaufsorientierten Kompensationspolitik nicht oder zu spät erkannt.

All diese Bedenken haben dazu geführt, daß in zahlreichen Unternehmen eine Zuordnung der Gegengeschäftskompetenz auf den Einkauf vorgenommen wurde. Auch dies ist jedoch nur eine vordergründige Lösung. Der Einkauf legt bei Gegengeschäften die gleichen Maßstäbe an wie an einfache Beschaffungsvorgänge. Für ihn kommt eine Akzeptanz der Kompensationsware damit nur dann in Betracht, wenn sie bezüglich Qualität, Liefersicherheit und Preis mit den bisherigen Einsatzgütern mithalten kann. Dies ist jedoch nur ausnahmsweise der Fall. Zunächst sind mit Gegenlieferungen immer beschaffungspolitische Nachteile verbunden. Durch eine aktive Countertrade-Politik, also durch eine Kooperation mit der Gegenseite, lassen sich diese Nachteile abbauen, bis schließlich die üblichen Lieferstandards erreicht werden. Bei Gegengeschäften wird also der Einkauf fast immer belastet. Wen wundert es da, daß Gegengeschäfte aus der Sicht der Beschaffung meist negativ beurteilt werden?

Eine solche Grundeinstellung ist jedoch für eine moderne Countertrade-Strategie eine schlechte Basis. Die marketingorientierte Betrachtung kommt dabei zu kurz. Im Mittelpunkt der Überlegungen stehen nicht mehr die Bedürfnisse der Gegenseite, sondern die unternehmensinternen Belastungen. Außergewöhnliche Abschlüsse setzen aber immer ein außergewöhnliches Engagement voraus. Die Überbetonung der Belastung blockt damit zahlreiche Abschlüsse ab. Bei einer Zuordnung der Gegengeschäftskompetenz zum Beschaffungsbereich ist das erzielte Countertrade-Volumen meist nicht allzu groß. In der Regel liegt es weit unter dem Countertrade-Potential. In der Vergangenheit konnte sich manches Unternehmen dies leisten. Mit zunehmender Bedeutung des Countertrades wird eine eher duldende oder sogar leidende Grundposition gefährlich. Man nimmt dem Vertrieb mit einer solchen Zuordnung der Gegengeschäftspolitik in vielen Märkten das entscheidende Wettbewerbsinstrument, und man darf sich daher nicht wundern, wenn nach und nach Absatzgebiete verlorengehen.

Auch die Zuordnung der Countertrade-Kompetenz zur Finanzierung vermag nicht zu überzeugen. Bei einer solchen Vorgehensweise wird das Gegengeschäft als eine Finanzierungsvariante angesehen. Man spricht in diesem Zusammenhang auch von einer neuen Form der Exportfinanzierung (155). Es handelt sich hierbei um eine nicht gerechtfertigte Reduzierung des Phänomens „Countertrade". Gegengeschäfte sind mehr als ein Finanzierungsinstrument. Sie ersetzen in vielen Fällen auch gar nicht die Exportfinanzierung, sondern werfen für die Exportfinanzierung oft neue Probleme auf. Deshalb ist beim Countertrade eine Zusammenarbeit mit einem Finanzierungsinstitut geboten.

Wenn man den Finanzierungsaspekt beim Countertrade zu sehr in den Vordergrund rückt, wie dies bei einer organisatorischen Zuordnung zum Finanzierungsbereich automatisch geschieht, geht der Marketing-Aspekt verloren. Die Gegengeschäftspartner wollen in den meisten Fällen aber nicht in erster Linie eine Finanzierungs-, sondern eine Marketing-Hilfe, also dauerhafte und zunehmende Verkaufschancen auf den westlichen Märkten. Dies gilt es zu beachten. Nur Ein- und Verkauf eines Unternehmens können ihnen die Marketing-Hilfe bieten – nicht der Bereich Finanzierung. So ist es nicht verwunderlich, daß einzelne westliche Unternehmen in der jüngsten Zeit die Countertrade-Kompetenz aus dem Finanzierungsbereich herausgenommen und organisatorisch anders eingebunden haben.

Auch durch eine dezentrale Gegengeschäftszuständigkeit, wie sie in der Praxis ebenfalls noch vorzufinden ist, wird die Spannung, die zwischen Organisation und Countertrade besteht, nicht beseitigen. Das Gegenteil ist der Fall. Wenn, je nach Gutdünken, einmal der Einkauf, der Verkauf oder eine andere Abteilung Gegengeschäfte durchführt oder abblockt, ist die Verwirrung groß. Dies bedeutet letztlich, daß jedes Geschäft Konflikte hervorruft, und dies nicht nur im eigenen Haus. Wie steht ein Unternehmen da, wenn ein Marktpartner beim Verkauf auf eine andere Position gegenüber dem Countertrade stößt als beim Einkauf? Die für einen erfolgreichen Countertrade erforderliche Vertrauensbasis läßt sich so nicht herstellen.

Die Probleme nehmen bei einer Spartenorganisation, also bei einer Gliederung des Unternehmens in Produkt- oder Regionalbereiche, noch zu. Zu den genannten Nachteilen kommt hier noch hinzu, daß ein entscheidender Countertrade-Vorteil verschenkt wird. In der Regel haben diversifizierte Unternehmungen außergewöhnlich gute Aufnahmemöglichkeiten (156). Die Breite des Absatzsortiments bringt ein entsprechend breites Beschaffungssortiment mit sich. Es können also grundsätzlich die unterschiedlichsten Kompensationswaren eingesetzt werden. Freilich ist zur Ausnutzung dieses Effektes eine Zusammenarbeit zwischen den verschiedenen Sparten erforderlich; denn nur selten passen die Gegenwaren in das Beschaffungssortiment der Sparte, die das Liefergeschäft tätigt. Warum sollte aber bei einer dezentralen Gegengeschäftspolitik eine Sparte für eine andere Sparte eine dienende Funktion – oder genauer – den Nachteil des Gegengeschäftes übernehmen? Auch in diesem Fall scheitert der Countertrade an den Grundsätzen der Arbeitsteilung, die sich ansonsten in der Regel bewährt haben dürften.

Die Hürde für den Countertrade wird noch höher, wenn die Sparten als Profit Centers geführt werden. Wird die Gewinnverantwortung ernst genommen, muß man jedes Gegengeschäft, das zu Lasten des eigenen Unternehmensbereichs geht, ablehnen, auch wenn es für das Unternehmen insgesamt durchaus lohnend ist. Das Problem wird noch größer, wenn die Produktbereiche auch rechtlich selbständig sind und als Konzerntöchter geführt werden. Hier haben die an sich wünschenswerte Selbständigkeit und der konzerninterne Wettbewerb zur Folge, daß man bei Gegengeschäften lieber mit anderen als mit den verbundenen Unternehmen zusammenarbeitet. Einige Konzerne könnten international erheblich erfolgreicher sein, wenn die Konzernphilosophie, die den einzelnen Tochterunternehmen eine große Selbständigkeit einräumt, bezüglich der Gegengeschäfte überarbeitet würde.

Countertrade-Teams

Wo liegen die Lösungsansätze für das Problem, wenn der Countertrade so gar nicht in bestehende Organisationsmuster paßt und sich diese ansonsten bewährt haben? Eine tiefgreifende aufbauorganisatorische Veränderung kommt unter diesen Bedingungen nicht in Betracht − zumindest solange nicht, wie der Countertrade im Vergleich zu den unverbundenen Geschäften von untergeordneter Bedeutung ist. Für organisatorische Anpassungsmaßnahmen im Rahmen bestehender Aufbauorganisationen hat die Organisationstheorie bereits Lösungsansätze entwickelt. Es handelt sich dabei um die teamorientierten Organisationsvorschläge (157). Wie kann man sich im Falle des Countertrades einen solchen Lösungsansatz vorstellen?

Für die Bewältigung des Countertrades sind grundsätzlich sämtliche Unternehmensbereiche zuständig, die von der Gegenlieferung berührt werden. In einer funktionalen Organisation also in der Regel der Verkauf, weil die Ablehnung oder Erfüllung eines Kompensationswunsches für den Vertragsabschluß von Bedeutung ist, der Einkauf, da auf ihn die Abnahme der Kompensationswaren zukommt oder aber er im Falle einer Fremdkompensation die Auswirkungen auf den Beschaffungsmärkten spürt. Eventuell ist auch der Fertigungsbereich einzubeziehen, wenn die Kompensationswaren be- oder verarbeitet werden sollen. Das gleiche gilt für den Finanzierungsbereich, wenn das Gegengeschäft spezielle Finanzierungsprobleme aufwirft.

Im Falle einer Konfrontation mit dem Phänomen Countertrade stellt jeder Bereich einen Mitarbeiter für das Countertrade-Team oder Kompensationsteam ab, das die Aufgabe hat, das konkrete Projekt auf seine Realisierungschancen hin zu prüfen sowie gegebenenfalls zu gestalten und abzuwickeln. Selbstverständlich kann nicht das Team die Countertrade-Verhandlungen führen. Hierfür gilt die bisherige Zuständigkeit. Wenn beispielsweise dem Verkäufer die Verhandlungsführung grundsätzlich obliegt, so bleibt diese Zuständigkeit erhalten. Er muß jedoch bei Gegengeschäften das grundsätzliche Einverständnis des Countertrade-Teams einholen und mit diesem die Vorgehensweise absprechen. Bei Unstimmigkeiten ist die Unternehmensleitung einzubeziehen.

Worin liegen die Vorteile des Team-Ansatzes? Erstens ist keine tiefgreifende Umorganisation erforderlich. Zweitens werden bereits in der Prüfungsphase sämtliche relevanten Aspekte des Gegengeschäfts beachtet. Die Konflikte werden also rechtzeitig ausgetragen. Drittens ist das Team eine flexible Organisationseinheit. Es ruft keine unnötigen Kosten hervor. Nur bei Bedarf wird ein solches Team gegründet. Es müssen keine neuen Stellen geschaffen werden. Die Teammitglieder erfüllen ihre bisherigen Funktionen und können, sobald man erkennt, daß ein Unternehmensbereich von einem Gegengeschäft nicht berührt wird, völlig aus dem Team zurückgezogen werden. Wird beispielsweise deutlich, daß eine Be- oder Verarbeitung der Kompensationsware nicht in Betracht kommt, kann der Fertigungsbereich auf eine Teilnahme am Team verzichten. Zeigt sich, daß sich ein Countertrade-Vorhaben nicht lohnt, wird das Team aufgelöst (158).

Nun hat auch der Team-Ansatz seine Nachteile: Teamarbeit erfordert Zeit. Wenn man sich abstimmt, muß man miteinander reden. Damit ist der Entscheidungsprozeß besonders bei den ersten Gegengeschäftsvorhaben relativ langwierig. Aber auch die Verhandlungen mit dem Gegengeschäftspartner beanspruchen in der Regel einen langen Zeitraum, so daß der hausinterne Abstimmungsprozeß durchaus synchron verlaufen kann. Im übrigen spielt sich die Zusammenarbeit ein. Dadurch wird auch der für die Koordinierung erforderliche Zeitbedarf geringer. Die Effizienz der Team-Arbeit kann durch organisatorische Regeln gefördert werden, die festlegen, wann wer einzubeziehen ist, welche Mehrheiten im Team erforderlich sind, wann man die Geschäftsleitung einzuschalten hat und wie die Vor- und Nachteile des Gegengeschäfts verteilt werden sollen (159).

Der Countertrade-Koordinator

Wird ein Unternehmen regelmäßig mit Gegengeschäftsforderungen konfrontiert oder werden häufig bedeutsame Abschlüsse getätigt, reicht der Team-Ansatz allein nicht aus. In diesen Fällen ist die Einrichtung einer Stelle für einen Kompensationsspezialisten unerläßlich. Welche Aufgaben muß dieser Fachmann für Countertrade-Abschlüsse im einzelnen übernehmen?

Meiner Ansicht nach sind die folgenden Funktionen von Bedeutung (160): Erstens muß er die zentrale Anlaufstelle für sämtliche Fragen sein, die den Countertrade betreffen. Wer auf Gegengeschäftsforderungen stößt, muß einen kompetenten Ansprechpartner im eigenen Haus haben, der ihn über den aktuellen Stand informiert. Damit der Countertrade-Fachmann diese Funktionen erfüllen kann, muß er eine Datenbank mit entsprechenden Informationen über den Countertrade aufbauen. Dies kann er nur, wenn er mit entsprechenden Mitteln und Kompetenzen ausgestattet ist. Zu letzteren gehört insbesondere das Recht, sämtliche Bereiche des eigenen Hauses zu befragen, und umgekehrt die Pflicht dieser Bereiche, dem Countertrade-Fachmann von selbst und automatisch countertraderelevante Informationen zur Verfügung zu stellen. Damit dieser Informationsfluß funktioniert, sind entsprechende Regeln von der Geschäftsleitung zu erlassen und durchzusetzen.

Der Countertrade-Fachmann muß die Daten, die er von den verschiedensten Quellen erhält, systematisch aufbereiten, um bei entsprechenden Anfragen aus dem eigenen Haus kurzfristig und gezielt informieren zu können.

Der Unternehmensbereich, der mit Countertrade konfrontiert wird, hat den Countertrade-Spezialisten sofort einzuschalten. Dieser sorgt für die Bildung eines Countertrade-Teams. Er selbst ist Mitglied des Teams. Seine Aufgabe ist es, sicherzustellen, daß auch tatsächlich alle möglicherweise von einem Gegengeschäft berührten Unternehmensbereiche informiert werden und ein Teammitglied abstellen können. Der Countertrade-Fachmann leitet die Teamarbeit, er bringt Gestaltungsvorschläge ein, und er versucht, im Konfliktfall auszugleichen. Im Team hat er eine Stimme, die Entscheidungsbefugnis obliegt dem Team insgesamt. Ob man für die Teamarbeit Mehrheitsentscheidungen zuläßt oder einstimmige Beschlüsse verlangt, muß man in der Praxis ausprobieren. Um den Entscheidungsprozeß zu verkürzen, ist meiner Ansicht nach eine Mehrheitsentscheidung sinnvoll. Überstimmte Teammitglieder müssen aber – zumindest bei Geschäften ab einer bestimmten Größenordnung – die Möglichkeit haben, die Unternehmensleitung einzuschalten. Letztere sollte sich ohnehin laufend über die Countertrade-Politik informieren lassen. Bedeutsame Gegengeschäfte sind immer von einer Zustimmung der Geschäftsleitung abhängig zu machen. Eine wichtige Aufgabe des Gegengeschäftsspezialisten besteht darin, dafür zu sorgen, daß die Geschäftsleitung über alle wichtigen Entwicklungen auf dem Gebiet des Countertrades Kenntnis erhält. Andererseits hat er dazu beizutragen, daß die Unternehmensspitze nicht mit den zahlreichen Alltags-Problemen der Kompensation überschüttet wird.

Neben der hausinternen Koordinierungsfunktion bei der Teamgründung und der Teamarbeit muß der Countertrade-Spezialist auch hausexterne Koordinierungsfunktionen übernehmen. Seine Aufgabe der Informationsbeschaffung verlangt eine entsprechende Marktnähe. Er weiß, wer bei speziellen Countertrade-Problemen weiterhelfen kann. Auch diese Kontakte hat er herzustellen. Er fungiert damit als Nahtstelle für die hausinterne und hausexterne Zusammenarbeit. Auch für Abstimmungsfragen bei einer firmenübergreifenden Countertrade-Strategie sollte er zuständig sein. Dies ist nach außen hin hinreichend transparent zu machen, damit potentielle Geschäftspartner für Gegengeschäfte von sich aus an die Unternehmung herantreten können und wissen, an wen sie sich zu wenden haben. Sind die notwendigen hausinternen und -externen Kontakte hergestellt, begleitet der Countertrade-Fachmann die Planung und Durchführung des Projektes. Um als kompetenter Fachmann anerkannt zu werden, muß er neben den Basisinformationen über die aktuellen Möglichkeiten des Countertrades mit einem bestimmten Land auch die Technik des Countertrades beherrschen. Er muß also die Varianten der Gegengeschäftspolitik und die mit ihnen im konkreten Einzelfall verbundenen Vor- und Nachteile kennen, damit eine auf die jeweilige Problemstellung zugeschnittene Lösung entwickelt werden kann.

Als weitere wichtige Funktion kommt ihm die Aufgabe des Countertrade-Controllers zu. Er muß regelmäßig die Vor- und Nachteile der Gegengeschäftspolitik, Schwachstellen im organisatorischen Ablauf und Entwicklungstendenzen auf den Märkten erheben und der Geschäftsleitung berichten. So kann verhindert werden, daß der Countertrade ein Eigenleben führt und eventuell mehr Aufwand hervorruft, als Nutzen stiftet. Diese Kontrollinformationen sind die Basis für die Gegengeschäftspolitik.

Aus den bisherigen Überlegungen ergibt sich, daß die Funktion des Countertrade-Koordinators organisatorisch relativ hoch eingebunden werden muß. Nur so ist gewährleistet, daß er von den anderen Unternehmensbereichen als Ansprechpartner akzeptiert wird. Eine hohe Einordnung in der Aufbauorganisation ist auch deshalb geboten, weil der Countertrade-Fachmann im Konfliktfall die Unternehmensleitung einschalten muß. Er benötigt daher einen kurzen Draht zum Top-Management. Weiterhin ist deutlich geworden, daß den für Ex- und Importe zuständigen Unternehmensbereichen auch bei Gegengeschäften die Kompetenz und Verantwortung nicht genommen werden kann. Die Stelle des Countertrade-Koordinators kann daher nicht der Linie zugeordnet, also mit Weisungsrecht ausgestattet werden. Anderenfalls wäre eine Bevormundung der anderen Unternehmensbereiche unvermeidbar. Bei der Stelle des Countertrade-Fachmanns handelt es sich um eine typische Stabsstelle. Da er die Verantwortung für einen Countertrade-Abschluß nicht übernehmen kann, kann er auch keine Weisungen erteilen. Allein seine Fachkompetenz ist gefragt. Sie entscheidet darüber, inwieweit er seine Vorstellungen durchzusetzen vermag. Dies ist sicherlich kein leichter Job.

Die In-House-Abteilung

Die bisherigen Überlegungen gelten grundsätzlich auch für eine Spezialabteilung. Ob eine Stelle oder eine Abteilung gebildet wird, hängt von dem Countertrade-Volumen ab. Wie die Stelle des Countertrade-Koordinators so ist eine solche Abteilung dem Stabsbereich zuzuordnen. Auch für sie gilt eine hierarchisch hohe Einbindung. Am besten ist es, diese Abteilung direkt der Geschäftsleitung zu unterstellen. Abbildung 19 verdeutlicht, wie dies in einer funktionalen Organisation aussieht und wie man sich in diesem Fall die Bildung des Kompensationsteams vorzustellen hat (161).

Demnach ordnet die Countertrade-Abteilung bei einer Aufforderung zum Gegengeschäft einen Mitarbeiter an das Countertrade-Team Nr. 1 ab. Dieser sorgt dafür, daß sämtliche Bereiche, die von den Vorhaben möglicherweise tangiert werden, Mitarbeiter in das Team entsenden.

In dem vorliegenden Fall handelt es sich um zwei Mitarbeiter des Einkaufs, da die möglichen Gegenwaren ihre Beschaffungssortimente tangieren können. Aus dem Fertigungsbereich wird ein Mitarbeiter entsandt, der mit der Gegenware zu tun hätte, falls sie weiterverarbeitet würde. Der Verkäufer des Produkts A ist Mitglied des Kompensationsteams, weil er auf die Gegengeschäftsforderung gestoßen ist. Eventuell sind noch andere Mitarbeiter einzubeziehen, beispielsweise ein Mitarbeiter der Finanzabteilung, falls countertradespezifische Finanzierungsfragen aufgeworfen werden.

Für den Fall einer Sparten-Organisation ergibt sich die gleiche Vorgehensweise (162). Abbildung 20 verdeutlicht den Zusammenhang: Der Verkauf der Produktgruppe B stößt auf Gegengeschäftsforderung. Demzufolge stellt er einen Mitarbeiter für das erforderliche Countertrade-Team Nr. 1 ab. Gleichzeitig informiert er die Countertrade-Abteilung, die einen Mitarbeiter für dieses Kompensationsgeschäft entsendet. Der Countertrade-Spezialist stellt die erforderlichen hausinternen Kontakte her. Es zeigt sich, daß es sinnvoll ist, den Einkauf und die Produktion der Produktgruppe A einzuschalten, da die Gegenware eventuell von diesem Unternehmensbereich aufgenommen und bearbeitet werden könnte.

Bei einer weiteren Konfrontation mit einem Gegengeschäft wird ein zweites Countertrade-Team gegründet, das von den Mitarbeitern der dann betroffenen Unternehmensbereiche gebildet wird.

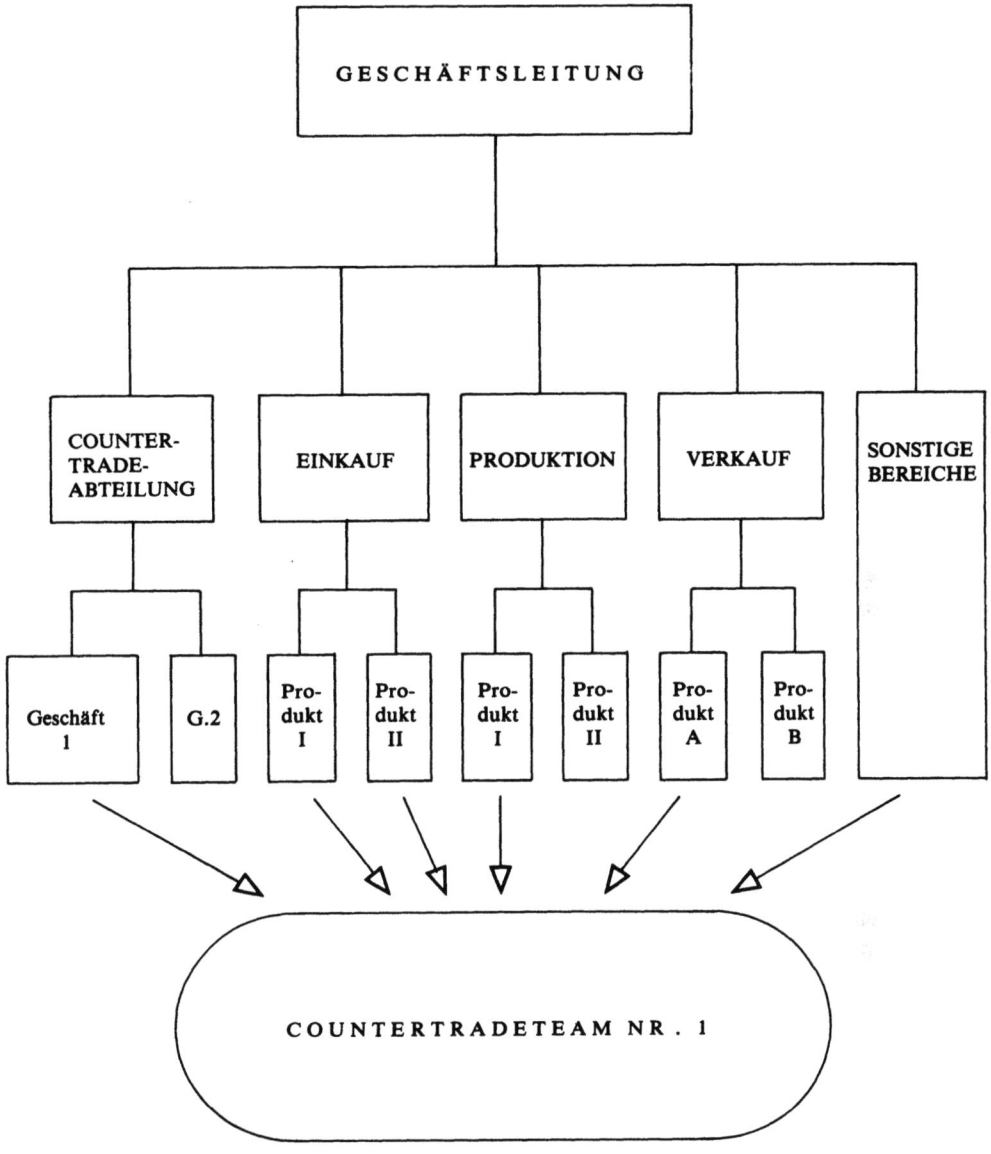

Abbildung 19: Countertrade-Abteilung und Countertrade-Team in einer funktionalen Organisation

Je nach Auslastung kann ein und derselbe Mitarbeiter mehreren Countertrade-Teams angehören, was wünschenswert wäre. Auch in den dargestellten Fällen gelten die Vorteile der Team-Konzeption: Der Aufwand wird möglichst gering gehalten, da die Teams nach Bedarf zusammengerufen, verändert und aufgelöst werden. Es werden von vornherein sämtliche countertraderelevanten Aspekte berücksichtigt. Die beste-

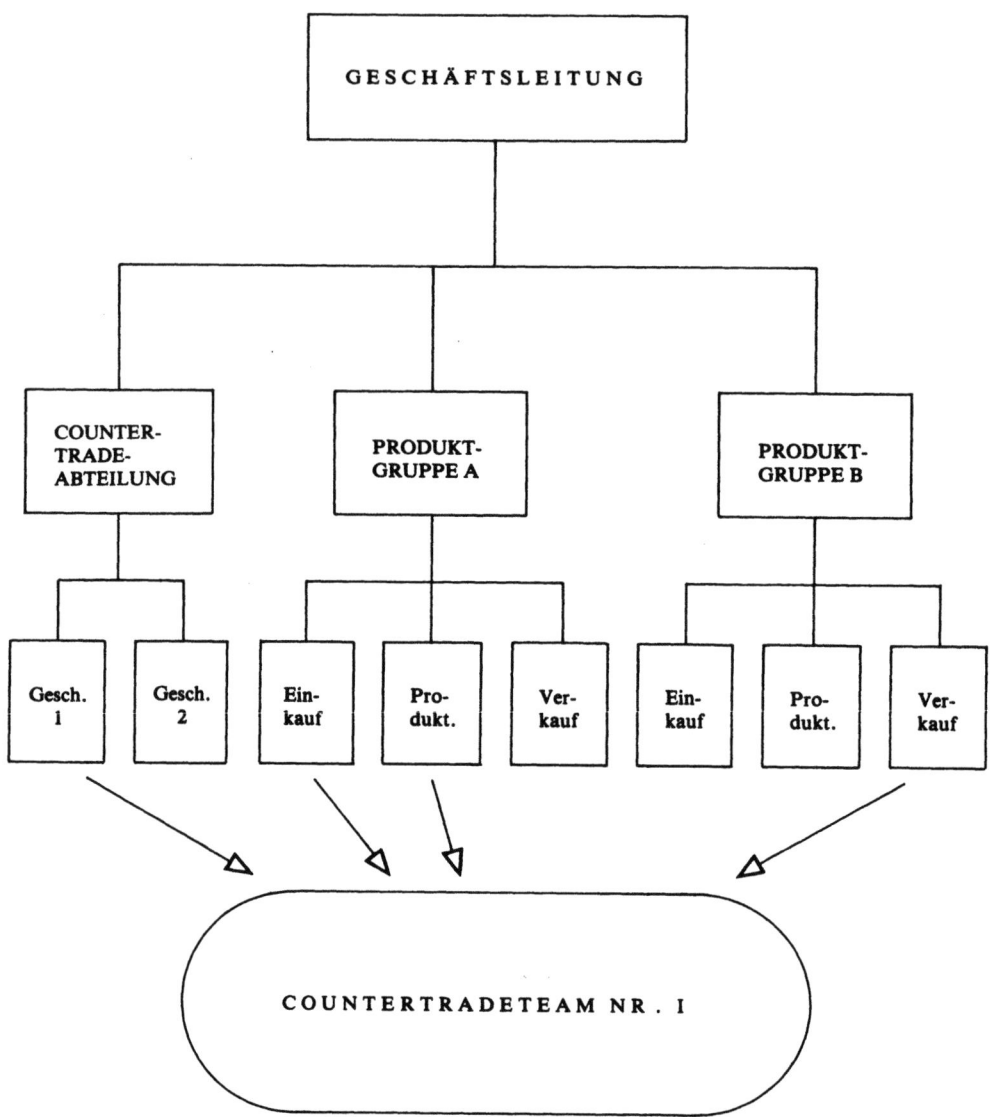

Abbildung 20: Countertrade-Abteilung und Countertrade-Team in einer Sparten-Organisation

henden Kompetenzen bleiben grundsätzlich erhalten. Durch die Tätigkeit des Countertrade-Koordinators wird die Entscheidung optimal vorbereitet.

Selbstverständlich funktioniert der Team-Ansatz nur dann, wenn die Vor- und Nachteile des Gegengeschäfts hausintern gerecht verteilt werden. Bei einer Sparten-Organisation ist dies relativ leicht möglich. Hier muß der vom Gegengeschäft profitierende

Bereich der Sparte, die die Last des Abschlusses trägt, eine entsprechende Stützung zahlen. Solche Ausgleichszahlungen sind in einer funktionalen Organisation nicht möglich. Hier muß durch das Countertrade-Team schriftlich festgehalten werden, wenn ein Bereich für einen anderen Bereich Nachteile in Kauf genommen hat, um eine fehlerhafte Beurteilung zu vermeiden.

Häufig wird die Frage gestellt, ob eine Kompensationsabteilung als Profit Center oder als Cost Center geführt werden soll (163). Meiner Ansicht nach ist der Gedanke an ein Profit Center völlig zu verwerfen. Wenn man einer Kompensationsabteilung eine eigenständige Gewinnverantwortung zuordnet, bedeutet dies, daß man jedes Gegengeschäft allein über diese Abteilung abwickeln und es dem Ein- und Verkauf entziehen muß. Eine völlig unsinnige Vorgehensweise. Wie sollte man das Vertriebspersonal noch motivieren, wenn es mitten in der Verhandlung die Kompetenz an andere weitergeben muß, nur weil die Gegenseite eine Kompensationsforderung gestellt hat? Was würde die Gegenseite denken, wenn man plötzlich die Verhandlungsmannschaft austauscht? Eine Abteilung „Kompensation", die ihre Dienstleistung im Hause „verkauft", kommt ebensowenig in Betracht, weil sich der Nutzen im Einzelfall nicht bewerten und somit auch nicht „bezahlen" läßt. Auch diese Überlegungen sprechen also dafür, die Countertrade-Abteilung als Stabseinheit zu führen. Die Kosten lassen sich weitgehend zuordnen, so daß man einen solchen Bereich durchaus als Cost Center betrachten kann.

Die Countertrade-Tochter

Als weitere Möglichkeit für die organisatorische Bewältigung des Countertrades wird die Gründung oder der Zukauf einer rechtlich selbständigen Countertrade-Einheit angesehen. Meiner Ansicht nach handelt es sich hierbei nicht um eine Alternative, sondern um eine Ergänzung der anderen Organisationsvorschläge. Eine rechtlich selbständige Konzernunternehmung kann die hausinterne Koordinierungsarbeit nicht leisten und auch die erforderliche Zusammenarbeit zwischen den betreffenden Unternehmensbereichen nicht ersetzen. Sie kann weiterhin nicht den eigentlichen Ein- und Verkaufsvorgang übernehmen.

In der Praxis fungieren solche konzerneigenen Countertrade-Firmen vielfach auch gar nicht als echte Gegengeschäfts-Einheiten, sondern als Vertriebsgesellschaften für die Gegenwaren. Ein- und Verkauf handeln das Gegengeschäft völlig selbständig aus und geben anschließend die Gegenkaufverpflichtung an diese Konzernunternehmung weiter. Die Countertrade-Tochter erfüllt damit zwar eine wichtige Funktion bei der Bewältigung der Kompensationsproblematik, die eigentliche gegengeschäftsspezifische Aufgabe wird von ihr jedoch nicht übernommen. Die notwendige gedankliche Verbindung von Absatz- und Beschaffungsentscheidungen gelingt auf diesem Wege nicht. Werden Gegengeschäfte nur mit Hilfe einer solchen externen Einheit bewältigt, wird die Chance verspielt, eine systematische Countertrade-Strategie zu entwickeln, die die gesamten Ein- und Verkaufsmöglichkeiten des Unternehmens bündelt (164). In vielen Fällen zeigt sich dann auch, daß manches Gegengeschäft an einer solchen Konzerntochter vorbei abgewickelt wird und daß man weit davon entfernt ist, das Countertrade-Potential auszuschöpfen.

Alles in allem erscheint mir bei der Bewältigung des Countertrades ein dreistufiges Vorgehen sinnvoll. Bei der Konfrontation mit Gegengeschäften sind immer Countertrade-Teams zu gründen, damit sämtliche Aspekte, die für das Unternehmen relevant sind, berücksichtigt werden und die möglichen hausinternen Konflikte rechtzeitig ausgetragen werden. Dieser Ansatz kommt auch für kleinere Unternehmen in Betracht, die sich keinen Spezialisten leisten können. Wenn es der finanzielle Rahmen des Unternehmens zuläßt und der Umfang der Gegengeschäfte es rechtfertigt, ist zusätzlich eine Stabsstelle für einen Countertrade-Fachmann einzurichten. Bei häufiger Konfrontation mit Gegengeschäften kann diese Stelle zu einer größeren Stabseinheit ausgebaut werden. Sollen die Gegenwaren am bisherigen Sortiment vorbei vermarktet werden und geht es dabei um entsprechende Volumina, kann man zusätzlich eine Vertriebseinheit einrichten. Durch organisatorische Regeln ist die Zusammenarbeit von Countertrade-Team, Countertrade-Koordinator und Countertrade-Tochterunternehmung sicherzustellen. Selbstverständlich müssen Doppelarbeiten verhindert werden. Je besser die Countertrade-Tochterunternehmung ihre Aufgabe erfüllt, um so geringer wird die Bedeutung der In-House-Abteilung. Sie kann dann entsprechend verkleinert werden. Ein Verzicht auf eine solche hausinterne Koordinierungsstelle ist jedoch nicht sinnvoll, denn dies könnte die notwendige Abstimmung zwischen den verschiedenen Unternehmensbereichen gefährden.

Anhang

Anhang I:

Clearing-Abkommen (165)

Ägypten:
China (VR), Korea, Libanon, Mongolei, Sudan, UdSSR, Jemen (Arab. Rep.).

Afghanistan:
China (VR), Tschechoslowakei, Ungarn, Jugoslawien.

Albanien:
Algerien, Ungarn, Iran, Türkei, Vietnam, Jugoslawien.

Algerien:
Albanien, Brasilien, Guinea, Guinea-Bissau, UdSSR.

Angola:
Brasilien, Kapverden.

Bangladesch:
Bulgarien, China (VR), Tschechoslowakei, DDR, Ungarn, Korea, Polen, Rumänien, UdSSR, Vietnam, Jugoslawien.

Belgien/Luxemburg:
Burundi, Ruanda, Zaire.

Benin:
Ungarn.

Brasilien:
Algerien, Angola, Argentinien, Bulgarien, Kanada, DDR, Ungarn, Iran, Mexiko, Nigeria, Polen, Saudi-Arabien.

Bulgarien:
Bangladesch, Brasilien, China (VR), Kolumbien, Kongo, Tschechoslowakei, Finnland, DDR, Ungarn, Iran, Kambodscha, Laos, Mongolei, Nepal, Pakistan, Polen, Rumänien, UdSSR, Vietnam.

Burundi:
Belgien/Luxemburg.

China (VR):
Afghanistan, Albanien, Bangladesch, Bulgarien, Kongo, Kuba, Tschechoslowakei,

Ägypten, Finnland, Frankreich, DDR, Ungarn, Indonesien, Iran, Kambodscha, Korea, Mongolei, Pakistan, Polen, Rumänien, Sierra Leone, Syrien, UdSSR, Vietnam.

Costa Rica:
Polen.

DDR:
Bangladesch, Brasilien, Bulgarien, China (VR), Kolumbien, Tschechoslowakei, Ecuador, Finnland, Ungarn, Indien, Iran, Kambodscha, Laos, Mongolei, Polen, Rumänien, UdSSR, Vietnam, Jugoslawien.

Ecuador:
DDR, Ungarn, Polen, Rumänien.

Ghana:
Rumänien, Obervolta.

Guinea:
Algerien, China (VR), Kuba, Libanon, Marokko, UdSSR, Vietnam.

Guinea-Bissau:
Algerien, Kapverden.

Indien:
Tschechoslowakei, DDR, Polen, Rumänien, UdSSR.

Indonesien:
China (VR).

Iran:
Albanien, Brasilien, Bulgarien, China (VR), Tschechoslowakei, DDR, Ungarn, Korea, Pakistan, Polen, UdSSR, Jugoslawien.

Jemen (Arab. Rep.):
Ägypten.

Jugoslawien:
Albanien, Bangladesch, Kolumbien, Tschechoslowakei, DDR, Kambodscha, Mexiko, UdSSR, Vietnam.

Kanada:
Brasilien.

Kambodscha:
Bulgarien, China (VR), DDR, Polen, UdSSR, Jugoslawien.

Kolumbien:
Bulgarien, DDR, Ungarn, Polen, Rumänien, Jugoslawien.

Kapverden:
Angola, Guinea-Bissau.

Kongo:
Bulgarien, China (VR), Korea.

Korea:
China (VR), Kongo, Ägypten, Ungarn, Iran, Polen, Rumänien, Syrien.

Laos:
Bulgarien, Tschechoslowakei, DDR, Ungarn, UdSSR, Vietnam.

Libanon:
Tschechoslowakei, Ägypten, Guinea, Polen.

Libyen:
Rumänien, Türkei.

Mali:
China (VR), Ungarn, Marokko, Rumänien, UdSSR, Vietnam.

Mexiko:
Brasilien, Jugoslawien.

Mongolei:
Bulgarien, China (VR), Tschechoslowakei, Ägypten, DDR, Guinea, Ungarn, Mali, Polen, Rumänien, UdSSR, Vietnam.

Nepal:
Bulgarien, Pakistan, Polen, UdSSR.

Nigeria:
Brasilien.

Obervolta:
Ghana.

Pakistan:
Bulgarien, China (VR), Tschechoslowakei, Ungarn, Iran, Korea, Nepal, Polen, Schweden, Türkei, UdSSR.

Peru:
Polen.

Polen:
Bangladesch, Brasilien, Bulgarien, China (VR), Kolumbien, Costa Rica, Tschecho-
slowakei, Ecuador, DDR, Ungarn, Indien, Iran, Kambodscha, Korea, Libanon,
Mongolei, Nepal, Pakistan, Rumänien, UdSSR, Vietnam.

Rumänien:
Albanien, Bangladesch, Brasilien, Bulgarien, China (VR), Kolumbien, Tschechoslowakei, Ecuador, DDR, Ghana, Ungarn, Indien, Iran, Korea, Libyen, Mali, Mongolei, Polen, Singapur, UdSSR, Vietnam.

Ruanda:
Belgien/Luxemburg.

Saudi-Arabien:
Brasilien.

Schweden:
Pakistan.

Sierra Leone:
China (VR).

Singapur:
Rumänien.

Somalia:
UdSSR.

Sri Lanka:
Syrien.

Sudan:
Ägypten.

Syrien:
China (VR), Korea, Sri Lanka, UdSSR, Vietnam.

Tschechoslowakei:
Afghanistan, Bangladesch, Bulgarien, China, DDR, Ungarn, Indien, Iran, Laos, Libanon, Mongolei, Pakistan, Polen, Rumänien, UdSSR, Vietnam, Jugoslawien.

Türkei:
Albanien, Libyen, Pakistan, UdSSR.

UdSSR:
Afghanistan, Algerien, Bangladesch, Bulgarien, China (VR), Tschechoslowakei,
Ägypten, Finnland, DDR, Guinea, Ungarn, Indien, Iran, Kambodscha, Laos, Mali,

Mongolei, Nepal, Pakistan, Polen, Rumänien, Somalia, Syrien, Türkei, Vietnam, Jugoslawien.

Ungarn:
Afghanistan, Albanien, Bangladesch, Brasilien, Bulgarien, Kolumbien, Tschechoslowakei, Ecuador, Finnland, DDR, Iran, Korea, Laos, Mali, Mongolei, Pakistan, Polen, Rumänien, UdSSR, Vietnam.

Vietnam:
Albanien, Bangladesch, Bulgarien, China, Kuba, Tschechoslowakei, DDR, Guinea, Ungarn, Korea, Laos, Mali, Mongolei, Polen, Rumänien, Syrien, UdSSR, Jugoslawien.

Jugoslawien:
Albanien, Bangladesch, Kolumbien, Tschechoslowakei, DDR, Kambodscha, Mexiko, UdSSR, Vietnam.

Zaire:
Belgien/Luxemburg.

Anhang II:

Bundesstelle für Außenhandelsinformation (BfAI)

Durchwahl-Rufnummern: (02 21) 20 57 ...

Bestellung von BfAI-Veröffentlichungen
Versand/Vertrieb | 316

Abteilung I: Chefredaktion; Nachrichten für Außenhandel; Ostwirtschaft

Abteilungsleiter | 210

Redaktion Afrika, Vorderer Orient:
Vorderer Orient, West-, Süd-Afrika | 223
Nord-, Ost-, Zentral-Afrika, Israel | 224
Redaktionsleiterin | 225

Redaktion Europa, Nordamerika, Australien, Neuseeland:
Kanada, Spanien, Portugal, Griechenland, Australien,
Neuseeland, Schweden, Finnland | 204
Frankreich, Benelux, Österreich, Großbritannien, Irland,
Dänemark, Norwegen | 206/207
Redaktionsleiter, auch Italien, Schweiz, USA | 205

Redaktion Lateinamerika, Asien, Verlagsangelegenheiten:
Lateinamerika, ohne Chile, Ecuador, Peru, Bolivien, La Plata-Staaten | 217
La Plata-Staaten, Chile, Ecuador, Peru, Bolivien | 222
Ost- und Südostasien | 219
Süd- und Mittelasien, Türkei | 218
Verlagsangelegenheiten | 216
Redaktionsleiterin, auch VR China, Taiwan, Hong Kong, Korea (Dem.) | 220

Redaktion/Referat Ostwirtschaft:
Allgemeine Auskünfte | 213
UdSSR, Polen, CSSR, Mongolei und RGW | 214
Jugoslawien, Ungarn, Rumänien, Bulgarien, Albanien | 215
Referatsleiter, auch VR China, Vietnam, Korea (Dem.) | 208

147

Abteilung II: Marktinformation

Abteilung III: Kommerzieller und Legislativer Dienst

Referat Z 2: Verbindung zu internationalen Organisationen, Dokumentation, Bibliothek

Anhang III:

Richtlinien der Präferenz- und Offset-Politik Australiens (166)

The Australian Federal Government and the Government of the Australian States operate two broad policies in respect of overseas purchases by the public sector. These aim to give preference to Australian industry and, in major contracts, require offsets in similar technologies.

The following is a brief description of the Offsets and Preference Schemes.

I Offsets

Federal and State Governments have had offsets policies for many years.

Federal Offsets

Offsets are work directed to Australian industry by an overseas supplier as a result of receiving, or in anticipation of receiving, a major order for equipment or services, in which the Federal Government is involved. Such work must be additional to that which would have gone to Australia in the absence of the offsets policy. The Federal Government's involvement can be as a final purchaser; because a statutory body or Government-owned company is the purchaser; because a Government guarantee is involved; or, in one case, because the company – an airline – operates within highly protective legislation in direkt competition with a Government-owned airline.

The objective of the offsets programme is to bring to Australian industry advanced technologies, skills and capabilities to meet the goals of:

    a   establishing internationally competitive activities in Australia; and
    b   supporting defence industry capability objectives.

Offsets are required as a result of all purchases, leases or hire arrangements in respect of overseas-sourced goods or services by Commonwealth Departments, Authorities and relevant companies which are subject to the Offsets Policy in respect of:

    I   single orders placed overseas, as either prime or subcontracts; or

    II   cumulative orders for functionally similar items placed overseas by all organisations subject to the policy, in a single financial year; and where,

III   the duty-free price of the purchases exceeds − 2.5 million and the imported content exceeds 30 percent of this price; or

IV   the Department of Defence seeks offsets for strategic or defence purchases.

Types of offsets

The main types of acceptable offsets are:

I   *Technology transfer:* transfer to Australian industry of technology which is not already included in the contract for the supplies.

II   *Research and development and training:* programmes which have the potential to contribute to Australian industry in terms of new activities, the enhancement of existing activities or through the export of research generated material. Offsets may also be allowed for royalties paid to the local recipient of research and development.

Offsets multipliers of threefold the cost of supplying will apply to research and development and training programmes where these are both separate from the contract for supplies and additional to overseas firms' usual customer services.

III   *Part production or assembly:* production in Australia of parts of the goods or services being purchased by the Federal Government. Part production is generally only accepted as one element of a more comprehensive offsets programme.

IV   *Production in Australia* of related goods or services for sales overseas, or on the domestic market, to other customers of the overseas suppliers.

V   *Overseas marketing:* production in Australia of unrelated goods or services of defence or technological signifiance for sale to other customers of the overseas suppliers.

VI   *Joint or Collaborative ventures:* proposals in which the prime contractor arranges for Australian industry to participate through the conceptual, design and development and production stages.

VII   *Purchase of Australian-made products and services:* if purchased for export, the offsets value is the export price provided the level of Australian value-added is 70 percent or more of the selling price. Otherwise the value will be equal to the Australian value-added.

VIII   Other activities which may meet offsets obligations include *gifts and donations* in the form of endowments of money, equipment, software and resources to local companies; *provisions of equipment* for a new or extended facility and *administrative expenses* incurred by overseas suppliers or local companies which are directly associated with facilitating the discharge of offsets.

IX   Direct equity or loan investment in local firms which contributes to the objectives of the programme may lead to the discharge of offsets obligations. The Australian Government has also arranged with the Ocean Capital Corporation (OCC) of New York that companies with offsets obligations may invest venture capital funds in OCC, such funds to be invested in Australian firms with potential for export.

A major feature of the revised offsets policy is the new Prequalified Offsets Supplies Scheme (PQOSS) which encourages overseas suppliers to develop long term offsets activities rather than the stop-go effects of the past. The overseas suppliers benefits from speedier offsets clearance and an administrative procedure which removes the assessment of offsets proposals from the competitive atmosphere of tender preparation. A number of agreements have already been signed with the Government under the PQOSS provision in such areas as computer hardware and software research and development, marketing of Australian-developed telecommunications products and aircraft parts manufacture.

The Federal Government is currently considering the introduction of a new form of offsets arrangement which goes beyond the PQOSS model. The proposal, which is particularly targetted at foreign multinationals operating in Australia, is that the 30 percent offsets obligation be replaced by a commitment whereby the local subsidiary be required to archieve over a five year period

- export sales (net value-added) equal to 20 percent of total turnover, and
- R&D expenditure equal to 5 percent of turnover.

A catalogue listing some opportunities for Federal offsets work in New South Wales is held by Projects & Export Policy Division, Branch 3A, at the Department of Trade & Industry (01 215 4854).

State offsets

Most Australian states have offsets policies which use similar criteria to the Federal offsets scheme. The State offsets policies seek to develop State manufacturing industry through requiring suppliers to direct work in similar technologies to the State where the State Government is involved as a purchaser.

The Federal Government has put proposals to the States for a National Offsets Agreement and it is hoped that these will be approved by the end of 1987.

II Australian Industry Participation (AIP)

AIP is not a scheme as such, but a term used by the Federal Department of Defence (DOD) to describe all work undertaken in Australia for a defence project which may consist of one or more of the following:

153

I   work undertaken by Australian companies as prime contractors to DoD as part of the project;

II   work which DoD stipulates is to be done in Australia for strategic or other reasons;

III   work which has to be done by an Australian organisation in any case; and

IV   offsets, which are set against the imported value of a project and normally may not include any of the above three items.

As defence offsets come under the DoD's definition of AIP, offsets are often erroneously referred to more generally as „AIP".

III Preferences

For many years Federal and State Governements have applied preference policies which discriminate in favour of local industry in considering tenders for public sector contracts. At State level this practice led to unnecessary fragmentation of industry and the perpetuation of small uneconomic plants. After a long period of consultation a National Preferences Agreement was introduced on 1 July 1986. This eliminates the need for State Preference and provides for the application of a preference for Australian goods and related services in Commonwealth and State Government purchasing. The States of New South Wales, Victoria, Queensland and South Australia and the Commonwealth will apply a 20 percent margin of preference while Western Australia and Tasmania will apply a 10 percent margin. The Australian Government gives a 20 percent preference to New Zealand. Individual States still discriminate against New Zealand.

Certain interim and waiver arrangements apply to specific industries where the removal of preferences might cause difficulties.

Some unique features of the application of preferences for Australian-made goods and related services by the Commonwealth Government have remained. The criterion is that on purchases valued at − 20.000 or below (duty paid), a preference of 20 percent on price will be applied, and on purchases above − 20.000 (duty paid), a preference of 20 percent of the Australian content (see below) will apply. In addition on purchases valued at − 100.000 or more (duty paid) where the purchasing authority considers that a suitable offer with higher Australian content could warrant more than a 20 percent margin of preference under the criteria set out below, the case has to be referred for Ministerial decision.

In cases referred for Ministerial decision, additional discretionary preference is normally limited to a further 10 percent margin − ie to a maximum of 30 percent. The criterion for referred cases is that acceptance of higher-priced Australian-made items would:

a assist the development of competitive high technology industries offering growth potential;

b assist in establishing or maintaining defence-strategic capabilities;

c avoid significant additional disruption in severely depressed labour markets.

In cases where the acceptance of the lowest 20 percent preference adjusted priced tender would result in an increased cost in excess of -200.000, Ministerial approval must be sought also based on the above criteria.

All tenderers for Federal contracts are required to indicate in their tenders the amount of the Australian content. This is calculated by deducting from the duty-paid tender price the duty-paid value of imported components, selling, distribution and installation expenses and profit margin. The resultant figure is to be expressed as a percentage of the duty-paid tender price. The value of imported components must include the duty-paid value of goods imported and the value of any software or services (eg consultancy or engineering work) or any charges of foreign origin included in the duty-paid tender price. The overheads of factories in Australia, as well as the general and administrative expenses (including research and development, design engineering and product innovation) of Australian manufacturing operations, are included in Australian content. New Zealand content is treated as equivalent to Australian content.

Anhang IV:

Barterfirmen und andere Unternehmen mit speziellem Countertrade-Know-how in Westeuropa und den USA – eine Auswahl – (167).

Belgien

1. Belgafric
   142 A Avenue Louise
   B – 1170 Brüssel

2. Devetra Trade Development Corporation
   Chaussee de Charleroi 54
   B – 1060 Brüssel

3. Interocean SA.
   Chaussee de la Hulpe, Bte.5
   B – 1170 Brüssel

Bundesrepublik Deutschland

1. Otto Aldag
   Curslacker Neuer Deich 66
   2050 Hamburg 80
   Tel.: 040 / 7 25 91
   Länder: Ostblock, Jugoslawien
   Waren: tierische und pflanzliche Öle
   und Fette, Glycerin, Fettsäu-
   ren, Harz, Terpentinöl, Che-
   mikalien, Rohstoffe für den
   Nahrungsmittelbereich.

2. Agentur Kristin
   von Alphen & Co. GmbH
   Tauentzienstr. 7 b
   1000 Berlin 30
   Tel.: 030 / 2 61 70 64-65
   Länder: Polen
   Waren: Bekleidung, Textilien aller
   Art, passive Lohnveredlung

3. BAFAG Aktiengesellschaft
   für Finanzierungen
   Lindwurmstraße 11
   8000 München 2
   Tel.: 089 / 23 60 51
   Länder: weltweit
   Waren: alle Warenarten

4. BAIKAL GmbH & Co. Handels-KG
   Pücklerstraße 43 – 45
   1000 Berlin 33
   Tel.: 030 / 8 26 20 14/15
   Länder: CSSR, Nord-Korea, UdSSR,
   Ungarn
   Waren: Feinkost, Non-Food-Produkte

5. Heinz Biegler GmbH & Co KG
   Beusselstr. 44 n-q
   1000 Berlin 21
   Tel.: 030 / 39 50 71-79
   Länder: alle Länder
   Waren: getrocknetes und tiefgefrore-
   nes Obst und Gemüse, Pilze

6. Bösch & Co.
   Lippeltstraße 1
   2000 Hamburg 1
   Tel.: 040 / 33 51 75
   Länder: Ostblock, Jugoslawien
   Waren: Obst- und Gemüsekonserven,
   Tiefkühlkost und -Gemüse so-
   wie Obstsäfte und -
   Pulpen/Konzentrate

7. Gisbert Brinkschulte GmbH & Co KG
   – Import-Export

Kalkstraße 4
2800 Bremen 1
Tel.: 0421 / 170521
Länder: Comecon, Südamerika, Asien
Waren: Gießereierzeugnisse, Stahlprodukte, Asbestzementerzeugnis-
se, Werkzeuge, Armaturen

8. BUNZL INTERNATIONAL GMBH
Amelungstraße 2-4
2000 Hamburg 36
Tel.: 040 / 343023
Länder: Ostblock, Jugoslawien
Waren: Papier, Pappe, Zellulose

9. CARAMANT GmbH & Co. KG
Postfach 1928
6200 Wiesbaden
Tel.: 06121 / 305040
Länder: Ostblock, Jugoslawien
Waren: Werkzeug- und Werkzeugma-
schinen, Halbzeug- und End-
produkte der metallverarbei-
tenden Industrie; Rohstoffe
wie Erdöl, Erdgaskohle, Holz,
Erze, Raffinerieprodukte,
Düngemittel, Zement,
Nahrungs- und Genußmittel,
Produkte aus dem allgemeinen
Konsumgüterbereich

10. CENTRAL-IMPORT-MÜNSTER
GmbH & Co. KG
Albersloher Weg 194
4400 Münster 1
Tel.: 0251 / 696-442
Länder: Ostblock, Länder der dritten
Welt
Waren: Rohstoffe für die Nahrungs-
mittel herstellende europäische
Industrie

11. CHEMIE Meiendorf
Fabrikation pharmazeutischer
& chemischer Produkte GmbH
Zum Ehrenhain 36
2000 Barsbüttel
Tel.: 040 / 670 1085
Länder: weltweit
Waren: pharmazeutische Rohstoffe,
Futtermittelzusätze, eventuell
Chemikalien

12. COMECONTRACT Berlin
Ex- und Import GmbH
Bismarckstr. 6/7
1000 Berlin 12
Tel.: 030 / 3419089
Länder: Bulgarien, CSSR, Jugosla-
wien, Polen, Rumänien,
UdSSR, Ungarn
Waren: Stahlbau, Baustoffe, Innen-
ausbau, Baustahl

13. Comex Außenhandelsgesellschaft
m.b.H.
Immermannstraße 40
4000 Düsseldorf

14. Peter Cremer GmbH & Co.
Burchardstraße 8
2000 Hamburg 1
Tel.: 040 / 3286-0
Länder: USA, Entwicklungsländer in
Asien und Südamerika
Waren: Futtermittel, Melasse, Öle,
Fette

15. Dangschat
Außenhandelsgesellschaft m.b.H.
Frankenstraße 35
2000 Hamburg 1
Tel.: 040 / 233041
Länder: weltweit
Waren: pharmazeutische Rohstoffe,
Futterzusatzstoffe, Chemika-
lien, Lebensmittel

16. Deutsche Conti-Handelsgesellschaft
mbH
Postfach 101540
2000 Hamburg 1
Tel.: 040 / 30241
Länder weltweit
Waren: Getreide, Reis, Ölsaaten,
pflanzliche Öle, Ölku-
chen/schrote, Mühlennachpro-
dukte, petrochemische Produkte (Polyäthylen/Styrol/Ac-
rylnitril), Düngemittel
(Urea/TSP/DAP/Kali ect.),
Baumwolle, Kohle

17. Dunckel & Co
Brook 2

2000 Hamburg 11
Tel.: 040 / 36 55 55
Länder: Polen, CSSR, Ungarn
Waren: Zichorien, Darrgut (Rohstoff
für Kaffeemittelindustrie)

18. Theodor Durrieu
Trostbrücke 1
2000 Hamburg 11
Tel.: 040 / 36 33 31-4
Länder: Malaysia, Indonesien, Indien,
Sri Lanka, Thailand, Viet-
nam, Kambodscha, Papua-
Neuguinea, Philippinen, Zai-
re, Elfenbeinküste, Kamerun
Waren: Naturkautschuk und Synthese-
kautschuk sowie artverwandte
Produkte wie z. B. Harze, Gut-
tapercha etc.

19. DYNA-CHEMIE
Inh. Jürgen Müller
Teutonenstraße 6
1000 Berlin 38
Tel.: 030 / 8 03 39 44
Länder, CSSR, Jugoslawien
Waren: Chemikalien

20. Eisenhandel
Gutehoffnungshütte GmbH
Pinkertweg 1
2000 Hamburg 74
Tel.: 040 / 73 11 81
Länder: Ostblock
Waren: Stahlprodukte, Draht und Ei-
senwaren

21. ESRA Tiefkühlkost
Im- und Export GmbH
Beusselstraße 44 n-q
1000 Berlin 21
Tel.: 030 / 39 50 01
Länder: alle Länder
Waren: Tiefkühlkost

22. Export Teyke Import
Württembergallee 31
1000 Berlin 19
Tel.: 030 / 3 04 06 84-85
Länder: DDR
Waren: Sämtliche Waren für den Indu-
striebedarf und die Elektronik

23. K.D. Feddersen & Co. (GmbH & Co.)
Ost-West-Straße 70
2000 Hamburg 11
Tel.: 040 / 36 18-227/220/224
Länder: weltweit
Waren: Aluminiumchlorid, Mangan-
sulfat, Kaliumpermangant,
Mono- und Diammonpho-
sphat techn., Ammoniumni-
trat techn., Hydrochinon pro
foto, Natriumfluorid, Natri-
umnitrat techn., Kaliumnitrat
techn., Oxalsäure, Trinatrium-
phosphat krist.

24. Findling-Wälzlager
Import-Export
Postfach 2526
7500 Karlsruhe 1
Tel.: 07 21 / 75 10 42
Länder: Ostblock, Jugoslawien
Waren: Wälzlager

25. Floreat-Chemie
Handelsgesellschaft mbH
Sudetenstraße 1
8901 Aystetten
Tel.: 08 21 / 15 10 80
Länder: weltweit
Waren: chemische Rohstoffe und Zwi-
schenprodukte, pharmazeuti-
sche Roh- und Zwischenpro-
dukte, Mineralölprodukte,
Düngemittel

26. Franz + Engenhardt
NE-Metallgesellschaft mbH
Zollhausstraße 7
7906 Blaustein-Wippingen
Tel.: 07 304 / 70 81
Länder: weltweit
Waren: Primärmetalle und Metall-
schrotte und Rückstände aller
Art

27. FREMA Grund-Metall
Handelsgesellschaft mbH
Hannoversche Straße 30
Postfach 900 469
2100 Hamburg 90
Tel.: 040 / 77 13 07
Länder: weltweit

Waren: Fe- und NE-Abfälle, sämtliche
Schrotte; ab 200.000 DM

28. W.A. Fritze & Co.
Birkenstraße 47-48
Postfach 105627
2800 Bremen 1
Tel.: 0421/3051-1
Länder: DDR, CSSR, Rumänien, Ju-
goslawien, Polen, Ungarn
Waren: Papier und Karton, Chemika-
lien, Pharmazeutika, Sundries

29. Robert Frohn Sohn
Eberhardstraße 37
5630 Remscheid 1
Tel.: 02191/29914
Länder: Jugoslawien, Ungarn, CSSR,
Polen, Rumänien
Waren: Spiralbohrer DIN 338, 345;
Tiefkühlprodukte, Obst und
Gemüse

30. GB-Chemie GmbH
Zeilharder Straße 25
6101 Messel
Tel.: 06159/691
Länder: Ostblock, Jugoslawien
Waren: Chemische Rohstoffe (anorga-
nisch und organisch), Petro-
chemikalien, Rohstoffe auf
Chemiebasis für die Lebens-
mittelindustrie, hochwertige
organische Zwischenprodukte
für den Pharmasektor

31. Gebr. Gausepohl
Am Bahnhof 5
Postfach 1240
4503 Dissen/Osnabrück
Tel.: 05421/320
Länder: Osteuropa, Afrika
Waren: Rindfleischedelteile frisch
und/oder gefroren, Häute,
Felle, Lederwaren, Fleischkon-
serven

32. Horst Gelsdorf KG
Monumentstraße 15
1000 Berlin 61
Tel.: 030/7857031
Länder: CSSR, Polen, Ungarn

Waren: chemisch-technische Glasartikel, Wirtschaftsglas, Labor-
glasartikel

33. John Glet GmbH
Mehringdamm 27
1000 Berlin 61
Tel.: 030/6934051
Länder: Albanien, Bulgarien, VR-
China, CSSR, Jugoslawien,
Polen, Rumänien, Ungarn
Waren: alle Arten von Schutzkleidung,
Gummistiefel, Sicherheitsschu-
he, Unfallschutzartikel

34. HACHEMIE GmbH
Rothenbaumchaussee 40
Postfach 2587
2000 Hamburg 13
Tel.: 040/41171
Länder: Ostblock, Entwicklungsländer
Waren: Chemikalien und NE-Metalle

35. Handelsverkehr GmbH
Rossertstraße 2
6000 Frankfurt/Main

36. Eberhardt Hecht
Kugellager-Vertrieb
Wiesenstraße 14
Postfach 566
7057 Winnenden
Tel.: 07195/3077-78
Länder: Ostblock
Waren: Kugellager

37. Helm Pharmaceuticals GmbH
Nordkanalstraße 28
Postfach 103060
2000 Hamburg 1
Tel.: 040/2375-0
Länder: weltweit
Waren: Arzneimittel in Generika-
Verabreichungsform; Hospi-
talbedarfsartikel z.B. Banda-
gen, Binden, Spritzen, Fieber-
thermometer, Presswolle/Wat-
te aus Baumwolle, Pflaster

38. Karl O. Helm AG
Nordkanalstraße 28
2000 Hamburg 1

Tel.: 040/28831-0
Länder: Ostblock, Jugoslawien
Waren: Industriechemikalien, Pharma-
    rohstoffe, Futtermittelzusätze,
    Düngemittel, Pestizide

39. Harry Hettig
    Uhlandstraße 45
    1000 Berlin 15
    Tel.: 030/8821046
    Länder: Polen
    Waren: Sportartikel, Elektrogeräte,
        Textilien, Baustoffe, Fotoap-
        parate, optische Erzeugnisse,
        Werkzeuge, kunstgewerbliche
        Erzeugnisse, Uhren, Schach-
        computer, Taschenrechner,
        Nostalgieradios

40. Richard Hintze
    Südwestkorso 74
    1000 Berlin 41
    Tel.: 030/8512724
    Länder: UdSSR, Ungarn
    Waren: Spielwaren, Konsumgüter,
        Schmuckwaren, technische Erzeugnisse

41. K.M. Hitzemann
    Export-Import-Vertretungen
    Brandenburgerstraße 18
    3060 Stadthagen
    Tel.: 05721/4353
    Länder: Ostblock, Jugoslawien
    Waren: Waren aller Art

42. Holsten Chemie
    Kirchenallee 57
    2000 Hamburg 1
    Tel.: 040/240641
    Länder: Übersee
    Waren: chemische Produkte aller Art,
        insbes. pharmazeutische Che-
        mikalien und Rohstoffe für die
        pharmazeutische Industrie;
        ggf. auch Apparate und Zube-
        hör für die Labor- und Che-
        mietechnik; Militärstiefel; Me-
        dikamente diverser Art

43. HUSCO GmbH
    Rognitzstraße 8

1000 Berlin 19
Tel.: 030/3027014
Länder: Bulgarien, CSSR, Jugosla-
    wien, Polen, Rumänien,
    UdSSR, Ungarn
Waren: Chemikalien, Hilfsmittel für
    die Textilindustrie, Glas-,
    Lack-, Farben- und Genußmit-
    telindustrie, Maschinen und
    Anlagen, Waren aller Art

44. IKOHA
    Import und Export
    Charlottenburger Chaussee 51-55
    1000 Berlin 20
    Tel.: 030/3045571
    Länder: CSSR, Jugoslawien, Polen,
        Ungarn
    Waren: Lebensmittel, Holzprodukte,
        Veredlung (Konfektion-
        Druck), handgestrickte Pro-
        dukte

45. Industriehandel
    Handels- und Industrieausrüstungsges.
    mbH
    Motorstraße 20
    7000 Stuttgart 31
    Tel.: 0711/83003-0

46. IEC- Handelsgesellschaft mbH
    Postfach 800928
    8000 München 80
    Tel.: 089/4705094
    Länder: Ostblock, Jugoslawien
    Waren: Fruchtsaftkonzentrate, Pul-
        pen, Muttersäfte, getrocknetes
        Gemüse, Pilze, tiefgefrorenes
        Obst und Gemüse, Konsumar-
        tikel, Non Food

47. Jebsen & Jessen (GmbH & Co.) KG
    Lange Mühren 9
    Postfach 103329
    2000 Hamburg 1
    Tel.: 040/30141
    Länder: weltweit
    Waren: Gewebe, Bekleidung, Trocken-
        früchte; Lederartikel; Arbeits-
        handschuhe; Bettfedern

160

48. Friedrich Justus & Co (GmbH & Co.)
Papenstraße 27
Postfach 760640
2000 Hamburg 76
Tel.: 040/257121
Länder: Ostblock, Jugoslawien
Waren: Tiefkühlkost

49. K + K Chemie
Peter A. Klöpping KG
An der Alster 3
2000 Hamburg 1
Tel.: 040/2801121 + 22
Länder: Comecon
Waren: Fettderivate und andere native
Chemierohstoffe

50. Kaffee-Import-Compagnie GmbH
Pickhuben 2
2000 Hamburg 11
Tel.: 040/363520/30/90
Länder: weltweit
Waren: Rohkaffee

51. Kessler & Co GmbH
Hohe Bleichen 13
2000 Hamburg 16
Tel.: 040/340125 + 345076
Länder: UdSSR, Ungarn, Jugoslawien
Waren: Agrararartikel: Öle, Fette, Saa-
ten, Honig, Trockengemüse,
Pilze, Heilkräuter, Drogen;
Konsumgüterartikel

52. Kieling & Co.
Martinistraße 24
2800 Bremen 41
Tel.: 0421/325868
Länder: Ostblock, Jugoslawien
Waren: Mandeln und Nüsse

53. Albrecht Kind GmbH & Co.
Postfach 310283
5270 Gummersbach 31 – Hunstig
Tel.: 02261/7050
Länder: DDR, UdSSR, Polen, Rumänien, CSSR, Jugoslawien;
auch andere Länder
Waren: Jagdwaffen, Luftgewehre, Pi-
stolen, Munition, Jagdartikel
aller Art, Lederwaren, Jagdbe-

kleidung, Optik und Zielfern-
rohre, Hundeartikel

54. Franz Kirchfeld GmbH & Co. KG
Königsallee 17
4000 Düsseldorf 1
Tel.: 0211/83981
Länder: weltweit
Waren: Waren aller Art

55. Franz Klaffs & Co.
Hochbergweg 1
1000 Berlin 45
Tel.: 030/7728080
Länder: VR-China, CSSR, Polen,
UdSSR
Waren: Schmiedestücke, Eisenbahn-
material, Gußerzeugnisse,
Stahlkonstruktionen, Laut-
sprechermagnete, elektroni-
sche Bauelemente, Druckbe-
hälter für Chlor/Freon/Pro-
pan-Butan, Sauerstoff- und
Kohlensäure-Druckzylinder

56. R. Klass & Co EGRO GmbH
Postfach 660340
2800 Bremen 66
Tel.: 0421/70081
Länder: weltweit bevorzugt: Fernost,
Nahost, Afrika, USA
Waren: alle Waren (außer Maschinen),
vorwiegend Konsumgüter

57. Klöckner & Co. KG aG
Werkzeugmaschinen Export
Neudorferstraße 3-5
4100 Duisburg 1
Tel.: 0203/18-1
Länder: Comecon, Jugoslawien
Waren: Maschinen, Eisen und Stahl,
Holz und Holzwaren

58. Hans J. Kolb GmbH & Co KG
Postfach 2130
6233 Kelkheim 2
Tel.: 06195/62087 + 61025
Länder: Europa, RGW-Länder, Nah-
/Fernost, Nordafrika, USA,
Kanada

Waren: Industrierohstoffe, Chemikali-
en, Düngemittel, Erze, Mineralien, Graphite, Legierungs-
metalle, Nichteisenmetalle,
NE-Metall-Halbzeug wie Bleche, Rohre, Drähte usw.; seltene Metalle

59. Konsuprod GmbH & Co. KG
Gewinnerstraße 13
6000 Frankfurt
Tel.: 069/416029
Länder: Ostblock, Schwerpunkt: Po-
len
Waren: Konsumgüter

60. Friedrich Krefting GmbH
Küllenhahner Straße 51-53
Postfach 150160
5600 Wuppertal 12
Tel.: 0202/40505
Länder: Ostblock, Jugoslawien
Waren: Handwerkzeuge, Meßwerkzeu-
ge, Automobilwerkzeuge

61. Krupp Handel GmbH
Stahlexporte und Anlagentechnik
Karl-Arnold Platz 3
Postfach 4909
4000 Düsseldorf 1
Tel.: 0211/4576-349
Länder: weltweit
Waren: Walzstahl

62. KUCO Holzimport und Handelsges.
mbH
Zweigniederlassung Berlin
Potsdamer Straße 145
1000 Berlin 30
Tel.: 030/2163039
Länder: CSSR, Polen, UdSSR, Ungarn
Waren: Holz für Brenn- und Nutz-
zwecke, Industrieholz, Holz-
produkte aller Art, Sägerest-
hölzer, Späne, Hackschnitzel

63. Kulenkampff & Konitzky
Postfach 103867
2800 Bremen 1
Tel.: 0421/3676-1
Länder: Fernost, Lateinamerika

Waren: Haushaltswaren, Geschenkar-
tikel, Rohgewebe und Garne
für Textilindustrie

64. Kunstoplast-Chemie GmbH
An den drei Hasen 37
6370 Oberursel/Ts.
Tel.: 06171/4044
Länder: Ostblock, Jugoslawien
Waren: Kunststoffrohstoffe, Chemika-
lien

65. Henry Lamotte
Import-Export-Fischölwerk
Postfach 103849
2800 Bremen 1
Tel.: 0421/540095
Länder: weltweit
Waren: Öle und Fette pflanzlicher und
tierischer Herkunft, Lebens-
mittelerzeugnisse, vornehmlich
Konserven und Tiefkühlware

66. Fred Leker & Sohn
Ostender Straße 6
Postfach 660209
2800 Bremen 66
Tel.: 0421/580004
Länder: weltweit
Waren: chemische und pharmazeuti-
sche Rohstoffe, Fertilizer

67. Günther Leis
Engineering GmbH
Import-Export KG
Kleinaustraße 21
1000 Berlin 37
Tel.: 030/8121091
Länder: Bulgarien, CSSR, Nord-Ko-
rea, Rumänien
Waren: metallbearbeitende Werkzeu-
ge, Mineralien, Werkzeugma-
schinen

68. MAGRA GmbH
Schulstraße 48
Postfach 45
6234 Hattersheim/Main 1
Tel.: 06190/8021
Länder: Ostblock, Jugoslawien
Waren: Wälzlager, Elektromotoren,
Maschinenwerkzeuge, Hand-

werkzeuge, Meßwerkzeuge,
Elektrohandwerkzeuge, Holz-
schrauben, Metall- und Ma-
schinenschrauben

69. Mannesmann Handel AG
Niederkasseler Lohweg 20
4000 Düsseldorf 11
Tel.: 0211/598-1
Länder: außereuropäische Länder
Waren: Röhren, Walzstahl

70. Marquardt u. Bahls & Co.
Kattrepelsbrücke 1
2000 Hamburg 1

71. Metallgesellschaft Service GmbH
Reuterweg 14
Postfach 101501
6000 Frankfurt 1
Tel.: 069/1590
Länder: weltweit
Waren: Rohstoffe aller Art

72. Arnold Otto Meyer
Postfach 104420
2000 Hamburg 1
Tel.: 040/30011
Länder: weltweit
Waren: Industriechemikalien, Feinche-
mikalien für die Lebensmitte-
lindustrie, pharmazeutische
Rohstoffe, Kunststoffe, syn-
thetischer Kautschuk

73. NASCO A. Nassimi & Co.
Postfach 303924
2000 Hamburg 36
Tel.: 040/362233-35
Länder: Ostblock
Waren: Textilien (Stoffe), Garne,
Kunstleder, Rohstoffe und
Fertigwaren, allgemeine Ge-
brauchsgegenstände

74. Olff & Co Handels-GmbH
Bettinastraße 30
6000 Frankfurt 1
Tel.: 069/740721
Länder: Ostblock, Jugoslawien
Waren: Textilien aller Art (Rohgewebe
bis zur fertigen Textilkonfek-

tion); tierische Rohstoffe
(Häute, Leder, Haare, Wolle,
Federn etc.), Halb- und Fertig-
fabrikate aus diesen Rohstoffen

75. Outimex-Bautechnik GmbH
Landshuter Straße 1
1000 Berlin 30
Tel.: 030/242062
Länder: VR-China, Polen, UdSSR,
Ungarn
Waren: Baumaterial, Stahlkonstruk-
tionen, Hallen, Kräne, Dienst-
leistungen (Montage), Ferti-
gung von Stahlschalungen,
Profilstahl und Drehteile

76. Heinrich Paes KG
Laubenhof 23
4300 Essen 12
Tel.: 0201/35961
Länder: Nord-, West- und Zentralafri-
ka; Mittlerer Osten; evtl.
Fernost
Waren: sämtliche einzelhandelsfähigen
Fertigwaren

77. Papier- und Textilrohstoff-Handels
GmbH & Co. KG
Postfach 25
3370 Seesen
Tel.: 05381/70988 + 89
Länder: Ostblock, Jugoslawien
Waren: Textilrohstoffe, Garne in 1a
oder 2a Qualitäten, Abfälle
oder Regenerate daraus;
Kunststoffe – Typenware in
Resopal, Polypropylen, ver-
wandte Spritzgußqualitäten,
Regenerate daraus; jede Art
von Altpapier, Stockposten,
Abfallglas

78. Philipp Brothers GmbH
Postfach 2426
4000 Düsseldorf 30
Tel.: 0211/45490-0
Länder: weltweit
Waren: Mineralische und metallische
Rohstoffe, chemische und pe-
trochemische Produkte, Ge-

treide, Zucker, Kakao, Kautschuk, Düngemittel, Rohöl.
Ölprodukte

79. Gerhard Pilz
Kaffee-Import und Großrösterei
Grevenweg 80
2000 Hamburg 26
Tel.: 040 / 2 50 10 33-34
Länder: Zentralamerika, Südamerika,
Ostafrika
Waren: Rohkaffee

80. Possehl Montan-Handelsgesellschaft
mbH
Postfach 1560
4670 Lünen
Tel.: 0 23 06 / 10 83 81
Länder: Ostblock, China
Waren: NE-Metalle in Form von Neu-
metallen, Altmetallen, NE-
Metallhalbzeuge, Kupferkon-
zentrat, Kohle, Ferrolegierun-
gen, Zement, Rohstoffe aller
Art; Lebensmittel

81. Hartmut Rath GmbH
Beusselstraße 44 n-q
1000 Berlin 21
Tel.: 0 30 / 39 50 01
Länder: alle Länder
Waren: frisches, getrocknetes und
konserviertes Obst und Gemü-
se, Konzentrate, Zitrusfrüchte,
Kartoffeln, Zwiebeln

82. Erzsebet Redigan
Postfach 65 07 07
Adolfstraße 2
1000 Berlin 65
Tel.: 0 30 / 46 19 14 44
Länder: VR-China, CSSR, Jugosla-
wien, VR-Mongolei, Polen,
Rumänien, UdSSR, Ungarn
Waren: hochwertige Damenunterwä-
sche und -Mieder, nostalgische
und historische D-
Unterwäsche und D-
Bekleidung und D-Bekleidung
für Film und Bühne, von ele-
gant bis historisch Schuhe und
Stiefel, Parfümerie-Artikel,
hochwertige Accessoires

83. Raspe & Paschen (GmbH & Co.)
Stenzelring 33
2102 Hamburg 93
Tel.: 040 / 75 20 12-1
Länder: VR-China, Osteuropa, Argen-
tinien, Uruguay, Brasilien
Waren: alle Arten von Naturdärmen;
elektrotechnische Erzeugnisse
wie Elektromotoren, Hoch-
spannungskabel, Sicherungen,
Schalter, Batterien etc.;
Lamm- und Schaffellplatten,
Arbeitsschutzbekleidung

84. Remy & Co.
Baumwall 5
Postfach 11 06 08
2000 Hamburg 1
Tel.: 040 / 37 39 41
Länder: DDR, Bulgarien, CSSR
Waren: Chemikalien, pharmazeutische
Rohstoffe

85. Reuter & Co.
Handelsgesellschaft mbH
Schwachhauser Heerstraße 365
2800 Bremen 1
Tel.: 04 21 / 23 90 91
Länder: RGW-Länder
Waren: Agrarprodukte und Lebens-
mittel, insbesondere Fleisch
von Haustieren; Wild; lebende
Tiere

86. Heinz Rohn Tiefkühl GmbH
Schaumbergstraße 1
Postfach 1506
8670 Hof
Tel.: 0 92 81 / 5 15 08
Länder: Ostblock, Jugoslawien
Waren: Obst- und Gemüsesektor, fri-
sche und tiefgefrorene Ware.

87. Schlubach & Co GmbH
Dammtorstraße 14
2000 Hamburg 36
Tel.: 040 / 34 18 11
Länder: Osteuropa
Waren: Chemikalien, Kunststoffe,
Öle, Fette, NE-Metalle,
Schrott, Mineralölprodukte

88. Manfred Schröder
    Stieffring 8
    1000 Berlin 13
    Tel.: 030/3443093
    Länder: Bulgarien, VR-China, CSSR,
        Polen
    Waren: Textilien, Meterware

89. Wilhelm Schulz KG
    Postfach 104265
    Martinistraße 24
    2800 Bremen 41
    Tel.: 0421/325868
    Länder: Ostblock, Jugoslawien
    Waren: Waren aller Art

90. Heinz-Günther Schumacher GmbH
    Bendestorfer Straße 103
    2110 Buchholz i.d.N.
    Tel.: 04181/7026
    Länder: gesamter Ostblock
    Waren: natürlicher Honig, Bienen-
        wachs, Blütenpollen, Propolis

91. SEITA-Group
    Außenhandels Ges. mbH
    Postfach 201609
    5600 Wuppertal 2
    Tel.: 0202/591049
    Länder: Polen, CSSR, Ungarn
    Waren: Waren aller Art aus Polen und
        der CSSR; Lebensmittel aus
        Ungarn

92. SIDACO GmbH
    Chemikalien und Rohstoffe
    Düsseldorferstraße 38
    1000 Berlin 15
    Tel.: 030/8832047
    Länder: Albanien, Bulgarien, CSSR,
        Nord-Korea, Polen, Rumä-
        nien, UdSSR, Ungarn
    Waren: chemische und pharmazeuti-
        sche Rohstoffe

93. Sieger Jung KG
    Elektromaterial
    Ludwig-Herr-Straße 35
    7014 Kornwestheim
    Tel.: 07154/21440
    Länder: Ostblock Jugoslawien
    Waren: Elektroinstallationsmaterial

(Klemmleisten, Sicherungen aller Art, Stecker usw.)

94. Siemsglüss & Sohn
    Heidenkampsweg 84
    2000 Hamburg 1
    Tel.: 040/232121-29
    Länder: weltweit
    Waren: Vitamine, Hormone, Antibio-
        tika, Futtermittelzusätze,
        Pharmazeutika, Chemikalien

95. SITEC Handels GmbH
    Herzog-Wilhelm-Straße 9/II
    Postfach 330743
    8000 München 2
    Tel.: 089/2607500
    Länder: weltweit
    Waren: Stahl (Walzdraht, kalt und
        warmgewalzte Bleche); Ferro-
        legierungen; Rohmaterialien;
        Erze; Chemikalien; Kunst-
        stoffgranulate; Düngemittel;
        Ersatzteile für Maschinen und
        Automobile; Maschinen;
        Werkzeuge

96. Hans Sommer GmbH & Co KG
    Kohlhökerstraße 4
    Postfach 101429
    2800 Bremen 1
    Tel.: 0421/701040
    Länder: Ostblock, Lateinamerika
    Waren: Bienenhonig, Agrarprodukte

97. STAHLKONTOR HAHN GmbH
    Borsigstraße 2
    Postfach 1709
    4030 Ratingen 1
    Tel.: 02102/4021
    Länder: Rumänien, Ungarn, CSSR
    Waren: Rohre aus Stahl

98. STAMEX Stahlexport GmbH & Co.
    Internationale Handels KG
    Postfach 248
    Schützallee 35
    1000 Berlin 37
    Tel.: 030/8025055
    Länder: alle Länder
    Waren: Walzstahlerzeugnisse aller Art,
        besonders spezialisiert auf:

Schrauben, Stahlmuttern,
Normteile. Außerdem im Pro-
gramm: kaltgew. Bandeisen,
gezogene schwarzgeglühte
Drähte, verzinkte Drähte,
Qualitätsdrähte, hochfeste
Drähte, Ferrolegierungen

99. R. Stechmann & Co.
Postfach 32 31 52
2000 Hamburg 13
Tel.: 040 / 48 14 51
Länder: weltweit
Waren: Waren aller Art

100. Export TEYKE Import
Württembergallee 31
1000 Berlin 19
Tel.: 030 / 3 04 06 84 / 85
Länder: VR-China, CSSR, Polen
Waren: Industriebedarf, Erzeugnisse
des Maschinenbaus und der
Elektroindustrie, Mikroelek-
tronik

101. Thyssen Stahlunion GmbH
August-Thyssen-Straße 1
Postfach 1146
4000 Düsseldorf 1
Tel.: 02 11 / 82 43 88 51
Länder: weltweit
Waren: Stahl

102. UNIPAP Paper Trading GmbH
Hohe Bleichen 11
2000 Hamburg 36
Tel.: 040 / 3 40 5 85
Länder: Ostblock, Jugoslawien
Waren: Papier, Karton, Zellulose

103. VAREX & Co.
Gesellschaft für Wirtschaftskoopera-
tion mbH
Postfach 20 08 72
4000 Düsseldorf 1
Tel.: 02 11 / 37 60 41-46
Länder: Polen, UdSSR
Waren: medizinische Geräte, Berg-
werksausrüstung, Produkte
für die NE-Metallindustrie,
NE-Metalle allgemein

104. VDM Halbzeuge und Systemtechnik
GmbH
Zeilweg
6000 Frankfurt 50
Tel.: 069 / 58 02-0
Länder: weltweit
Waren: NE-Metalle, NE-Halbzeuge

105. Verex Beratungs- und Handels GmbH
Kurfürstenstraße 15-16
1000 Berlin 30
Tel.: 030 / 2 61 10 95
Länder: Polen
Waren: Textilien, Holzwaren, Gemüse

106. Vink & Co GmbH
Handelsgesellschaft u. Co KG
Huehnerposten 14
2000 Hamburg 1
Tel.: 040 / 23 01 67
Länder: Ostblock
Waren: Chemikalien; Lebensmittelzwi-
schenprodukte ; Rohstoffe

107. Völpel KG
St.-Wolfgang-Straße 1
8859 Königsmoos
OT-Ludwigsmoos
Tel.: 0 84 33 / 10 17-18
Länder: weltweit
Waren: Trockengemüse, Hagebutten
getrocknet, Pfefferminze ge-
trocknet, Heilkräuter, Hibis-
cusblüten getrocknet

108. Günter & Gerhard Welm GmbH & Co
KG
Waltherstraße 27
Postfach 15 21 26
8000 München 15
Tel.: 0 89 / 53 03 64
Länder: Comecon, Jugoslawien, Tür-
kei
Waren: Konsumgüter aller Art, Food
und Non-Food-Programm;
Obstkonzentrate (Muttersäf-
te), Industrieäpfel, tiefgekühl-
te Möhren und Erbsen

109. Gebr. Weyersberg
Wilhelmstraße 29
Postfach 11 09 20

5650 Solingen 11 (Ohligs)
Tel.: 02122/790 61-63
Länder: Ostblock, Jugoslawien
Waren: Handwerkzeuge, Eisenwaren,
    Metallwaren, Haushaltsartikel,
    Werkzeugmaschinen, sonstiger
    Industriebedarf

110. Wild Heister KG (GmbH & Co.)
Wittenstraße 16
Postfach 2729
3380 Goslar 1
Tel.: 05321/21033
Länder: Ostblock, Jugoslawien
Waren: Wild und Geflügel

111. wimpex Fleischhandelsgesellschaft
mbH & Co.
Rathausplatz 8-10
Postfach 2665
4840 Rheda-Wiedenbrück
Tel.: 05242/440 85-86
Länder: Ostblock, Afrika
Waren: Lebensmittel aller Art

112. Otto Wolff Industrieanlagen Gesell-
schaft mbH
Zeughausstraße 2
Postfach 102010
5000 Köln 1
Tel.: 0221/1641-617
Länder: europäische Ostblockländer
Waren: Erzeugnisse der metallverar-
    beitenden Industrie, Industrie-
    erzeugnisse allgemein

113. Wünsche Handelsgesellschaft
International (GmbH & Co)
Palmaille 50
2000 Hamburg 50
Tel.: 040/38080
Länder: weltweit
Waren: Obst-, Gemüse-, Fleischkon-
    serven; Trockenfrüchte

Dänemark

1. Interkompens
Studiesstraede 63
Kopenhagen V

Finnland

1. Kaukomarkkinat OY
Kutojantie 4
SF — 02610 Espoo 61,
Helsinki

Frankreich

1. Lafitte International
Rue Lafitte 21
F — 75009 Paris

2. Louis Dreyfus & Co.
6 Rue Rabelais
Paris 8e

3. J.A. Goldschmidt SA.
149 Rue Honore
Paris 1er

4. Graficomex
20 Rue de la Ville L'Evèque
F — 75008 Paris

5. Secopa
22 Rue d'Agusseau
F — 75008 Paris

Großbritannien

1. Adams and Co.
Spinney House
Welton
Nr. Daventry
Northampton NN11 5JJ
Dienstleistung: Beratung bei Gegenge-
    schäften aller Art

2. Alcon (Compensation Trading) Ltd.
2 Audley Square
London SW1Y 5DR

3. Anglo-Austrian Trading Co. Ltd.
10 Haymarket
London SW1Y 4BG
Tel.: 018394161

Länder: Comecon-Staaten, besonders
      DDR
Waren: Chemische Erzeugnisse, Che-
      mieanlagen, Rohwaren, medizi-
      nische Ausrüstung

4. A W T
   29 Gresham Street
   London EC2V 7AH
   Tel.: 01 822 2600
   Länder: Comecon, Jugoslawien, Iran,
         Indonesien, Malaysia sowie
         Staaten Südamerikas, Nord-
         und Südafrikas
   Waren: Metalle, Erze, Papier, Zellstoff,
         Nahrungs- u. Genußmittel (z. B.
         Tabak, Kaffee usw.)

5. Mr. J.H. Bailey
   10 Langland Gardens
   London NW3 6PR
   Tel.: 01 435 8854
   Länder: weltweit
   Waren: Rohstoffe

6. Barelays Bank PLC
   Countertrade Unit
   Fleetway House
   25 Farrington Street
   London EC4A 4LT
   Tel.: 01 489 0969
   Dienstleistung: Hilfestellung bei der
         Vorbereitung, Durch-
         führung und Abwick-
         lung von Gegengeschäf-
         ten aller Art

7. BATIS Ltd.
   9 Cavendish Square
   London W1M 9DD
   Tel.: 01 631 1801
   Dienstleistung: Countertradespezifische
         Informationen und
         Marktforschung

8. Berry Palmer & Lyle Ltd.
   69/70 Mark Lane
   London EC3R 7HY
   Tel.: 01 265 1921
   Dienstleistung: Hilfestellung bei der Fi-
         nanzierung und Versi-

cherung von
Countertrade-Vorhaben

9. Biddle Sawyer & Co. Ltd.
   Prince Rupert House
   64 Queen Street
   London EC4R 1AD
   Tel.: 01 236 3311
   Länder: primär China, UdSSR, Osteu-
         ropa
   Waren: sämtliche Waren, besonders
         Rohstoffe

10. The BIT Company
    14 Grosvenor Place
    London SW1X 7HH
    Tel.: 01 235 0111
    Länder: Indien, Iran, Türkei, Griechen-
          land, Kenia, Tansania, die
          Staaten Lateinamerikas,
          Comecon-Länder
    Waren: sämtliche Waren

11. Brandeis Intsel Ltd.
    4 Fore Street
    London EC2P 2NU
    Tel.: 01 638 5877
    Länder: weltweit
    Waren: Erze und Metalle

12. Buckton Scott Ltd.
    Cross Keys House
    The Parade
    Marlborough
    Wiltshire SN8 1NE
    Tel.: 0672 / 53001
    Länder: Südostasien, besonders China
    Waren: Chemische Erzeugnisse

13. Byron International
    Limited
    PO Box 39
    Knowle
    Solihull
    West Midlands B93 9AY
    Tel.: Knowle 05645 / 77014
    Länder: Kanada, Indonesien, Finnland,
          Ungarn, Bulgarien, Rumänien,
          Polen, Portugal, China
    Waren: Rohstoffe, Anlagen, Teile

14. Emerson Associated Ltd.
34 Ebury Street
London SW1
Tel.: 01 730 7158
Länder: weltweit
Waren: sämtliche Waren

15. Lawrence Elwes Ltd.
(Trading as 'Eurocap')
High Street
Winchcombe
Gloucestershire GL54 5LJ
Tel.: 0242 / 603344
Dienstleistung: Beratung bei Offset-
Geschäften

16. The Export Credit
Clearing House Ltd.
4 Dean's Court
London EC4V 5AA
Tel.: 01 236 1042
Dienstleistung: Beratung und Hilfestel-
lung bei sämtlichen
countertradespezifischen
Problemen, besonders
bei Finanzierungs- und
Versicherungsfragen

17. Investment Insurance
International
(Managers) Ltd.
Lloyds Chambers
1 Portsoken Street
London E1 8DF
Tel.: 01 480 4000
Dienstleistung: Versicherung von wirt-
schaftlichen und politi-
schen Risiken, auch in
Verbindung mit
Countertrade-
Abschlüssen

18. Joelynn Ltd.
Joelynn House
2 Pollard Road
Whetstone
London N2O 0UB
Tel.: 01 368 7719
Länder: weltweit
Dienstleistung: Beratung bei
Countertrade-Vorhaben

19. Barter and Countertrade
International Banking
Division
Lloyds Bank plc
71 Lombard St
London EC3P 3BS
Tel.: 01 626 1500
Länder: weltweit
Dienstleistung: Abwicklung und Finan-
zierung von
Countertrade-
Geschäften

20. The London Manhatten
Company LTD
3 Chatsworth Close
Chatsworth Road
London W4 3HZ
Tel.: 01 994 4191
Dienstleistung: Finanzierung von
Countertrade-Projekten
jeglicher Art

21. Manufacturers Hanover
World Trade Corp
7 Princes Street
London EC2P 2LR
Tel.: 01 600 5666
Länder: weltweit
Waren: sämtliche Waren

22. Marshall Associates
Meadowland
Midford Road
Southstoke
Bath BA2 5SD
Tel.: 0255 / 832877
Länder: Mittlerer Osten, einschließlich
Iran, Asien, Afrika, Europa,
Lateinamerika
Waren: sämtliche Waren

23. Matthews Associates
PO Box 59
Dorking
Surrey RH4 1YW
Tel.: 0306 / 881095
Länder: Finnland, Comecon, Griechen-
land, Jugoslawien, Lateiname-
rika
Waren: sämtliche Waren

24. M G Services Ltd.
    Third Floor
    1 Albemarle Street
    London W1X 3HF
    Tel.: 01 491 2488
    Länder: weltweit
    Waren: sämtliche Waren

25. Midland Bank plc
    International Division
    Walker House
    87 Queen Victoria Street
    London EC4V 4AP
    Tel.: 01 260 6000
    Länder: weltweit
    Waren: sämtliche Waren

26. National Westminster
    Bank plc
    Group Commodities Unit
    National Westminster
    Tower
    25 Old Broad Street
    London EC2N 1HQ
    Tel.: 01 920 1469
    Dienstleistung: Beratung und Unterstüt-
                    zung bei Countertrade-
                    Vorhaben

27. P B Trade Finance Ltd.
    Curtlers Court
    115 Houndsditch
    London EC3A 7BU
    Tel.: 01 283 3111
    Dienstleistung: Finanzierung von
                    Countertrade-
                    Vorhaben, Beratung

28. Philipp Brothers Ltd.
    Victoria Plaza
    111 Buckingham Palace Rd
    London SW1W 0SL
    Tel.: 01 721 4000
    Länder: weltweit
    Waren: Rohstoffe, einschließlich Erdöl,
           Kohle

29. Produce Studies Ltd.
    Northcroft House
    West Street
    Newbury
    Berkshire RG13 1HD

Tel.: 0635 / 46112/47711
Dienstleistung: Countertrade-Beratung
                bei Geschäften mit Ent-
                wicklungsländern

30. Royal Bank of Scotland plc
    International Division
    5-10 Great Tower Street
    London EC3P 3HX
    Tel.: 01 626 3270
    Dienstleistung: Countertrade-Beratung
                    und Finanzierung von
                    Countertrade-
                    Abschlüssen

31. Satra Limited
    15-21 Pread Street
    London W2 1NJ
    Tel.: 01 402 5151
    Länder: Osteuropa
    Waren: Automobile, Metalle, Minera-
           lien, Erze

32. Standard Chartered
    Export Finance Ltd.
    38 Bishopsgate
    London EC2N 4DE
    Tel.: 01 280 7272
    Dienstleistung: Beratung und Hilfestel-
                    lung bei Countertrade-
                    Vorhaben

33. Political Risks Division
    Stewart Wrightson Ltd.
    1 Camomile Street
    London EC3A 7HJ
    Tel.: 01 623 7511
    Dienstleistung: Versicherung von
                    Countertrade-
                    Geschäften

34. Straits Petroleum Ltd.
    165/177 The Broadway
    London SW19 1AQ
    Tel.: 01 543 2133
    Dienstleistung: Beratung bei
                    Countertrade-
                    Geschäften, die Gegen-
                    lieferung von Erdöl zum
                    Gegenstand haben

Italien

1. Compagnia Generale Interscambi SpA.
   (COGIS)
   Corso Venezia 54
   I − 20121 Milan

2. Novasider SpA.
   Via San Francesco da Paola 17
   I − 10123 Torino

3. Sirco Trading SpA.
   Via Serra 4
   I − 1621 Genoa

4. Societa per l'Incremento dei Rapporti
   Commerciali con l'Estero SpA.
   (SIRCE)
   Via Larga 23
   I − 20122 Milan

Niederlande

1. Handelsverkeer NV.
   Westersingel 197
   Rotterdam

2. Hollandsche Ank-Unie NV.
   Herengracht 434-440
   NL − 1002 Amsterdam

3. Philipp Brothers (Holland) NV.
   Prinses Irenestraat 39
   NL − 1011 Amsterdam

Österreich

a) Einige besonders
bekannte Countertrade-Firmen:

1. Allgemeine Finanz- und Waren − Treu-
   hand AG
   Schottenring 12
   A − 1013 Wien
   Tel.: 0222 / 63 36 06-0

2. Centro
   Internationale Handelsbank AG

Tegetthoffstraße 1
A − 1015 Wien
Tel.: 0222 / 52 45 10-0, 51 52 00

3. Evidenzbüro für Außenhandelsgeschäf-
   te
   Bruckerstraße 4
   A − 1040 Wien
   Tel.: 0222 / 65 13 06, 65 51 31

4. Gebrüder Schoeller OHG
   Renngasse 1
   A − 1011 Wien

5. Voest-Alpine-Intertrading
   Ges. m.b.H.
   Postfach 22
   A − 4010 Linz
   Strasserau 6
   A − 4020 Linz
   Tel.: .... / 732 / 2804-0

b) Weitere Auflöser für Gegengeschäfte

1. Ackermann & Scheuer OHG
   Wollzeile 12
   A − 1010 Wien
   Tel.: 0222 / 52 18 38
   Länder: Ungarn, CSSR
   Waren: Stahlwaren, Metallwaren auch
      Lebensmittel

2. A. Johnson & Co. GesmbH
   Taborstraße 13
   A − 1020 Wien
   Tel.: 0222 / 26 65 56
   Länder: Albanien, Bulgarien, CSSR,
      Jugoslawien, Rumänien, Un-
      garn
   Waren: Erze und Metalle, Stahl, chemi-
      sche Produkte, Lebensmittel

3. Austrowaren
   Österreichische Warenhandelsgesell-
   schaft mbH
   Schellinggasse 7
   A − 1015 Wien
   Tel.: 0222 / 52 46 41-0
   Länder: alle Comecon-Staaten
   Waren: speziell Chemie, Holz, Reifen

4. C G L Handelsges. mbH
Börsegasse 11
A − 1010 Wien
Tel.: 0222 / 66 24 − 42 20
Länder: alle Comecon-Staaten, insbes.
CSSR, Ungarn, UdSSR
Waren: alle Waren

5. Chemol
Handelsgesellschaft mbH
Wohllebengasse 6
A − 1041 Wien
Tel.: 0222 / 65 97 01-0
Länder: Bulgarien, CSSR, Rumänien,
Ungarn
Waren: Chemikalien, Kunststoffe (Roh-
stoffe, Halbfabrikate, Ganzfa-
brikate) und andere artver-
wandte Produkte

6. Chemo − Trade GesmbH
Wohllebengasse 6
A − 1041 Wien
Tel.: 0222 / 65 47 86-0
Länder: Bulgarien, CSSR, Rumänien,
Ungarn
Waren: Chemierohstoffe, Chemikalien

7. Commestero
AussenhandelsgesmbH
Kohlmarkt 16
A − 1010 Wien
Tel.: 0222 / 63 65 27, 63 84 38
Länder: CSSR
Waren: Eisen und Stahl

8. Ekmann & Co., GesmbH
Floragasse 7a/III
A − 1040 Wien
Tel.: 0222 / 65 76 01
Länder: CSSR, Rumänien, Jugosla-
wien, UdSSR, Bulgarien, Polen

Waren: Papier, Zellulose, Altpapier

9. Export Consult
Handelsges. mbH
Wlassakstraße 64-66
A − 1130 Wien
Tel.: 0222 / 84 95 78
Länder: CSSR, Ungarn, Rumänien,

Bulgarien, Jugoslawien, Polen,
DDR
Waren: alle Waren

10. Ferimpex Handelsges. mbH
Postgasse 19 / 1. Stg. 4/16
A − 1010 Wien
Tel.: 0222 / 63 18 72
Länder: alle Comecon-Staaten
Waren: Metall: Stabstahl, Formstahl,
Betonstahl, Walzdraht, kalt-
und warmgewalzte Bleche

11. F.J. Elsner & Co.
Kohlmarkt 11
A − 1011 Wien
Tel.: 0222 / 52 67 71
Länder: alle osteuropäischen Staaten
Waren: alle Branchen, Schwerpunkte:
Nahrungsmittel, Rohstoffe für
die Nahrungsmittelindustrie,
Hartwaren, Haus- und Garten-
geräte

12. Grabmann
WarenhandelsgesmbH
Färbergasse 3
A − 1010 Wien
Tel.: 0222 / 63 92 49, 63 59 24
Länder: Ungarn, CSSR, DDR
Waren: alle Handelswaren (Mineralöle,
Baustoffe etc.)

13. Glahé International
GesellschaftmbH
Wlassakstraße 64
A − 1130 Wien
Tel.: 0222 / 84 63 70
Länder: alle Comecon-Staaten ohne
UdSSR
Waren: Holz/Möbelindustrie, Papierin-
dustrie, Leichtindustrie (Texti-
lien)

14. Greiner KG
Schaumstoffwerk
Exportbüro
Zur Spinnerin 19
A − 1100 Wien
Tel.: 0222 / 61 02 82
Länder: CSSR, Ungarn, Polen, UdSSR,

Bulgarien, eventuell Rumänien
Waren: Kunststoffe und Granulate
(Thermoplaste)

15. Herold B. Scott GesmbH
Mahlerstraße 9/2
A – 1010 Wien
Tel.: 0222/521902
Länder: alle Comecon-Staaten
Waren: alle Waren

16. IAEG
Industriemaschinen und
Anlagenzubehör-Export GesmbH
Esteplatz 4
A – 1033 Wien
Tel.: 0222/731267, 752204
Länder: Rumänien, CSSR, UdSSR, Ungarn
Waren: Maschinenbau, Chemie

17. Ing. Artur Zeisl
Werkzeugmaschinen
Kaiserstraße 85
A – 1070 Wien
Tel.: 0222/936508
Länder: CSSR
Waren: Waren der Firmen Strojimport,
Incesta, Strojexport, eventuell
Technopol

18. Ing. Hans Uteschill
Postfach 115
A – 1191 Wien
Tel.: 0222/948148
Länder: CSSR, DDR, Polen, Rumänien, Bulgarien, Jugoslawien,
UdSSR
Waren: Kunststoffe, Düngemittel, Chemikalien

19. Johann Apenzeller
Kärntnerstraße 17
A – 1010 Wien
Tel.: 0222/524535
Länder: alle Comecon-Staaten
Waren: alle Waren

20. Klöckner Chemie Austria
Handelsges.mbH
Seilergasse 14
A – 1010 Wien

Tel.: 0222/531231
Länder: alle Comecon-Staaten
Waren: Rohstoffe und Zwischenprodukte der organischen und anorganischen Chemie sowie
Kunststoffe

21. Kögler GesmbH
Sterngasse 11
A – 1010 Wien
Tel.: 0222/633313, 639357
Länder: alle Comecon-Staaten
Waren: Textilrohstoffe, Garne

22. Mag. Nirmal MISRA
Chemikalien-Vertretung
Harmoniegasse 1/18
A – 1090 Wien
Tel.: 0222/3440632
Länder: Bulgarien, Polen, CSSR, Ungarn, Albanien
Waren: chemische Produkte

23. Metafin Handelsges.mbH
Mittersteig 10
A – 1050 Wien
Tel.: 0222/658794/5
Länder: alle osteuropäischen Staaten
Waren: alle Branchen

24. MONDEX Beteiligungs-
und Handelsges. mbH
Landstraße Gürtel 39/3/10
A – 1030 Wien
Länder: alle Comecon-Staaten
Waren: Waren aller Art

25. OECOM
Krenmayer & Co.
Schottenfeldgasse 34
A – 1070 Wien
Tel.: 0222/931458, 936104
Länder: CSSR, Ungarn, Polen
Waren: Konsumwaren, Industriechemikalien usw.

26. Österreichischer Molkerei- und
Käseverband reg. Gen.mbH
Werdertorgasse 5
A – 1013 Wien
Tel.: 0222/633631-0
Länder: alle osteuropäischen Staaten

Waren: Molkereiwirtschaft (vorzugswei-
se Butter, Mager- und Voll-
milchpulver)

27. „Oresta" GesmbH
Import-Export-Transit
Grosse Mohrengasse 10
A − 1020 Wien
Tel.: 0222 / 24 21 67
Länder: Ungarn
Waren: alle Waren

28. Promex GesmbH
Margaretenstraße 21
A − 1040 Wien
Tel.: 0222 / 57 42 48
Länder: alle Comecon-Staaten
Waren: Textilien u.a.

29. Satero
RohstoffhandelsgesmbH
Reitlegasse 11
A − 1190 Wien
Tel.: 0222 / 36 36 89
Länder: Jugoslawien
Waren: organische und anorganische
Chemikalien, chem. Rohstoffe

30. TOMA GroßhandelsgesmbH
Fr. Mag. SANDING
Kolingasse 6/16
A − 1090 Wien
Tel.: 0222 / 34 51 24
Länder: Rumänien, DDR
Waren: Elektrotechnische und techni-
sche Produkte, z. B. Dieselmo-
toren

31. Uddeholm International
Gesellschaft mbH
Bayerngasse 3/4/12
A − 1030 Wien
Tel.: 0222 / 75 51 63, 75 60 37
Länder: Jugoslawien, alle Comecon-
Staaten
Waren: Waren aller Art

32. Unico Trading
HandelsgesmbH
Jasomirgottstraße 3/6
A − 1010 Wien
Tel.: 0222 / 63 32 41

Länder: alle Comecon-Staaten
Waren: Lebensmittel, Holz, Konsumgüter, Textilien, landwirtschaftliche Produkte, Chemikalien

33. Verband der österr. Transithändler
Kärtnerstraße 17
A − 1010 Wien
Tel.: 0222 / 52 45 35
Länder: alle Comecon-Staaten
Waren: alle Waren

34. Vienna Commerz
HandelsgesmbH
Zaunergasse 4
A − 1030 Wien
Tel.: 0222 / 72 940
Länder: alle europäischen Staaten
Waren: agrarische Produkte, Baumate-
rial, Chemikalien, Energieträ-
ger, Konsumartikel, Kunstdün-
gemittel, Kunststoffe (Rohma-
terial), metallurgische Rohstof-
fe und Erzeugnisse, technische
Artikel, Transportmittel und
Verpackung

35. Wilhelm Neuber
GesellschaftmbH
Brückengasse 1
A − 1061 Wien
Tel.: 0222 / 57 95 38
Länder: CSSR, Ungarn, Rumänien,
Bulgarien, Polen, UdSSR
Waren: chemische Industrie

Schweden

1. The Axel Johnson Group
S − 10375 Stockholm

2. Sukab AB.
Burger Jarlsgatan 2
S − 10382 Stockholm

3. Transfer AB.
Sundyberg 1
S − 17220 Stockholm

Schweiz

1. Andre et Cie. SA.
   Chemin Missidor 7
   CH - 1000 Lausanne

2. Contraco Holding und Finanz AG
   Chemin de Cap 3
   CH - 1006 Lausanne

3. Siber Hegner Holding Ltd.
   Bellerivestraße 17
   CH - 8034 Zürich

Spanien

1. Focomin S.A.
   Edificio Espana
   Via Layetana 30
   Barcelona

2. Fomento de Comercio Exterior SA.
   Alfonso X, 5
   Madrid

USA

1. Boles World Trade Corp.
   1521 New Hampshire Ave., NW
   Washington, D.C. 20036

2. Cicatrade U.S., Inc.
   500 Park Avenue
   New York, N.Y. 10022

3. General Electric Trading Co.
   570 Lexington Ave.
   New York, N.Y. 10022

4. M. Golodetz & Co., Inc.
   666 Fifth Avenue
   New York, N.Y. 10019

5. ICC International
   720 Fifth Avenue
   New York, N.Y. 10019

6. International Commodities Export Co.
   717 Westchester Avenue
   White Plains, N.Y. 10604

7. Contritrade Services/Merban Americas
   Corp.
   One State Street Plaza
   New York, N.Y. 10004

8. Manufacturers Hanover
   270 Park Avenue
   New York, N.Y. 10017
   Tel.: (212) 286 3258/ 5859/ 3233/ 5858

9. Metallgesellschaft Services, Inc.
   520 Madison Avenue
   New York, N.Y. 10022

10. Philipp Brothers, Inc.
    1221 Avenue of the Americas
    New York, N.Y. 10020

11. Sears World Trade, Inc.
    450 Fifth St., N.W.
    Washington, D.C. 20001

12. United States Trading Co.
    1605 New Hampshire Ave., N.W.
    Washington, D.C. 20009

13. Woodward & Dickerson, Inc.
    Woodward House
    937 Haverford Road
    Bryn Mawr, PA 19010

Quellenhinweise

1) Schuster, Falko: Gegen- und Kompensationsgeschäfte als Marketing-Instrumente im Investitionsgüterbereich, Berlin 1979.

2) Bürgin, Rolf: Countertrade – Eine theoretische und empirische Analyse aus der Sicht einer kleinen offenen Volkswirtschaft (Schweiz), Bern/Frankfurt am Main/New York 1986;
Iske, Thorsten: Verbundgeschäfte – Betriebswirtschaftliche Analyse der modernen Erscheinungsformen und Möglichkeiten des Tauschhandels, Frankfurt am Main 1986;
Samsinger, Berndt R.: Countertrade – Eine alternative Marketing-Strategie, Diss. Zürich 1986.

3) Butt, Dietmar (Hrsg.): Außenwirtschaftslexikon, Köln 1985.

4) Glismann, Hans Hinrich; Horn, Ernst Jürgen; Nehring, Sighardt und Vaubel, Roland: Weltwirtschaftslehre, I. Außenhandels- und Währungspolitik; 3. überarbeitete und erweiterte Auflage, Göttingen 1986.

5) Schuster, Falko: Gegen- und Kompensationsgeschäfte als Marketing-Instrumente im Investitionsbereich, a.a.O., S. 15.

6) Vgl. im folgenden Samsinger, Bernd.: Countertrade, a.a.O., S. 40.

7) Altmann, Franz-Lothar; Clement, Hermann: Die Kompensation als Instrument im Ost-West-Handel, München/Wien 1979.

8) Bürgin, Rolf: Countertrade, a.a.O., S. 70, S. 125 und S. 139.

9) Shipley, David; Neale, Bill: Industrial Barter and Countertrade, in: Industrial Marketing Management 16, 1987, S. 1-8.

10) Schuster, Falko: Das Gegengeschäft als Marketing-Instrument im Investitionsgüterbereich, in: Arbeitspapiere zum Marketing, Nr. 2, hrsg. von Engelhardt, Werner Hans und Hammann, Peter, Ruhr-Universität Bochum 1977, S. 4.

11) Bundeskartellamt: Bericht des Bundeskartellamtes über seine Tätigkeit in den Jahren 1979/1980, in: Deutscher Bundestag 9. Wahlperiode Drucksache 9/565, S. 38.

12) Kruthaup, Franz H.: Barter Business – Die Vermittlung und Verrechnung von Marktumsätzen durch Tauschhandelsbetriebe, Frankfurt am Main, Bern, New York 1985, S. 73.

13) Ebenda.

14) Shipley, David; Neale, Bill: Industrial Barter and Countertrade, a.a.O., S. 1.

15) Vgl. im folgenden Schuster, Falko: Countertrade im internationalen Marketing, in: Countertrade '87, Referatesammlung, Hrsg. Zentrum für Unternehmensführung AG (ZFU), Kilchberg-Zürich 1987, S. 5.

16) Schmitt, Matthias: Kooperation – nicht Kompensation ist das Gebot, in: Frankfurter Allgemeine Zeitung v. 10.1.1981, Nr. 8, S. 12.

17) Engelmann, Walter: Kompensationen sind heikle Gegengeschäfte, in: Blick durch die Wirtschaft v. 16.1.1987, S. 7.

18) Weimer, Theodor unter Mitarbeit von Schwarting, Uwe: Die Bedeutung des Osthandels für mittelständische Unternehmen, Schriften zur Mittelstandsforschung Nr. 5 NF, Stuttgart 1985.

19) Vgl. ebenda S. 155-163.

20) Vgl. Schuster, Falko: Countertrade im internationalen Marketing, a.a.O., S. 7.

21) Schuster, Falko: Gegen- und Kompensationsgeschäfte, a.a.O., S. 316.

22) Vgl. Schuster, Falko: Countertrade im internationalen Marketing, a.a.O., S. 7.

23) Vgl. ebenda, S. 8.

24) Vgl. ebenda.

25) Vgl. Schuster, Falko: Gegen- und Kompensationsgeschäfte ..., a.a.O., S. 315-316.

26) Vgl. Altmann, Franz-Lothar; Clement, Hermann: Die Kompensation als Instrument im Ost-West-Handel, a.a.O., S. 9-12.

27) Vgl. Iske, Thorsten: Verbundgeschäfte, a.a.O., S. 13-103.

28) Vgl. Samsinger, Berndt R.: Countertrade, a.a.O., S. 53-78.

29) Vgl. Bürgin, Rolf: Countertrade, a.a.O., S. 11.

30) Vgl. Schuster, Falko: Gegen- und Kompensationsgeschäfte ..., a.a.O., S. 55 und Schuster, Falko: Das Kompensationsgeschäft als modernes Marketing-Instrument, in: WISU (Das Wirtschaftsstudium) 15, Heft 7, Juli 1986, S. 354-360, hier S. 355-356.

31) Vgl. Engelhardt, Werner Hans: Strategien der Rohstoffsicherung – eine beschaffungspolitische Aufgabe, in: Ökonomische Theorie und wirtschaftliche Praxis, Festschrift zum 65. Geburtstag von Rolf Hanschmann, Herne/Berlin 1981, S. 295-308, hier S. 305.

32) Vgl. Samsinger, Berndt R.: Countertrade, a.a.O., S. 68.

33) Vgl. Schuster Falko, Barter Arrangements with Money: The Modern Form of Compensation Trading, in: Columbia Journal of World Business, 3/1980, S. 61-66.

34) Vgl. Schuster, Falko: Das Kompensationsgeschäft als modernes Marketing-Instrument, a.a.O., S. 355.

35) Vgl. z. B. Altmann, Franz-Lothar und Clement, Hermann: Die Kompensation als Instrument im Ost-West-Handel, a.a.O., S. 10.

36) Ebenda.

37) Vgl. Verzariu, Pompiliu: Countertrade, Barter und Offsets — New Strategie for Profit in Interntional Trade, New York et al. 1985, S. 24.

38) Vgl. Iske, Thorsten: Verbundgeschäfte ..., a.a.O., S. 22.

39) Vgl. Bürgin, Rolf: Countertrade ..., a.a.O., S. 22.

40) Allgemeine Bedingungen für die Übernahme von Ausfuhrgarantien, o.O., Dez. 1983.

41) Allgemeine Bedingungen für die Übernahme von Bürgschaften durch die Bundesrepublik Deutschland bei Lieferungen und Leistungen an ausländische Staaten und sonstige Körperschaften des öffentlichen Rechts (Regierungsgeschäfte), o.O., Dez. 1973.

42) Vgl. Westdeutscher Rundfunk/Fernsehen, Wirtschafts- und Sozialpolitik, Manuskript zur Sendung „Plusminus" am 30.1.1987.

43) Vgl. Riley, Hannelore und Schuster, Falko: Untersuchungsverfahren bei Dumping- und Niedrigpreiseinfuhren, in: Wirtschaft und Wettbewerb 33, 1983 Heft Nr. 10, S. 765-775 sowie Backhaus, Klaus und Plinke, Wulff: Rechtseinflüsse auf betriebswirtschaftliche Entscheidungen, Stuttgart, Berlin, Köln, Mainz 1986, hier S. 170.

44) Vgl. Schuster, Falko: Preisprüfungsverfahren unter Berücksichtigung der Vorschriften der Europäischen Gemeinschaften, in: Recht der Internationalen Wirtschaft 28, 1982, Heft 11, S. 14-19; Schuster, Falko: Preisprüfungsverfahren bei Ostimporten, in: Beschaffung aktuell, 1985, Heft 11, S. 26-28 und Schuster, Falko: Überlegungen zur Neugestaltung des bundesdeutschen Preisprüfungsverfahrens, in: Recht der Internationalen Wirtschaft 31, 1985, Heft 2, S. 116-120.

45) Vgl. Riley, Hannelore und Schuster, Falko: Untersuchungsverfahren bei Dumping- und Niedrigpreiseinfuhren, a.a.O.

46) Vgl. Altmann, Franz-Lothar und Clement, Hermann: Die Kompensation als Instrument im Ost-West-Handel, a.a.O., S. 253-276 sowie OECD (Hrsg.) East-West-Trade, recent developments in countertrade, Paris 1981 hier S. 30 – 31.

47) Vgl. Schuster, Falko: Das Gegengeschäft als Marketing-Instrumente im Investitionsgüterbereich, a.a.O. und vgl. Schuster, Falko: Bartering Proeesses in Industrial Buying and Selling, in: Industrial Marketing Management 7, 1978, S. 119-127.

48) Vgl. Schuster, Falko: Die Bedeutung der neuesten Einfuhrregelung der EWG für den industriellen Einkauf, in Beschaffung aktuell 1982, Heft 5, S. 27 und 28; Schuster, Falko: Die neueste Einfuhrregelung der EWG gegenüber Staatshandelsländern und ihre Bedeutung für den Außenhandel und die Industrie, in: Recht der internationalen Wirtschaft 28, 1982, Heft 12, S. 895-897 und Schuster, Falko: EGW-Einfuhrregelungen, in: Beschaffung aktuell, 1984, Heft 13, S. 31-33.

49) Vgl. Iske, Thorsten: Verbundgeschäft, a.a.O., S. 90.

50) Vgl. ebenda, S. 79.

51) Vgl. Samsinger, Berndt R.: Countertrade, a.a.O., S. 64 .

52) Vgl. ebenda, S. 65.

53) Vgl. Bürgin, Rolf: Countertrade, a.a.O., S. 33.

54) Vgl. Schuster, Falko: Gegen- und Kompensationsgeschäfte als Marketing-Instrumente im Investitionsgüterbereich, a.a.O., S. 56 ff.

55) Vgl. Iske, Thorsten: Verbundgeschäfte, a.a.O., S. 97 und 98, zitiert nach Business International (Hrsg.): Threats and Opportunities of Global Countertrade, New York 1984, S. 78 ff.

56) Vgl. auch Schuster, Falko: Gegen- und Kompensationsgeschäfte als Marketing-Instrumente im Investitionsgüterbereich, a.a.O., S. 65.

57) Vgl. Butt, Dietmar (Hrsg.): Außenwirtschaftslexikon, a.a.O., S. 131.

58) Vgl. Schuster, Falko: Preisprüfungsverfahren unter Berücksichtigung der Vorschriften der Europäischen Gemeinschaft, a.a.O., S. 14-19.

59) Vgl. Butt, Dietmar (Hrsg.): Außenwirtschaftslexikon, a.a.O., S. 285.

60) Ebenda.

61) Vgl. Schuster, Falko: EWG-Einfuhrregelungen, a.a.O., S. 31-33.

62) Vgl. Backhaus, Klaus und Plinke, Wulff: Rechtseinflüsse auf betriebswirtschaftliche Entscheidungen, a.a.O., S. 171.

63) Vgl. Riley, Hannelore und Schuster, Falko: Untersuchungsverfahren bei Dumping- und Niedrigpreiseinfuhren, a.a.O., S. 765-775.

64) Vgl. Beseler, Johannes-Friedrich: Die Abwehr von Dumping und Subventionen durch die Europäischen Gemeinschaften, Baden-Baden 1980.

65) Vgl. Altmann, Franz-Lothar; Clement, Hermann, a.a.O.

66) Vgl. Schuster, Falko: Ohne Countertrade Chancen im Osthandel?, in: Gablers Magazin 1, Heft 11, 1987, S. 47-50.

67) Vgl. Grosser, Ilse: Bulgarien 1986/87 – Wachstumstief überwunden, in: Die wirtschaftliche Entwicklung in den sozialistischen Ländern Osteuropas zur Jahreswende 1986/87, hrsg. von Klaus Bolz, Hamburg 1987, S. 9-52, hier S. 32.

68) Vgl. Department of Trade and Industry (Hrsg.): Some Guidance for Exporters, London 1987, S. 24.

69) Vgl. Polkowski, Andreas: Polen – Keine Wende in Sicht?, in: Die wirtschaftliche Entwicklung in den sozialistischen Ländern Osteuropas zur Jahreswende 1986/87, hrsg. von Klaus Bolz, Hamburg 1987, S. 111-170.

70) Ebenda, S. 152.

71) Vgl. Schuster, Falko: Ohne Countertrade Chancen im Osthandel?, a.a.O., S. 48.

72) Ebenda, S. 50.

73) Vgl. Department of Trade and Industry (Hrsg.), a.a.O., S. 47 und 48.

74) Ebenda, S. 32.

75) O.V.: Opel setzt auf Tauschhandel, in WAZ vom 3.12.1987.

76) Vgl. Deutsches Institut für Wirtschaftsforschung Berlin (Hrsg.): Handbuch der DDR-Wirtschaft, 4. Auflage, Reinbek bei Hamburg 1985, S. 318.

77) Vgl. Department of Trade and Industry (Hrsg.), a.a.O., S. 54.

78) Ebenda.

79) Vgl. Samsinger, Berndt R.: Countertrade, a.a.O., S. 108.

80) Vgl. Department of Trade and Industry (Hrsg.), a.a.O., S. 36 und 37.

81) Vgl. Samsinger, Berndt R.: a.a.O., S. 105.

82) Ebenda, S. 105-106.

83) Ebenda, S. 106-107.

84) Vgl. Department of Trade and Industry (Hrsg.), a.a.O., S. 41.

85) Vgl. Elderkin, Kenton W.; Norquist, Warren E.: Creative Countertrade; Cambridge, Massachusetts 1987, S. 40-42.

86) Vgl. Department of Trade and Industry (Hrsg.), a.a.O., S. 48.

87) Vgl. ebenda, S. 51-52.

88) Vgl. OECD (Hrsg.): Countertrade – Developing Country Practices, Paris 1985, S. 37-38.

89) Vgl. Department of Trade and Industry (Hrsg.), a.a.O., S. 32-33.

90) Vgl. Schuster, Falko: Gegen- und Kompensationsgeschäfte, a.a.O., S. 5.

(91) Vgl. Samsinger, Berndt.: a.a.O., S. 102 – 103.

(92) Vgl. Department of Trade and Industry (Hrsg.), a.a.O., S. 42 – 43.

93) Vgl. OECD (Hrsg.), Countertrade, a.a.O., S. 34-35.

94) Vgl. Samsinger, Berndt R.: a.a.O., S. 104.

95) Vgl. Department of Trade and Industry (Hrsg.), a.a.O., S. 34.

96) Vgl. OECD (Hrsg.): Countertrade, a.a.O., S. 38-39.

97) Ebenda, S. 31.

98) Vgl. Department of Trade and Industry (Hrsg.), a.a.O., S. 29.

99) Vgl. OECD (Hrsg.): Countertrade, a.a.O., S. 35.

100) Vgl. Department of Trade and Industry (Hrsg.), a.a.O., S. 37.

101) Vgl. Elderkin, Kenton W.; Norquist, Warren E.: Creative Countertrade, a.a.O., S. 48.

102) Vgl. Department of Trade and Industry (Hrsg.), a.a.O., S. 35.

103) Vgl. Arlt, Volker und Backhaus, Klaus: LISTECO (Libya Steel Corporation), in: Backhaus, Klaus: Fallstudien zum Investitionsgüter-Marketing, München 1977, hier S. 29-40.

104) Vgl. Iske, Thorsten: Verbundgeschäfte, a.a.O., S. 124.

105) Ebenda.

106) Vgl. Department of Trade and Industry (Hrsg.), a.a.O., S. 48.

107) Vgl. de Miramon, Jacques: Countertrade: An Illusory Solution, in: The OECD observer, No. 134, May 1985, S. 24-29, hier S. 26.

108) Vgl. Department of Trade and Industry (Hrsg.), a.a.O., S. 52-53.

109) Vgl. Elderkin, Kenton W.; Norquist, Warren E., a.a.O., S. 47.

110) Vgl. Department of Trade and Industry (Hrsg.), a.a.O., S. 51.

111) Vgl. Elderkin, Kenton W.; Norquist, Warren E., a.a.O., S. 49.

112) Vgl. ebenda, S. 48 und 49.

113) Asiwaju, Ganiyu O.A.; Paliwoda, Stanley J.: Nigeria Rethinks its Countertrade Basics, in: Countertrade and Barter Quarterly, Summer 1986, S. 51-56.

114) Vgl. Department of Trade and Industry (Hrsg.), a.a.O., S. 43.

115) Vgl. Asiwaju, Ganiyu O.A.; Paliwoda, Stanley J.: Nigeria Rethinks its Countertrade Basics, a.a.O., S. 55.

116) Vgl. Elderkin, Kenton, W.; Norquist, Warren E., a.a.O., S. 50-51.

117) Vgl. Vogt, Donna V.: U.S. Government International Barter, Congressional Research Service Report No. 83-211 ENR, December 6, 1983, S. 99.

118) Vgl. Department of Trade and Industry (Hrsg.), a.a.O., S. 21-24.

119) Vgl. ebenda, S. 53.

120) Vgl. ebenda, S. 46.

121) Vgl. z. B. Vogt, Donna U.: U.S. Government International Barter, in: Barter in the world economy, hrsg. von Fisher, Bart S. und Harte, Kathleen M., New York, Philadelphia, Eastbourne (UK), Toronto, Hong Kong, Tokyo, Sydney 1985, S. 168-214.

122) Vgl. z. B. Higgiston, James: Domestic Barter, in: Barter in the world economy, a.a.O., S. 156-167.

123) Stankovsky, Jan: Bedeutung, Probleme und Chancen der Gegengeschäfte, in: Monatsberichte (Hrsg.: Österreichisches Institut für Wirtschaftsforschung), Nr. 3, Wien 1986, S. 157-177.

124) Ebenda, S. 177.

125) Vgl. Department of Trade and Industry (Hrsg.), a.a.O., S. 20-21.

126) Vgl. ebenda, S. 31 und 32.

127) Vgl. E C E (Economic Commission for Europe), United Nations, Trade/ R. 499/ Add. 1, 18. October 1985, hier S. 3.

128) Ebenda, S. 6.

129) Ebenda, S. 5.

130) Ebenda S. 6 und 7.

131) Vgl. Bürgin, Rolf; Countertrade ..., a.a.O., S. 104.

132) Ebenda, S. 109.

133) Vgl. Schuster, Falko: Countertrade − Strategie und internationale Marketing-Strategie, in: Countertrade '87, Referatesammlung, hrsg. vom Zentrum für Unternehmensführung AG (ZfU), Kilchberg-Zürich 1987, hier S. 3.

134) Vgl. Schuster, Falko: Gegen- und Kompensationsgeschäfte als Marketing-Instrumente im Investitionsgüterbereich, a.a.O., hier S. 218 ff.

135) Vgl. in diesem Zusammenhang Schuster, Falko: Gegen- und Kompensationsgeschäfte als Marketing-Instrumente im Investitionsgüterbereich, a.a.O., S. 75.

136) Vgl. Schuster, Falko: Gegengeschäfte − Auswirkungen auf die Beschaffungsstrategie, in: Beschaffung aktuell 1981, Heft 7, S. 36-40.

137) Vgl. Brandt, Uwe: Erfahrungen einer industrie-eigenen CT-Unternehmung, in: Countertrade '87, Referatesammlung, hrsg. vom Zentrum für Unternehmensführung AG (ZfU), Kilchberg-Zürich 1987.

138) Vgl. auch Schuster, Falko: Gegen- und Kompensationsgeschäfte als Marketing-Instrumente im Investitionsgüterbereich, a.a.O., S. 243.

139) Vgl. z. B. o.V.: Erst mal bittere Erfahrungen, in: Wirtschaftswoche 32, Nr. 7 v. 9.2.1978, S. 42-43, hier S. 43.

140) Vgl. ebenda.

141) Vgl. zu den nachfolgenden Ausführungen Koschik, Dawid N.: Structuring Barter and Countertrade Transactions, in: Fisher, Bart S. und Harte, Kathleen, M. (Hrsg.): Barter in the World Economy, New York et al. 1985, hier S. 37-82.

142) Vgl. in diesem Zusammenhang z. B. Niggemann, Friedrich: Gestaltungsformen und Rechtsfragen bei Gegengeschäften, in: Recht der Internationalen Wirtschaft 33, Heft 3, März 1987, S. 169-178, hier S. 172.

143) Vgl. in diesem Zusammenhang z. B. Koschik, Dawid N.: Structuring Barter and Countertrade Transactions, a.a.O., hier S. 59 und Kamm, Christoph: Verhandlungen und Vertrag (CT-Recht), Stichworte zum Workshop Gruppe D des Seminars Countertrade '87, Referatesammlung, hrsg. vom Zentrum für Unternehmensführung AG (ZfU), Kilchberg-Zürich 1987.

144) Vgl. Niggemann, Friedrich: Gestaltungsformen und Rechtsfragen bei Gegengeschäften, a.a.O., hier S. 173.

145) Vgl. Altmann, Franz-Lothar und Clement, Hermann: Die Kompensation als Instrument im Ost-West-Handel, a.a.O., S. 38-49.

146) Vgl. Niggemann, Friedrich: Gestaltungsformen und Rechtsfragen bei Gegengeschäften, a.a.O., hier S. 176.

147) Vgl. in diesem Zusammenhang z. B. Hammann, Peter: Marktforschung für Investitionsgüter, in: Anlagen – Marketing, Sonderheft 7/ 1977 der ZfbF (Schmalenbachs Zeitschrift für betriebswirtschaftliche Forschung) hrsg. von Engelhardt, Werner Hans und Laßmann, Gert, Opladen 1977, hier S. 88-101.

148) Vgl. Niggemann, Friedrich: Gestaltungsformen und Rechtsfragen bei Gegengeschäften, a.a.O., hier S. 177.

149) Vgl. ebenda.

150) Vgl. in diesem Zusammenhang auch Riley, Hannelore und Schuster, Falko: Untersuchungsverfahren bei Dumping- und Niedrigpreiseinfuhren, a.a.O.

151) Vgl. in diesem Zusammenhang United Nations, Economic and Social Council, Economic Commission for Europe (Hrsg.): Short-Term Compensation Transactions in East-West Trade, a.a.O., hier S. 10.

152) Vgl. in diesem Zusammenhang Schuster, Falko: Spielregeln für Kompensationsgeschäfte, Teil 3: Kompensation und Organisation, in: Beschaffung aktuell, 1985, Heft 4, Seite 42-45; Schuster, Falko: Kompensationsabteilung flexibel organisieren, erleichtert Gegengeschäfte, in: Maschinenmarkt, 1986, Heft 20, Seite 90-93 und Schuster, Falko: Organisatorische Bewältigung von Countertrade, in: Countertrade '87, Referatesammlung hrsg. vom Zentrum für Unternehmensführung AG (ZfU), Kilchberg-Zürich 1987.

153) Vgl. Schuster, Falko: Gegen- und Kompensationsgeschäfte als Marketing-Instrumente im Investitionsgüterbereich, a.a.O., S. 74-81.

154) Zu den wichtigsten Arbeiten auf diesem Gebiet zählt der Aufsatz von Engelhardt, Werner Hans: Erscheinungsformen und absatzpolitische Probleme von Angebots- und Nachfrageverbunden, in: ZfbF (Schmalenbachs Zeitschrift für betriebswirtschaftliche Forschung) 28), 1976, Seite 77-90.

155) Vgl. Bürgin, Rolf: Countertrade, a.a.O., Seite 1.

156) Vgl. in diesem Zusammenhang Schuster, Falko: Gegen- und Kompensationsgeschäfte als Marketing-Instrumente im Investitionsgüterbereich, a.a.O., S. 102-106.

157) Vgl. z. B. Grochla, Erwin, Unternehmungsorganisation, Reinbek bei Hamburg 1972, hier S. 214.

158) Vgl. Schuster, Falko: Organisatorische Bewältigung von Countertrade, a.a.O.

159) Vgl. Schuster, Falko: Spielregeln für Kompensationsgeschäfte, Teil 3: Kompensation und Organisation, a.a.O., hier S. 44.

160) Vgl. Schuster, Falko: Gegen- und Kompensationsgeschäfte als Marketing-Instrumente im Investitionsgüterbereich, a.a.O., hier S. 176.

161) Vgl. Schuster, Falko: Kompensationsabteilung flexibel organisieren, erleichtert Gegengeschäfte, a.a.O., S. 93.

162) Vgl. ebenda.

163) Vgl. beispielsweise Samsinger, Berndt R.: Countertrade – Eine alternative Marketing-Strategie, a.a.O., S. 231-233.

164) Vgl. Schuster, Falko: Gegen- und Kompensationsgeschäfte als Marketing-Instrumente im Investitionsgüterbereich, a.a.O., S. 182.

165) Vgl. Iske, Thorsten: Verbundgeschäfte, a.a.O., S. 97-98 (zitiert nach Business International 1984).

166) Department of Trade and Industry (Hrsg.): Some Guidance for Exporters, a.a.O., S. 61-65.

167) Bei der Zusammenstellung der Firmen wurden folgende Quellen berücksichtigt: Verzariu, Pompiliu: Countertrade, Barter and Offsets, a.a.O.; BAO (Berliner Absatz-Organisation GmbH), Hrsg.: Importhandelsbetriebe- und Exporthandelsbetriebe in Berlin (West) mit

Geschäftsbeziehungen zu Staatshandelsländern, Berlin 1986. Bundesverband des Deutschen Groß- und Außenhandels e.V. und Bundesverband des Deutschen Exporthandels e.V. (Hrsg.): Unternehmen im Kompensationshandel, Bonn-Hamburg 1985; Department of Trade and Industry (Hrsg.): Some Guidance for Exporters, a.a.O. Großen Dank schulde ich dem Vizebürgermeister von Wien, Herrn Hans Mayr, der mit eine Liste der in Wien auf dem Sektor Kompensationsgeschäfte tätigen Unternehmen übermittelt hat.

Literaturverzeichnis

Altmann, Franz-Lothar; Clement, Hermann: Die Kompensation als Instrument im Ost-West-Handel, München, Wien 1979.

Arlt, Volker und Backhaus, Klaus: LISTECO (Libya Steel Corporation), in: Backhaus, Klaus (Hrsg.): Fallstudien zum Investitionsgüter-Marketing, München 1977, hier S. 29-40.

Asiwaju, Ganiyu O.A.; Paliwoda, Stanley J.: Nigeria Rethinks its Countertrade Basics, in: Countertrade and Barter Quarterly, Summer 1986, S. 51-56.

Backhaus, Klaus: Fallstudien zum Investitionsgüter-Marketing, München 1977.

Backhaus, Klaus und Plinke, Wulff: Rechtseinflüsse auf betriebswirtschaftliche Entscheidungen, Stuttgart, Berlin, Köln, Mainz 1986.

B A O (Berliner Absatz-Organisation GmbH), Hrsg.: Importhandelsbetriebe- und Exporthandelsbetriebe in Berlin (West) mit Geschäftsbeziehungen zu Staatshandelsländern, Berlin 1986.

Beseler, Johannes-Friedrich: Die Abwehr von Dumping und Subventionen durch die Europäischen Gemeinschaften, Baden-Baden 1980.

Bethkenhagen, Jochen und Machowski, Heinrich: Entwicklung und Struktur des deutsch-sowjetischen Handels – Seine Bedeutung für die Volkswirtschaften der Bundesrepublik Deutschland und der Sowjetunion, Sonderheft 136 des Deutschen Instituts für Wirtschaftsforschung, Berlin 1982.

Bolz, Klaus (Hrsg.): Die wirtschaftliche Entwicklung in den sozialistischen Ländern Osteuropas zur Jahreswende 1986/87, Hamburg 1987.

Brandt, Uwe: Erfahrungen einer industrie-eigenen CT-Unternehmung, in: Countertrade '87, Referatesammlung, hrsg. vom Zentrum für Unternehmensführung AG (ZfU), Kilchberg-Zürich 1987.

Bundeskartellamt (Hrsg.): Bericht des Bundeskartellamtes über seine Tätigkeit in den Jahren 1979/1980, in: Deutscher Bundestag, 9. Wahlperiode Drucksache 9/565.

Bundesstelle für Außenhandelsinformation/ Ungarische Handelskammer/ Ungarisches Institut für Konjunktur- und Marktforschung (Hrsg.): Handbuch der Kooperation zwischen Unternehmen in der Bundesrepublik Deutschland und der Volksrepublik Ungarn, Köln und Budapest 1975.

Bundesverband des Deutschen Groß- und Außenhandels e.V. und Bundesverband des Deutschen Exporthandels e.V. (Hrsg.): Unternehmen im Kompensationshandel, Bonn, Hamburg 1985.

Business International (Hrsg.): Threats and Opportunities of Global Countertrade, New York 1984.

Butt, Dietmar (Hrsg.): Außenwirtschaftslexikon, Köln 1985.

Bürgin, Rolf: Countertrade – Eine theoretische und empirische Analyse aus der Sicht einer kleinen offenen Volkswirtschaft (Schweiz), Bern, Frankfurt am Main, New York 1986.

Cornelsen, Doris; Lambrecht, Horst; Melzer Manfred und Schwartau, Cord: Die Bedeutung des Innerdeutschen Handels für die Wirtschaft der DDR, Sonderheft 138 des Deutschen Instituts für Wirtschaftsforschung, Berlin 1983.

de Miramon, Jacques: Countertrade: An Illusory Solution, in: The OECD Observer, No. 134, May 1985, S. 24-29.

Department of Trade and Industry (Hrsg.): Some Guidance for Exporters, London 1987.

Deutsches Institut für Wirtschaftsforschung Berlin (Hrsg.): Handbuch DDR-Wirtschaft, 4. Auflage, Reinbek bei Hamburg 1985.

Elderkin, Kenton W.; Norquist, Warren E.: Creative Countertrade, Cambridge, Massachusetts 1987.

Engelhardt, Werner Hans: Erscheinungsformen und absatzpolitische Probleme von Angebots- und Nachfrageverbunden, in: ZfbF (Schmalenbachs Zeitschrift für betriebswirtschaftliche Forschung) 28, 1976, S. 77-90.

Engelhardt, Werner Hans: Strategien der Rohstoffsicherung – eine beschaffungspolitische Aufgabe, in: ökonomische Theorie und wirtschaftliche Praxis, Festschrift zum 65. Geburtstag von Rolf Hanschmann, Herne, Berlin 1981, S. 296-308.

Engelhardt, Werner Hans und Günter, Bernd: Investitionsgüter-Marketing, Stuttgart, Berlin, Köln, Mainz 1981.

Engelhardt, Werner Hans und Laßmann, Gert (Hrsg.): Anlagen-Marketing, ZfbF (Schmalenbachs Zeitschrift für betriebswirtschaftliche Forschung), Sonderheft 7; Opladen 1977.

Engelhardt, Werner Hans und Schuster, Falko: Kompensationsgeschäfte – Erscheinungsformen und Marketing-Probleme, in: ZfbF (Schmalenbachs Zeitschrift für betriebswirtschaftliche Forschung) 32, 1980, Heft 2, S. 102-120.

Engelmann, Walter: Kompensationen sind heikle Gegengeschäfte, in: Blick durch die Wirtschaft vom 16.1.1987, S. 7.

Fisher, Bart S. und Harte, Kathleen M. (Hrsg.): Barter in the world economy, New York, Philadelphia, Eastbourne (UK), Toronto, Hong Kong, Tokyo, Sydney 1985.

Glismann, Hans Hinrich; Horn, Ernst-Jürgen; Nehring, Sighart und Vaubel, Roland: Weltwirtschaftslehre, I. Außenhandels- und Währungspolitik, 3. überarbeitete und erweiterte Auflage, Göttingen 1986.

Grochla, Erwin: Unternehmensorganisation, Reinbek bei Hamburg 1972.

Hammann, Peter: Marktforschung für Investitionsgüter, in: Anlagen Marketing, ZfbF (Schmalenbachs Zeitschrift für betriebswirtschaftliche Forschung), Sonderheft 7, hrsg. von Engelhardt, Werner Hans und Laßmann, Gert, Opladen 1977, hier S. 87-101.

Higgiston, James: Domestic Barter, in: Barter in the world economy, hrsg. von Fisher, Bart S. und Harte, Kathleen M., New York, Philadelphia, Eastbourne (UK), Toronto, Hong Kong, Tokyo, Sydney 1985, S. 156-167.

Iske, Thorsten: Verbundgeschäfte — Betriebswirtschaftliche Analyse der modernen Erscheinungsformen und Möglichkeiten des Tauschhandels, Frankfurt am Main, Bern, New York 1986.

Kamm, Christoph: Verhandlungen und Vertrag (CT-Recht), Stichworte zum Workshop Gruppe D des Seminars Countertrade '87, in: Countertrade '87, Referatesammlung, hrsg. vom Zentrum für Unternehmensführung AG (ZfU), Kilchberg-Zürich 1987.

Koschik, Dawid N.: Structuring Barter and Countertrade Transactions, in: Barter in the world economy, hrsg. von Fisher, Bart S. und Harte, Kathleen M., New York, Philadelphia, Eastbourne (UK), Toronto, Hong Kong, Tokyo, Sydney 1985, S. 37-82.

Kruthaup, Franz H.: Barter Business — Die Vermittlung und Verrechnung von Marktumsätzen durch Tauschhandelsbetriebe, Frankfurt am Main, Bern, New York 1985.

Niggemann, Friedrich: Gestaltungsformen und Rechtsfragen bei Gegengeschäften, in: Recht der Internationalen Wirtschaft 33, März 1987, Heft 3, S. 169-178.

OECD (Hrsg.): Countertrade, Developing Country Practices, Paris 1985.

OECD (Hrsg.): East-West-Trade, recent developments in countertrade, Paris 1981.

Paliwoda, Stanley J.: East-West Countertrade Arrangements: Barter, Compensation, Buyback and Counterpurchase or „Paralle" Trade, Occasional Paper No. 8105, Department of Management Sciences, The University of Manchester, Institute of Science and Technology, Manchester, March 1981.

Riley, Hannelore und Schuster, Falko: Untersuchungsverfahren bei Dumping- und Niedrigpreiseinfuhren, in: Wirtschaft und Wettbewerb 33, 1983, Heft 10, S. 765-775.

Rogwalder, Gunnar und Schuster, Falko: Exportfinanzierung im Kraftwerksbereich — eine Betrachtung ihrer betriebswirtschaftlichen Auswirkungen, in: Energiewirtschaftliche Tagesfragen 30, 1980, Heft 1, S. 27-29.

Samsinger, Berndt: Countertrade — Eine alternative Marketing-Strategie, Diss. Zürich 1986.

Schmitt Matthias: Kooperation — nicht Kompensation ist das Gebot, in: Frankfurter Allgemeine Zeitung (FAZ) vom 10.1.1981, Nr. 8, S. 12.

Schuster, Falko: Barter Arrangements With Money: The Modern Form of Compensation Trading, in: Columbia Journal of World Business 1980, Heft 3, S. 61-65.

Schuster, Falko: Bartering Processes in Industrial Buying and Selling, Industrial Marketing Management 7, 1978, S. 119-127.

Schuster, Falko: Countertrade im internationalen Marketing, in: Countertrade '87, Referatesammlung, hrsg. vom Zentrum für Unternehmensführung AG (ZfU), Kilchberg-Zürich 1987.

Schuster, Falko: Countertrade-Strategie und internationale Marketing-Strategie, in: Countertrade '87, Referatesammlung, hrsg. vom Zentrum für Unternehmensführung AG (ZfU), Kilchberg-Zürich 1987.

Schuster, Falko: Das Gegengeschäft als Marketing-Instrument im Investitionsgüterbereich, in: Arbeitspapiere zum Marketing Nr. 2, hrsg. von Engelhardt, Werner Hans und Hammann, Peter, Ruhr Universität Bochum 1977.

Schuster, Falko: Das Kompensationsgeschäft als modernes Marketing-Instrument, in: WISU (Das Wirtschaftsstudium) 15, Heft 7, Juli 1986, S. 354-360.

Schuster, Falko: Die Bedeutung der neuesten Einfuhrregelung der EWG für den industriellen Einkauf, in: Beschaffung aktuell 1982, Heft 5, S. 27-28.

Schuster, Falko: Die neueste Einfuhrreglung der EWG gegenüber Staatshandelsländern und ihre Bedeutung für den Außenhandel und die Industrie, in: Recht der Internationalen Wirtschaft 28, 1982, Heft 12, S. 895-897.

Schuster, Falko: EWG-Einfuhrregelungen, in: Beschaffung aktuell 1984, Heft 3, S. 31-33.

Schuster, Falko: Gegengeschäfte-Auswirkungen auf die Beschaffungsstrategie, in: Beschaffung aktuell 1981, Heft 7, S. 36-40.

Schuster, Falko: Gegengeschäfte sind nicht nur des Teufels, in: Blick durch die Wirtschaft 22, Nr. 223, 25.9.1979, S. 1.

Schuster, Falko: Gegen- und Kompensationsgeschäfte als Marketing-Instrumente im Investitionsgüterbereich, Berlin 1979.

Schuster, Falko: Kompensationsabteilung flexibel organisieren, erleichtert Gegengeschäfte, in: Maschinenmarkt 1986, Heft 20, S. 90-93.

Schuster, Falko: Ohne Countertrade Chancen im Osthandel?, in: Gablers Magazin 1, Heft 11, 1987, S. 47-50.

Schuster, Falko: Organisatorische Bewältigung von Countertrade, in: Countertrade '87, Referatesammlung, hrsg. vom Zentrum für Unternehmensführung AG (ZfU), Kilchberg-Zürich 1987.

Schuster, Falko: Preisprüfungsverfahren bei Ostimporten, in: Beschaffung aktuell, 1983, Heft 11, S. 26-28.

Schuster, Falko: Preisprüfungsverfahren unter Berücksichtigung der Vorschriften der Europäischen Gemeinschaft, in: Recht der internationalen Wirtschaft 28, 1982, Heft 1, S. 14-19.

Schuster, Falko, Spielregeln für Kompensationsgeschäfte, Teil 1: Bedeutung, Begriffe und Bausteine des Kompensationsgeschäfts, in: Beschaffung aktuell 1984, Heft 12, S. 24-26 und S. 29;

– Teil 2: Wichtige Varianten, in: Beschaffung aktuell 1985, Heft 2, S. 13, 14, 16 und 17;

– Teil 3: Kompensation und Organisation, in: Beschaffung aktuell 1985, Heft 4, S. 42-45;

– Teil 4: Kompensation und Kooperation, in: Beschaffung aktuell 1985, Heft 6, S. 22-24;

– Teil 5: Beschaffungspolitische Reaktionen bei unerwünschten Kompensationsforderungen, in: Beschaffung aktuell 1985, Heft 7, S. 18-21;

– Teil 6: Thesen zur Kompensation aus beschaffungspolitischer Sicht, in: Beschaffung aktuell 1985, Heft 8, S. 13.

Schuster, Falko: Überlegungen zur Neugestaltung des bundesdeutschen Preisprüfungsverfahrens, in: Recht der Internationalen Wirtschaft 31, 1985, Heft 2, S. 116-120.

Shipley, Dawid; Neale, Bill: Industrial Barter and Countertrade, in: Industrial Marketing Management 16, 1987, S. 1-8.

Sieben, Richard: Innerdeutscher Handel (Loseblattwerk), Frankfurt am Main, o.J.

Stankovsky, Jan: Bedeutung, Probleme und Chancen der Gegengeschäfte, in: Monatsberichte (hrsg. vom Österreichischen Institut für Wirtschaftsforschung), Nr. 3, 1986, S. 157-177.

United Nations, Economic and Social Council, Economic Commission for Europe (Hrsg.): Short-term compensation transactions in east-west trade, in: Trade/ R. 499 vom 18.10.1985.

Verzariu, Pompiliu: Countertrade, Barter and Offsets – New Strategies for Profit in International Trade, New York 1985.

Vogt, Donna V.: U.S. Government International Barter, Congressional Research Service Report No. 83-211 ENR, December 6, 1983, S. 99 ff.

Vogt, Donna V.: U.S. Government International Barter, in: Barter in the world economy, hrsg. von Fisher, Bart S. und Harte, Kathleen M., New York, Philadelphia, Eastbourne (UK), Toronto, Hong Kong, Tokyo, Sydney 1985, S. 168-214.

Weimer, Theodor unter Mitarbeit von Schwarting, Uwe: Die Bedeutung des Osthandels für mittelständische Unternehmen, Schriften zur Mittelstandsforschung Nr. 5 NF, Stuttgart 1985.

Weiss, Walter: Gegengeschäfte im Ost-West-Handel, Wien 1981.

Westdeutscher Rundfunk/ Fernsehen, Wirtschafts- und Sozialpolitik: Manuskript zur Sendung „Plusminus", am 30.1.1987.

Ohne Verfasser: Allgemeine Bedingungen für die Übernahme von Ausfuhrgarantien, o.O., Dezember 1983.

Ohne Verfasser: Allgemeine Bedingungen für die Übernahme von Bürgschaften durch die Bundesrepublik Deutschland bei Lieferungen und Leistungen an ausländische Staaten und sonstige Körperschaften des öffentlichen Rechts (Regierungsgeschäfte), o.O., Dezember 1973.

Ohne Verfasser: Erst mal bittere Erfahrungen, in: Wirtschaftswoche 32, Nr. 7, vom 9.2.1978, S. 42-43.

Ohne Verfasser: Opel setzt auf Tauschhandel, in: WAZ vom 3.12.1987.

Stichwortverzeichnis

MIX
Papier aus verantwortungsvollen Quellen
Paper from responsible sources
FSC® C105338

If you have any concerns about our products,
you can contact us on
ProductSafety@springernature.com

In case Publisher is established outside the EU,
the EU authorized representative is:
Springer Nature Customer Service Center GmbH
Europaplatz 3, 69115 Heidelberg, Germany

Printed by Libri Plureos GmbH
in Hamburg, Germany